COMENTÁRIO
À NOVA LEI DOS BALDIOS

Lei n.º 68/93 de 4 de Setembro

JAIME GRALHEIRO
ADVOGADO

COMENTÁRIO
À NOVA LEI DOS BALDIOS
Lei n.º 68/93 de 4 de Setembro

ALMEDINA

TÍTULO:	COMENTÁRIO À NOVA LEI DOS BALDIOS
AUTOR:	JAIME GRALHEIRO
EDITOR:	LIVRARIA ALMEDINA – COIMBRA www.almedina.net
LIVRARIAS:	LIVRARIA ALMEDINA ARCO DE ALMEDINA, 15 TELEF. 239851900 FAX 239851901 3004-509 COIMBRA – PORTUGAL LIVRARIA ALMEDINA – PORTO R. DE CEUTA, 79 TELEF. 222059773 FAX 222039497 4050-191 PORTO – PORTUGAL EDIÇÕES GLOBO, LDA. R. S. FILIPE NERY, 37-A (AO RATO) TELEF. 213857619 FAX 213844661 1250-225 LISBOA – PORTUGAL LIVRARIA ALMEDINA ATRIUM SALDANHA LOJA 31 PRAÇA DUQUE DE SALDANHA, 1 TELEF. 213712690 atrium@almedina.net LIVRARIA ALMEDINA – BRAGA CAMPOS DE GUALTAR, UNIVERSIDADE DO MINHO, 4700-320 BRAGA TELEF. 253678822 braga@almedina.net
EXECUÇÃO GRÁFICA:	G.C. – GRÁFICA DE COIMBRA, LDA. PALHEIRA – ASSAFARGE 3001-453 COIMBRA E-mail: producao@graficadecoimbra.pt JANEIRO, 2002
DEPÓSITO LEGAL:	175465/02

Toda a reprodução desta obra, por fotocópia ou outro qualquer processo, sem prévia autorização escrita do Editor, é ilícita e passível de procedimento judicial contra o infractor.

AGRADECIMENTOS

A meu filho, Dr. João Carlos Gralheiro, pela ajuda na busca e organização do Anexo I: *"Decisões e Pareceres sobre os Baldios"*.

Ao Chefe da Repartição de Finanças de S. Pedro do Sul, Dr. Henrique Pinto Poças, pelas preciosas indicações que me deu sobre as relações dos Baldios com o Fisco.

CAPÍTULO I
Disposições gerais

ARTIGO 1.º
Noções

1. São baldios os terrenos possuídos e geridos por comunidades locais.

2. Para o efeito da presente lei, comunidade local é o universo dos compartes.

3. São compartes os moradores de uma ou mais freguesias ou parte delas que, segundo os usos e costumes, têm direito ao uso e fruição do baldio.

Fontes:

a) Imediatas: arts.: 1.º, 4.º e 5.º do Dec.-Lei 39/76 de 19/1 e art. 89.º, n.º 2 al. c) da Constituição de 1976.

b) Mediatas: art. 473.º do Cód. Civil de 1867; art. 1.º e seu § único do Dec.-Lei n.º 7.933 de 10/12 de 1920 e art. 388.º do Cód. Administrativo de 1940.

Legislação paralela: art. 82, n.º 4, al. b) da Constituição da República (revisão de 1999).

Comentário:

I. ANTECEDENTES HISTÓRICOS

1. A presente Lei n.º 68/93 de 4/9 é o resultado legal de uma luta que tendo começado, logo após a publicação das chamadas "Leis dos Baldios" (Decs.-Lei n.ºs 39 e 40/76 de 19 de Janeiro) só veio a terminar, dezassete anos e meio após, com a revogação destas leis, através da publicação da presente.

Conforme adiante veremos, mais em pormenor, nesta luta intervieram, por um lado, as forças políticas de Direita (CDS, PPD/PSD, PPM e ASDI, a que, algumas vezes, se juntou, estranhamente, o PS) e do outro lado os "compartes"

8   *Comentário à Nova Lei dos Baldios*

e suas organizações, apoiados pela CNA, pelo PCP, MDP/CDE e, normalmente, pelo PS[1].

Com a presente Lei, o Partido proponente pretendeu dar resposta às críticas mais severas que eram dirigidas contra os anteriores diplomas, designadamente, contra o Dec.-Lei n.° 39/76 que considerava os baldios *"fora do comércio jurídico"* e retirou às Juntas de freguesia qualquer hipótese de os administrarem.

Estes foram, sempre, os dois pontos fundamentais em que se baseava a divergência entre os que atacavam e aqueles que defendiam as chamadas "Leis dos Baldios".

Na verdade, os compartes, partidos e forças sociais que apoiavam tais leis entendiam que a sua manutenção, tal como estavam, era a única forma de se evitar que os baldios sofressem um rude golpe, quanto à sua manutenção e destinação económica e social. Com efeito, diziam, quem estava por detrás da luta contra a inalienabilidade dos baldios eram os "lobies" da construção civil e da indústria sequiosos de "terra barata" e uma "brecha aberta" nesta inalienabilidade, com a sua passagem para as juntas de freguesia, como anteriormente, era abrir a porta à sua destruição, já que tais forças dominavam, politicamente, as zonas onde havia mais baldios.

Por outro lado, os opositores a tais leis argumentavam com o facto delas se terem transformado num travão ao desenvolvimento urbanístico e industrial das zonas serranas, sendo que, depois de estabilizada a Democracia em Portugal, não havia nenhuma razão para se manterem em vigor as Assembleias de Compartes e os seus Conselhos Directivos, resquícios do "poder popular de base", organizações declaradamente revolucionárias que caracterizaram, juntamente com outras, aquilo a que tais forças designavam por "gonçalvismo" e que não passava do PREC (Processo Revolucionário em Curso). Queriam que se abrissem excepções ao princípio da "inalienabilidade" dos baldios e a sua administração fosse entregue, de novo, às juntas de freguesia, com o argumento de que estas tinham maior "legitimidade democrática" e maior capacidade para a sua correcta administração.

A presente Lei satisfez, em parte, as reivindicações dos opositores às Leis anteriores, permitindo a sua alienação em casos muito contados, e reconheceu às juntas de freguesia o direito de continuarem a administrar os baldios que "de facto" administravam, após a publicação dos Decs.-Lei n.°s 39 e 40/76, por se não haverem constituído as ditas Assembleias de Compartes.

Para além disso, a presente Lei introduziu mais algumas "afinações" em um ou outro ponto menos claros das Leis anteriores, mas, quanto ao resto, manteve, a filosofia de que os baldios pertencem aos seus compartes e, basta organizarem-se nos termos da mesma Lei, para que os baldios sejam ou possam ser retirados às juntas de freguesia que terão de prestar contas da sua administração, logo que tal lhes seja exigido pelos órgãos competentes das Assembleias de Compartes, conforme oportunamente veremos.

---

[1] Vide adiante "Área de Terreno Baldio ainda existente" (pág. 40) aonde tal luta é historiada mais em pormenor.

II. DEFINIÇÕES

2. O art. 1.º desta lei abrange, nos seus três pontos, o que antes vinha disposto nos arts. 1.º, 4.º e 5.º do Dec.-Lei 39/76, aí se definindo o que são os *"baldios"*; o que são *"comunidades locais"* e o que são *"compartes"*.

1. Baldios

2.1. *"São baldios os terrenos possuídos e geridos por comunidades locais"*, dispõe o n.º 1.do art. 1.º da presente lei.

De acordo com o art. 1.º do Dec.-Lei n.º 39/76, *"dizem-se baldios os terrenos comunitariamente usados e fruídos por moradores de determinada freguesia ou freguesias ou parte delas"*.

Por outro lado, a Constituição da República (CRP) de 1976, no seu art.89.º, n.º 1, reconhecia a existência de três sectores de produção: o sector público, o sector cooperativo e sector privado. No n.º 2, al. c) enquadrava os baldios no sector público: *"bens comunitários com posse útil e gestão das comunidades locais"*.

Ao mesmo tempo, no seu art. 90.º incluía os baldios na *"propriedade social"* que tenderia a ser "dominante", na *"fase de transição para o socialismo"*.

A mesma orientação se mantem na revisão de 1982, onde só o n.º 1 do art. 89.º sofreu pequenas alterações de redacção (deixou de se fazer referência à *"transição para o socialismo"*).

Com a Revisão de 1989, o mesmo diploma legal continuou a a dispor no seu art. 82, n.º 1 que *"é garantida a existência de três sectores de produção"* que passaram a ser o sector público, o sector privado e o *"sector cooperativo e social"*.

Na al. d) n.º 4 incluiu-se no sector "cooperativo e social *"os meios de produção comunitários, possuídos e geridos por comunidades locais"*.

Com as Revisões de 1992, 1997 e 1999, esta disposição legal foi mantida.

Daqui resulta que, para além da substituição da menção dos *"moradores de determinadas freguesia ou freguesia ou parte delas"*, pela nova realidade jurídica *"comunidade local"*; da não referência ao *"uso"* e do acrescenda da nova exigência da *"gestão"*, ao fim e ao cabo, o n.º 1 do art. 1.º da presente lei e a al. c) do n.º 4.º da CRP querem dizer a mesma coisa.

A questão está em saber se a "posse" que estes dois diplomas legais referem coincide com a "posse útil"[2] a que faz referência a CRP.

Se respeitarem, nada a opor à Lei n.º 68/93 no que tange à sua constitucionalidade, se se opuserem, a questão da sua constitucionalidade é perfeitamente pertinente.

---

[2] Sobre o que se entende por "posse útil" ver adiante, pág. 57.

10   *Comentário à Nova Lei dos Baldios*

Sem prejuízo daquilo que dissermos, no capítulo sobre a "Natureza dos Baldios", aqui poderemos já acrescentar que, com a Revisão de 1989 desapareceu a "posse útil" a que fazia referência a Constituição de 1976 e a Revisão de 1982.

O facto de ter desaparecido a expressa referência a *"posse útil"* parece-nos insuficiente para que deixe de classificar como de *"útil"* a *"posse"* que sobre os baldios exercem e têm exercido historicamente as "comunidades locais" sobre os "seus" baldios, já que tal posse nunca teve o caracter da posse civilista que conduz à usucapião[3].

2.2. Dito isto, a não referência ao *"uso"* na presente Lei resulta do facto de na expressão *"possuídos"* se abranger, necessariamente, a ideia do uso, pelo que tal referência se tornaria redundante e, por isso, desnecessária.

A menção expressa à *"gestão"*, embora importante, é o reconhecimento legal de que, segundo o processo histórico, as populações que estavam no uso e fruição dos baldios, detiveram, também, a sua gestão, quer através de órgãos próprios, com existência "de facto" ("as comissões *de vizinhos*"; "os seis da fala", etc.)[4] quer através das juntas de freguesia" e/ou das câmaras, após a entrada em vigor do Cód. Adm. de 1940[5].

Daqui resulta que, apesar da formulação algo diferente do n.° 1 art. 1.° desta Lei, relativamente ao do art. 1.° da Lei anterior, quer-nos parecer que ambos querem dizer a mesma coisa, isto é: ***são baldios os terrenos comunitariamente possuídos (usados, fruídos) e geridos pelos habitantes de determinada comunidade local***[6].

2. Comunidades Locais

No n.° 2 do art. 1.° define-se o que se entende por *"comunidade local"*. É *"o universo dos compartes"*.

A expressão "comunidade local" aparece, pela primeira vez, na Constituição de 1976.

Com tal expressão pretendeu-se dar conteúdo jurídico ao conjunto de pessoas que, historicamente, andavam no uso e posse dos baldios e os consideravam como seus, por os terem recebido daqueles que antes deles foram naquele local

---

[3] Sobre a natureza da "posse" sobre os baldios ver adiante o capítulo *"Da Natureza Jurídica dos Baldios"* – pág. 54 e segs..

[4] Vide o Dec. n.° 9.843 de 24 de/6/24, onde, expressamente se faz referência às "comissões de vizinhos".

[5] Vide adiante o "Processo Histórico dos Baldios", pág. 12 e segs..

[6] *"A expressão "baldio" é um conceito de direito"* – Ac. da Rel. Porto de 10/05/84, in Colect. Jurisp., Ano IX, 1984, Tomo 3, pág. 262.

Disposições Gerais 11

e que lhes deram semelhante utilização, sendo sua obrigação transmitir tal direito de "todos" aqueles que depois deles viessem

Esse conjunto (fluído) de pessoas constituíam os "povos" ou "lugares" que, de acordo com a tradição, tinham adstritos à sua economia rural os terrenos incultos, donde retiravam as pastagens, os estrumes, lenhas e outras utilidades....

Este novo conceito – "comunidade local" – captou de uma forma muito sintética e feliz a realidade existente, pois normalmente os baldios não pertenciam a todos os povos de uma ou mais freguesias, mas estavam, sim, afectos à satisfação das necessidades comunitárias de um "povo" ou , "povoação", ou grupo delas, formando verdadeiras "comunidades" que nada tinham a ver, nem têm, com as autarquias locais existentes e os eus órgãos[7].

3. Compartes

4.1. No n.° 3 define-se o que se entende por "compartes": *"os moradores de uma ou mais freguesias ou parte delas que, segundo os usos e costumes, têm direito ao uso e fruição do baldio"*.

Comparando o disposto neste n.° com o que vinha consignado nos arts. 4 do Dec.-Lei n.° 39/76 que dispunha da seguinte forma: *"São compartes dos terrenos baldios os moradores que exerçam a sua actividade no local e que, segundo os usos e costumes reconhecidos pela comunidade, tenham direito à sua fruição"*, verifica-se que houve um alargamento quanto à definição de "comparte".

Efectivamente, no art. 4.° do Dec.-Lei 39/76 dizia-se : *"são compartes dos terrenos baldios os moradores que exerçam a sua actividade no local e que, segundo os usos e costumes reconhecidos pela comunidade, tenham direito à sua fruição"* .

O n.° 2 da presente lei limitou-se a definir "comunidade local", não falando em *"moradores que exerçam a sua actividade no local(...)"*, mas falando tão somente em *"universo de compartes"*.

A questão toda está em saber o que se entende por *"universo de compartes"*.

A nós nos parece que a actual lei **não quis** remeter para o que se dizia na lei anterior.

Tal conclusão resulta do que se dispõe no n.° 3 da actual lei.

Efectivamente:

O n.° 3 da actual lei define como compartes *"os moradores de uma ou mais freguesias ou parte delas, que segundo os usos e costumes, têm direito ao uso e fruição do baldio"*.

---

[7] Vide Gomes Canotilho e Vital Moreira, in *Constituição da República Portuguesa Anotada"*, comentário ao art. 89.°, anotação 3ª.

12 Comentário à Nova Lei dos Baldios

Desapareceu a referência a *"exerçam a sua actividade no local"* e aos *"usos e costumes reconhecidos pela comunidade"*.

Parece-nos que esta eliminação tem significado, pois há muitos moradores que têm propriedades e casa de habitação no local, mas exercem a sua actividade "não agrícola" noutro local. Pela anterior lei não eram compartes; pela actual parece-me que o são.

4.2. A referência a meros *"usos e costumes"* significa, quanto a nós, um alargamento, tendo sido eliminado o requisito restritivo: *"reconhecidos pela (própria) comunidade"*; pelo que, actualmente, basta os usos e costumes aceites pela generalidade das pessoas.

4.3. De tudo o que se deixa dito flui como consequência natural, a conclusão de que a qualidade de "comparte", não se herda, nem se transmite por qualquer forma de direito.

Efectivamente, *"o direito de comparte radica em condições ligadas à pessoa, por ser morador ou por exercer no local uma actividade ligada à terra (...) pelo que falecendo o comparte da acção, ocorrerá a extinção da instância"*, conforme decidiu o Ac. da Rel. do Porto – de 9/02/93, in BMJ 424, 723[8].

III. ORIGEM DOS BALDIOS

1. Até à Idade Média

A origem dos "baldios" perde-se na memória dos tempos e, ainda hoje continua por esclarecer completamente.

De resto, o própria designação "baldios" é discutível. Segundo uns[9], o termo provem da expressão germânica *"baldo"*: *"falho; inútil; carecido"*. Segundo outros[10], tal palavra provêm do árabe *"batil"* que significa terreno inculto.

Para a questão que nos interessa não é importante tomar partido nesta questão linguística.

---

[8] Daqui resulta que, quando for proposta qualquer acção por compartes, nos termos do n.° 2 do art. 4.°, tal acção **deve ser intentada por mais de um comparte, para se evitar a fácil extinção da instância.**

[9] José Pedro Machado, in *"Comentário a alguns arabismos do Dicionário Nascente"*, Lisboa, 1940, pág. 68 e Francisco José Veloso in Baldios, **Maninhos e Exploração silvo-pastoril em Comum, Sciencia Iurídica,** tomo III, pág. 139.

[10] António Losa, in **Filologia ao Serviço do Direito, Sciencia Iurídica,** ano II, pág. 420.

Disposições Gerais 13

Interessante nos parece chamar a atenção para o facto de o termo "baldio" nunca ter sido utilizado nas nossas Ordenações que reservaram para tal realidade as expressões: *"brejos"*, *"pegos"*, *"montadigos de termino"*, *"montadigos de vicino"*, *"matos maninhos" ou "matos bravios" e "logradouro ou logramento do povo"*[11]. A expressão *"baldio"* referida a *terreno inculto na posse comunitária dos povos*, aparece pela primeira vez, no séc. XVIII, na Écloga IV do poete Rodrigues Lobo[12].

Isto posto...

Mais importante que a palavra é a origem da instituição. Também aqui os historiadores, os etnólogos e os juristas se não entendem.

De acordo com uma corrente a que chamaremos de *germanista* e é representada por Francisco José Veloso, apoiado em Alberto Sampaio, os baldios provêm de um tipo de propriedade colectiva existente na Península, particularmente, na Lusitânia, e que se estendia até ao Mar Cantábrico. Esta propriedade silvo pastoril de "mão comum" apareceu na passagem da fase nómada para a fase sedentária dos povos aí residentes. É anterior às invasões célticas e tem muito a ver a propriedade colectiva dos germanos que não conheciam a "propriedade privada" por não se dedicarem à agricultura, mas, principalmente, à pastorícia, o que faziam nas propriedades comuns.

Segundo estes autores, a propriedade colectiva sofreu o seu primeiro grande ataque com as invasões romanas, pois face à tradição e ao direito romano, os terrenos comuns começaram a ser apropriados pelos grandes senhores que nelas fundaram as suas "villae", os agricultaram, deles se apropriando.

"Roma (escreve Francisco José Veloso) influiu por forma tal na nossa agricultura que se pode dizer que ela é, fundamentalmente, criação sua, entre nós".

Mas, *"se assim é , no que respeita à agricultura, não sucede o mesmo quanto à exploração silvo-pastoril. Aí tudo se mostra não-romano. E a luta que travaram, após a conquista, a agricultura individualista e romana dos vales e a pastorícia castreja e autóctone dos montes, prolongou-se até aos nossos dias"*[13].

Por outro lado, Rogério Ehrahrt Soares defende opinião contrária a que chamaremos de *"românica"*.

Segundo este autor, o direito romano, ao contrário do que às vezes se afirma, não só não desconhece, como até favorece as formas de utilização promíscua de terrenos destinados a fornecimento de lenhas e pastagens".

---

[11] Vide Ordenações Manuelinas; §§ 8 e 9 (Livros IV, LXVII, das Sesmarias) e Ordenações Filipinas § 414, Título 15.

[12] António Losa, Op. cit., pág. 424.

[13] Francisco José Veloso, *op. cit*, pág. 133 e segs.

"Quer dizer que não são as invasões bárbaras que vêm trazer, como às vezes se supõe, um esquema de utilização das terras incultas diferentes da propriedade romana. Todas essas formas já existiam, quer como direitos com longa tradição, quer como usos das populações que litigavam a propriedade; e não são na época romana simples resquícios de sistemas jurídicos refugiados nas montanhas"[14].

A nós parece-nos que ambas as explicações são parcelares e não vão ao fundo da questão.

Na verdade, segundo informa A. Jorge Dias, in Revista de Antropologia, vol. III, n.° 1, S. Paulo, 1955, *"a aldeia comunitária peninsular parece representar uma fase de transição entre certas comunidades primitivas, onde a propriedade da terra é imprecisa, ou não existe, e aqueloutras onde a propriedade da terra é individual, hereditária e transaccionável. Em algumas sociedade primitivas não existe a noção de propriedade da terra. A terra é dos deuses e os homens limitam-se a colher os frutos espontâneos, ou os que são produto da sua indústria e labor. Quando um bocado de terra cultivada dá indícios de cansaço, derruba-se mais um tracto de floresta, e assim sucessivamente. Às vezes os deuses são consultados e, se consentem, o homem aproveita a terra virgem, ou há muito, abandonada à floresta.*

Com o tempo, esta cultura itinerante acaba por dar lugar a formas de propriedade familiar hereditária, embora uma grande parte da área que é pertença ancestral do grupo, continue a ser usufruída colectivamente"[15].

Se tivermos em consideração que a maior parte das aldeias portuguesas participaram destas características, teremos compreendido a razão porque os primeiros forais dos primeiros reis, já reconheciam os baldios como pertencendo desde tempos imemoriais aos povos e lugares.

Depois, se tivermos presente o desenvolvimento sócio-económico da Idade Média, a sua própria dinâmica e as sucessivas crises que o iam assaltando, teremos compreendido as razões que obrigavam os grandes senhores das terras a dotarem os habitantes de cada povoação e seu termo, com terras comuns, insusceptíveis de individualização, destinadas às pastagens, obtenção de lenhas e estrumes para as respectivas comunidades.

Quer dizer: a existência de baldios explica-se, também, à luz das leis económicas básicas da economia feudal, conforme diz Armando de Castro in "Baldios" – *Dicionário da História de Portugal,* vol. I, pág. 279.

---

[14] Rogério H. Soares, *"Sobre os Baldios"* in **Revista de Direito e Estudos sociais,** XIV, n.° 3 e 4, pág. 265.

[15] *Apud,* A. Jorge Dias, in **Dicionário da História de Portugal**, vol. II, pág. 136.

Seja como for, a verdade é que:

"*O estudo da evolução histórica deste género de terrenos, em Portugal, está por fazer. E atendendo à variabilidade das formas da sua constituição, evolução e progressivo desaparecimento nas várias regiões, só um exame concreto que cobrisse todo o território poderia esclarecer devidamente este problema tão importante. Na verdade, esse estudo, não só é essencial à História da Propriedade e à História Económica da Agricultura em Portugal; é ainda, indispensável ao esclarecimento da evolução económica geral do Povo Português, contribuindo parcialmente – mas constituindo factor que não se pode pôr de parte – para iluminar o processo de transformação da primitiva economia medieval, feudal, na moderna economia de tipo capitalista*"[16].

De qualquer forma, os "logramentos", os "matos", "pegos", "montadigos de termino" ou "montadigos de vicino", na posse fruição comum dos habitantes dos lugares e concelhos, já eram referidos nos primeiros forais, como se deixa dito, não para os criarem, mas apenas, no intuito de reconhecerem a sua existência, que já vinha de trás e que devia ser respeitada na forma dos usos e costumes[17].

E compreende-se que assim fosse, já que, aquando da Reconquista, o território não se encontrava desabitado, mas com povos ali fixados há milhares de anos, vivendo da agricultura e da pastorícia, segundo os usos e costumes autóctones, ou herdados dos invasores romanos, árabes, celtas...

E assim desta forma, quando os reis concediam os seus forais, respeitavam o direito de os vizinhos utilizarem comunitariamente, conforme os usos e costumes, certos terrenos incultos ou maninhos, para daí retirarem lenhas, estrumes verdes, a apascentação dos seus gados, torga, urgueira, matos, barro, pedra, saibro, areias... para as "suas casas e lavoiras"[18].

O mesmo faziam os grandes senhores, os conventos, as igrejas e as abadias, quando aforavam, doavam ou concediam grandes áreas de terrenos cultos e incultos, aos colonos, ex-servos da gleba ou adstritos, para estes os desbravarem e cultivarem e como forma de concorrerem com as facilidades dadas pelos concelhos e evitarem, também, que essa gente emigrasse para o litoral, para as grandes cidades, onde se fixavam, transformando-se em mesteirais, almocreves, tendeiros, regatões, serventes, pedreiros, braceiros, a "arraia miúda" ou "ventres ao sol" de que falava Fernão Lopes.[19]

---

[16] Armando de Castro, op. e vol. cit. pág.278.

[17] Gama Barros, in História da Administração Pública em Portugal, nos sécs. XII a XIV.

[18] Vide o caso de Sortelha, referido por Gama Barros e cit. por Armando de Castro, op. cit. pág. 278.

[19] Vide Manuel António Hespanha, in *História das Instituições*, págs. 130, 154 e 231.

Para além disso, também o próprio *"poobo"* , sem ordem nem mandado, mas obedecendo as suas próprias regras de sobrevivência, ia avançando sobre os incultos reguengos ou dos grandes senhores da terra, afectando-os por "persúria" (apossamento violento e não consentido) e nestas situação os mantendo, através de um uso prolongado e constante, ao serviço da satisfação das necessidades da comunidade a que pertenciam.

Isto significa que, em Portugal, os baldios tiveram, pelo menos, quatro origens:

a) Aqueles que vieram de antes da fundação da nacionalidade e os reis reconheciam nos forais que concediam aos concelhos;

b) Aqueles que, "ex-novo", foram atribuídos pelos reis através do forais concedidos aos novos concelhos.

c) Aqueles que foram atribuídos ou reconhecidos nas escrituras de concessão, doação, aforamento aos grupos de cultivadores, pelos reis ou grandes senhores das terras.

d) Aqueles que as populações foram adquirindo por "presúria" ou outra forma, afectando-os à satisfação comum das necessidades das comunidades a que pertenciam.

Resumindo: a origem dos baldios em Portugal, é complexa, variando de local para local, mas sempre com base nos condicionalismos geográfico-agrológicos e no direito consuetudinário.[20]

2. Os baldios na Idade Média:

Na Idade Média havia, em Portugal, três níveis de propriedade

a) Bens da Coroa;

b) Bens comuns e

c) Bens particulares.

Os *bens da coroa* eram aqueles possuídos e geridos pela coroa portuguesa, desde os primórdios da nacionalidade, e estavam no uso de toda a gente. Representavam então aquilo a que hoje chamamos o sector ou domínio público do Estado.[21]

Os *bens comuns* eram aqueles possuídos e geridos por um conjunto de pessoas, residente num lugar ou lugares, numa paróquia ou concelho.

Destes bens faziam parte os "logradouros ou logramentos dos povos", os edifícios e vias públicas dos concelhos, os fornos, os moinhos e prensas de utilização comum, os cemitérios e as contribuições que formavam a renda dos municípios.[22]

---

[20] Vide A. H. de Oliveira Marques, in Dicionário da História de Portugal, vol. I, pág. 331.

[21] Vide A.H. de Oliveira Marques, op. e vol. Cits., pág. 331.

[22] Vide nota anterior.

Disposições Gerais   17

Os *bens particulares* eram todos aqueles que pertenciam a qualquer pessoa (singular ou colectiva – Igreja incluída) e que deles podiam usar e dispor a seu bel-talante.[23]

Os bens particulares do rei chamavam-se *reguengos* e aos bens particulares do concelho, municipais.

Deve notar-se que a freguesia não tinha, ainda bens, porque só existia como realidade eclesiástica, sem personalidade jurídica[24], só vindo a surgir como entidade administrativa (do Estado) em 1830, como adiante veremos.

Do que se deixa dito resulta que sobre a designação de *bens comunais*, cabiam bens de natureza diferente. Desde logo aqueles que eram constituídos pelos *"matos, ou matas bravias (…) os quais não foram coutados, nem reservados pelos Reys que antes de Nós foram e passaram geralmente pelos Foraes como as outras terras aos povoadores delas (…) e que dando-se de sesmaria fariam grande impedimento ao comum aproveitamento dos moradores dos ditos Lugares, nos pastos, dos guados, e criação e logramento da lenha e madeiras para suas casas, por os ditos matos maninhos ou pousios serem tão comarcãos a eles que seria cousa quase impossível poderem-nos escusar"*, conforme resulta da leitura conjunta dos §§ 8 e 9 das Ordenações Manuelinas (IV, LXVII, das Sesmarias) e que, de acordo com o § 14, Título 15 das Ordenações Filipinas ficou proibido aos Prelados, Mestres, Priores, Comendadores e Fidalgos ocupá-los com o argumento de que se *"sam maninhos e lhes pertencem, porquanto os tais maninhos sam geralmente pera pastos e criações e logramento dos moradores dos Lugares, onde esteverem, e nom devem delles seer tirados"*.

Na verdade, e por força do § 11 do mesmo Título das Ordenações Filipinas, tais "matas", "matos" ou "outros maninhos" *(…) sam, termos das villas e lugares dos Nossos Reynos, pera os averem por suas, ou por seus e os coutarem e defenderem, em proveito dos ditos pastos e criações e logramentos **que aos moradores dos ditos lugares pertencem"**.

Parece óbvio que tais bens ou terrenos, quer *pelo* destino que lhes era dado (pastos de gados e criação e logramento de lenhas e madeiras) quer, principalmente, pelos *destinatários* ("moradores dos ditos Lugares) constituiam aquilo a que hoje chamamos de *baldios*.[25]

Efectivamente a referência aos "moradores dos lugares" ou "moradores dos ditos lugares" tira qualquer dúvida ou confusão a este respeito, designadamente com as "explorações silvo-pastoris" em comum, referidas por Francisco José Ve-

---

[23] Vide António M. Hespanha, in *op. cit.* pág. 128.

[24] Vide Marcelo Caetano, in Grande Enciclopédia Portuguesa e Brasileira, vol. XX, pág. 44 e segs..

[25] Vide Marcelo Caetano – Anot. ao Acórdão do S.T.J. de 27/6/61, in **Direito**, pág. 139.

loso, na obra atrás citada e que adiante voltaremos a fazer referência mais detalhada, e isto porque estas explorações pertenciam, apenas, a algumas *famílias* e não todo o povo.

Depois, como atrás se deixa referido, a dinâmica do próprio desenvolvimento económico, obrigava o reis e os grandes senhores a dotarem os habitantes das vilas e lugares, com terrenos comuns, insusceptíveis de apropriação individual, já que tais terrenos eram indispensáveis à exploração agrícola e à vida das pequenas comunidades.

Para além destes *bens comunais*, havia como igualmente se deixa referido, os *"bens privados"* do concelho: a sede da Câmara e outros terrenos de que o município podia dispor.

2.1. *Os baldios e outras forma de propriedade próximas.*

2.1.1. *Os baldios e os "maninhos".*

Na linguagem comum as expressões *"baldios"* e *"maninhos"* equivalem-se. Efectivamente, nos dicionários, *baldio* quer dizer: *sem cultura, estéril, inútil, fracassado, inculto"*, enquanto que *maninho* significa: *estéril, inculto, infecundo, improdutivo*. Como se vê, praticamente, tudo a mesma coisa. Por isso não é de admirar que na linguagem corrente as pessoas utilizem as duas expressões para designar a mesma realidade jurídica: **baldio.**

A verdade, porém, é que, apesar da própria lei, algumas vezes, ter usado indistintamente uma expressão ou outra, o certo é que, hoje em dia, cada uma das expressões passou a assumir "cargas" ou significados diferentes, do ponto de vista da técnica jurídica.

Assim, pelo menos, a partir do séc. XVIII, a expressão *baldio* começa a ficar reservada à designação de terrenos no uso e fruição dos habitantes de um ou vários lugares que deles retiravam determinadas vantagens costumeiras (apascentação, lenhas, madeiras, estrumes verdes, etc.) tudo ligado à sua actividade agrícola, enquanto que a expressão *"maninho"* se refere a tractos de terreno inculto, estéril, desértico, independentemente da sua qualificação jurídica (pública, comum ou privada), com a diferença que também se refere às pessoas ou animais que não se reproduzem: infecundos.

A confusão terá resultado de os maninhos da "coroa", ou "reguengos" ou, mesmo, particulares, se terem transformado em baldios, por efeito das doações e concessões régias e/ou dos grandes senhores das terras e, até, por "presúria" dos povos, apertados pela fome e face à não reacção dos seus donos ou responsáveis.

2.1.2. *Os baldios e os bens do concelho.*

Tem reinado uma certa confusão entre "baldios" e " bens dos concelho", havendo, mesmo, juristas que os confundem.

Ora, a verdade é que, juridicamente, *baldios* e *bens do concelho* são conceitos de conteúdo diferente.

Explicando: já os antigos forais dividiam as terras em "maninhos" (incultos dos grandes senhores), "bens do concelho" e "logradouro dos povos".

Isto quer dizer que, para além dos "bens da coroa", havia mais três tipos de propriedade: os **reguengos e particulares; os bens do concelho e o logradouro dos povos ou comunidades.**

Sobre os bens reguengos e particulares já dissemos o que tínhamos a dizer. Falta agora destrinçar os "bens do concelho" dos "logradouro dos povos" .

É que na classificação "bens do concelho" incluíam-se os bens *próprios do concelho* e os *bens comuns do concelho.*

Os bens próprios do concelho eram os prédios rústicos e/ou urbanos que pertenciam ao concelho e que este arrendava, emprazava ou dava de sesmaria, mediante o pagamento de uma renda (*"renda dos verdes"* – Gil Vicente)[26].

Os bens comuns do concelho eram os que "estavam no uso dos povos". Acontece que no "uso dos povos" estavam os baldios, os caminhos, as azenhas, os fornos, as eiras, os rios, os ribeiros, os lagos etc.

Quer dizer: nem todos os bens comuns do concelho eram *baldios.*

Depois, e esta é que nos parece ser a grande diferença, dentro do mesmo concelho poderia haver, e normalmente havia, diferentes baldios de diferentes povos ou comunidades que formavam o mesmo concelho.

Na verdade , os concelhos medievais (e que se foram mantendo até 1839, altura em que por Decreto de 19 de Julho, se fez a reorganização da divisão administrativa do país, extinguindo-se alguns pequenos concelhos) dividiam-se em concelhos urbanos e concelhos rurais..

Os concelhos rurais (que são os que particularmente nos interessam) resultavam de um contrato enfitêutico, através do qual o rei aforava, colectivamente, uma parcela de território, por vezes menor que uma paróquia, a um grupo de povoadores.

Ora, antes destes contratos já existiam pequenos núcleos ou povoações de homens livres, dotados de uma autonomia rudimentar.[27]

Assim, a outorga de foral, conforme se deixou dito, ao mesmo tempo que criava certos baldios para os novos povoadores, respeitava os anteriores baldios das populações já radicadas.

---

[26] Vide "Romagem dos Agravados": *"E deixam os rendeiros do verde/que me citam cada dia".* Vide, ainda e principalmente, António M. Hespanha, *op. cit.,* pág. 280 e Ordenações Filipinas, livro I, tít. 66, §11; Lobão, in Notas, nas 33 a 36; Melo Freire, livro III, tít. 1, § 8.°, n.°s 31 e 32.

[27] Vide Torquato de Sousa Soares, in "Concelhos – Dicionário da História de Portugal, vol. II, pág. 137 e Paulo Mereia, aí citado.

20 *Comentário à Nova Lei dos Baldios*

Além disso, como escrevia Rebelo da Silva, in *"Memória sobre a Agricultura e a População de Portugal"*, pág. 75; *"o país não se dividia simetricamente, como hoje em concelhos, mais ou menos opulentos, e os termos de uns não partiam com os termos dos outros sem soluções de continuidade. Alguns fundaram-se e cresciam no meio de verdadeiros ermos, ao passo que muitos tinham encravados no próprio alfoz as propriedades das honras e dos coutos".*

Metade de uma freguesia e bastantes vezes de um monte, era lavrado pelo cavaleiro vilão e a outra metade pelo foreiro do couto, pelo solarengo da honra, pelo jugadeiro do concelho ou pelo cultivador do reguengo"[28].

Resumindo: **os baldios podiam ser bens comuns do concelho, mas nem todos os bens comuns do concelho eram baldios e havia baldios que não eram bens comuns do concelho, mas, apenas, de um ou vários lugares que podiam ser, até, de outro concelho.**

2.1.3. *Os Baldios e os Bens Comuns em Compáscuo e Exploração Sivopastoril*

Conforme já atrás fizemos referência, nas primitivas aldeias comunitárias, designadamente em Vilarinho das Furnas e outros aldeias do norte de Portugal, para além dos bens pertencentes a toda a povoação – património comum, indivisível e inalienável, quer *inter-vivos*, quer *mortis-causa* – (os baldios) havia outro *património familiar comum* que pertencia a um grupo, mais ou menos restrito, e que se *mantinha também indiviso*, mas era transmissível quer inter-vivos, quer *mortis-causa*.

Este *património comum* era propriedade privada do grupo a que pertencia e distinguia-se dos *baldios* que eram propriedade comunitária de toda a aldeia e intransmissível.

É, porém, perfeitamente admissível que esta *propriedade comum privada* de um grupo, com o decorrer do tempo e por ocupação de toda a "comunidade" (inversão de título) se transformasse em baldio, como admissível é o contrário: que algum baldio pelo abandono e ocupação de um grupo restrito, passasse a propriedade privada comum deste grupo.[29]

Este tipo de propriedade foi abolido pelo art. 2.265.° do Código Civil de 1867.

Apesar de tal abolição a verdade é que, segundo informa Francisco José Veloso, in "Baldios, maninhos e exploração silvo-pastoril", *Scientia Iuridica*, ano III, pág. 123 e segs., tal tipo de relação com aterra mantinha-se vivo e em funcionamento em todo o norte do país, ainda na década de 1950.

---

[28] Citado por Armando de Castro, in "Baldios", *Dicionário da História de Portugal*, vol. II, pág. 279.

[29] Vide A.A. Rocha Peixoto, cit. por Armando de Castro, in op. cit. pág. 278.

3. Os baldios nos sécs. XV a XVIII.

De acordo com o já referido, as Ordenações fazem várias referências aos baldios – "montados", "brejos" ou "logramento dos povos" .

Mas para além disso, há notícia de que várias vezes nas côrtes, ao longo dos séculos referidos, se ouviram as queixas dos povos contra a gula dos grandes senhores que pretendiam aproveitar-se do "logramento dos povos".[30]

Verdade seja que nas Ordenações Manuelinas (§§ 8 e 9; IV, LXVII) se procurou disciplinar tal gula, regulando a forma de se dar de sesmarias terras que *"podem ter aproveitamento para a agricultura e que não faram grande impedimento ao geral proveito dos moradores dos ditos lugares"*..

Por sua vez, as Ordenações Filipinas (§ 14. Filip. 15) proibiam, expressamente, que os *"Prelados, Mestre, Priores, Comendadores e Fidalgos"* *tomassem os maninhos que por "próprios títulos não forem seus, ou das ditas Ordens e Igrejas"*.

De qualquer forma, tais Ordenações abriam a porta à sua usurpação, permitindo que fossem dados *"de sesmarias para a lavoura, quando for reconhecido que é mais proveito que estarem maninhos"*.

Na sequência desta linha de pensamento é publicada legislação avulsa, facilitando a privatização dos baldios, designadamente, uma Lei de Dezembro de 1603.

Esta tendência para a privatização dos baldios a que, com frequência se chama " *desamortização*"[31], sofreu um grande impulso no Séc. XVIII.

A chamada *"fome da terra"* foi uma característica do Séc. XVIII, agravada com a introdução de novas culturas de regadio, designadamente o milho (a "revolução do milho") e mais tarde a batata.

Como as terras mais produtivas continuavam na posse dos grandes senhores, o "assalto" recaiu sobre os *"baldios"* que sendo terrenos de todos, *"não eram de ninguém"* e estavam, por isso menos defendidos.

Assim, em 23 de Julho de 1766 é publicado um alvará que permite aos municípios a alienação dos baldios, desde que devidamente autorizados pelo Desembargo do Paço.

Este diploma ordena pela primeira vez, o *arrolamento dos baldios existentes no País,* ordem que é repetida pelo alvará de 15 de Julho de 1774.

---

[30] De resto, os primeiros ataques terão resultado de uma interpretação abusiva da "Lei das Sesmarias" (1375) que nada tendo a ver com os "logradouros comuns", acabou por, também, ter sido aplicada a estes. Vide Manuel Rodrigues, *in Baldios*, pág. 29.

[31] Consideramos que a expressão "desarmortização" aplicada aos baldios é incorrecta. Na verdade, conforme resulta da Lei de 28 de Maio de 1834, a "desamortização" destinava-se a *dar vida"* – libertar – as terras "mortas" ou de "mão morta", pertencentes à Igreja, Ordens Religiosas e demais instituições de caracter religioso. Ora os baldios nunca estiveram na situação de "mão morta".

Este "arrolamento" era o primeiro passo para a *privatização* dos baldios, pois sabendo-se onde estavam, como eram e quantos eram, mais fácil era "ir buscá-los".

Talvez por isso é que tal arrolamento (incompleto) só se veio a fazer dois séculos depois...[32]

De qualquer forma, baseados no alvará de 1766, alguns ricos e afazendados apropriaram-se de grandes áreas de terrenos baldios. Este facto produziu grandes choques com as populações serranas, o que levou alguns políticos e economistas, da época, a terem de tomar posição a fim de procurarem resolver o conflito.

O primeiro foi José Inácio da Costa que, nas *"Memórias da Academia"*, relativas a 1789, propôs que os baldios fossem *"divididos em três folhas, das quais, uma seria, anualmente cultivada em comum e cujo rendimento seria, depois, distribuído pelo povo ou arrecadado em caixa, para pagamento de impostos e fintas que ao povo se lançassem"*.[33]

Também António Henrique da Silveira, nas mesmas *"Memórias da Academia"* e relativas ao mesmo ano, referindo-se ao Alentejo,, reconhecia que a divisão e privatização era injusta, *"porque os melhores quinhões cabem sempre aos principais e os inferiores ao pobres"*, devendo por isso, a divisão fazer-se *"excluindo os ricos e afazendados, sem que se atropele a justiça e segundo a equidade natural"*.[34]

Finalmente, Vila Nova Portugal, no seu plano para os estudos económicos do reino, propostos à Academia, doutrina, pela primeira vez correctamente, sobre a natureza jurídica do baldios, dizendo que estes "pertencem" aos moradores dos lugares", segundo os costumes ancestrais, e fazendo clara destrinça entre *"baldios, maninhos e bens do concelho"*.[35]

Com esta distinção, Vila Nova Portugal pretendia opor-se ao Alvará de 1766 que permitia que os Municípios vendessem aquilo que lhes não pertencia (mas sim aos "povos") reconhecendo, embora, que os baldios deviam ser melhor aproveitados, com o *"aforamento"* aos moradores dos lugares e *"não às pessoas poderosas e ricas"* como até aí se estava a fazer.

Apesar destas advertências, no reinado de D. Maria I, com data de 7 de Agosto de 1793, é publicada uma lei que proíbe os pastos em comum nas serras de Serpa e Moura!

---

[32] "Reconhecimento dos Baldios do Continente", Junta de Colonização Interna, 1940.

[33] cit. pelo "Reconhecimento dos Baldios do Continente", vol. I, pág. 6.

[34] Vide nota anterior.

[35] Vide Vila Nova Portugal, "Sobre a Cultura dos Terrenos Baldios que há no Termo de Vila Nova de Ourém", in *Memórias Económicas da Academia Real das Ciências"*, II, 1790, pág. 413 e segs.

Na sequência e durante a regência do futuro D. João VI, por alvará de 27 de Novembro de 1804, determina-se a divisão dos baldios logo que a maioria dos moradores vizinhos se apresente a requerer a sua divisão e repartição, nas Câmaras Municipais, em aforamento perpétuo, transferindo a administração dos mesmos baldios para as ditas câmaras, na medida em que determina que os moradores que usufruam dos bens do logradouro comum, deviam seguir na sua exploração *"os usos e posturas municipais"*, ficando os frutos reservados para se venderem em praça, a fim de se aplicar o seu produto de acordo com aquelas posturas.

Como se vê, este alvará faz tábua rasa de toda uma tradição comunitária de que fala Vila Nova Portugal, relativamente à administração dos baldios através dos "coutos, conselhos e adjuntos" ou sobre "os homens do acordo" ou "seis da fala" que continuando a existir implantados na prática diária das comunidades, eram esquecidos pela legislação do Poder Central.

Finalmente: em 1815 (quando a Regência ainda estava no Brasil) com o argumento de que havia que fazer face às despesas com as invasões francesas e, ainda, porque a lavoura não havia atingido o estado de florescimento que se pretendia, é publicado o alvará de 11 de Abril, através do qual se pretende incentivar a cultura dos maninhos do logradouro comum.

4. Os baldios e o Libaralismo

A existência de terrenos comunais ou comunitários opunha-se, frontalmente, ao conceito burguês das propriedade individual, livre e perfeita.

Assim, logo nas Cortes de 18 de Abril de 1821, é proposta a abolição, pura e simples dos *baldios,* afirmando-se, expressamente: *"é preciso notar-se que o direito ao baldio se opõe directamente ao art. 7.° das bases da Constituição, que garante a todos os cidadãos a propriedade individual e se opõe ao progresso e prosperidade da agricultura e é um obstáculo insuportável à plantação de árvores produtivas".*

Esta proposta não só foi aprovada pela Comissão, como lhe foi acrescentada "a supressão absoluta dos baldios", permitindo que todos os cidadãos vedassem as suas terras (nelas incluindo os baldios vizinhos).

Só que, a reacção popular contra tais propostas foi tal[36] que as mesmas acabaram por cair e o art. 8.° da Lei dos Forais de 1822, acabou por consagrar doutrina contrária, **confirmando a existência dos baldios, na posse dos povos e sob a administração das Câmaras Municipais.**

---

[36] Vide petição dos habitantes de S. Miguel do Mato, do concelho de Vouzela e doutras povoações dirigidas às Cortes de 1821, e Albert Silvert in *"Le Probleme Agraire au Porugal des Primières Cortes Liberales"*, pág. 76. Ver ainda Manuel Rodrigues, *op. cit.*, pág. 45 e segs. que aponta outros casos de reacção popular.

24   *Comentário à Nova Lei dos Baldios*

Apesar deste comando legal, confirmando os baldios, Mouzinho da Silveira, ainda em Angra do Heroísmo, faz promulgar um *"Decreto de inviolabilidade da Propriedade Privada"*, proibindo todos os actos contra a dita propriedade, *"mesmo quando mal adquirida"* (!) acoimando tais actos com graves penas e determinando que *"não aparecendo delinquente ou delinquentes (...) uma finta será imposta às freguesias que cercarem o estabelecimento, igual à soma necessária para o restabelecer e a todas as custas"*.

Em 1836 é publicado o 1.º Código Administrativo que manda proceder, mais uma vez, ao inventário dos baldios, entregando a sua administração às Câmaras, as quais exigiriam das Juntas a relação dos situados dentro da área de cada uma.

Deve notar-se que as Juntas de Freguesia ou Juntas de Paróquia, como entidades jurídico-administrativas só foram criadas em 1830, por decreto de 26 de Novembro. Simplesmente, pelo Decreto de 26 de Março de 1832, as mesmas **foram excluídas da organização administrativa,** voltando a ser meras entidades eclesiástico-religiosas, como sempre foram desde a cristianização da Península.[37]

É certo que, em 1835, pela Lei de 25 de Abril, foram restituídas às Juntas funções administrativas; só que estas voltaram a ser-lhes retiradas pelo Código Administrativo de 1842, que repôs o Decreto de 1832.

Entretanto, em 1839, a 19 de Julho, é publicado um decreto que reorganiza a divisão administrativa do país, extinguindo alguns pequenos concelhos e **determinando que os baldios continuam a pertencer aos povos que tradicionalmente os usufruem e só a estes.**

Contraditoriamente, o Cód. Adm. de 1842, volta a autorizar as Câmaras a venderam os baldios, quando os respectivos vizinhos precisassem criar receita para a sua paróquia (que, estranhamente, o mesmo código elimina como realidade jurídico-administrativa!)

Este Código obriga, ainda as Câmaras a terem um livro de Tombo dos seus bens e a descrição dos terrenos desarborizados e das matas do logradouro comum do concelho (baldios).

Escusado será dizer que tal Tombo nunca existiu...

Esta situação de conflito legal, espelha o conflito social que a sociedade portuguesa, então, atravessava e se traduziu em vários levantamentos populares que desembocaram na guerra civil conhecida por "Guerra da Patuleia" a qual só terminou em 1847, com a Convenção de Gramido[38].

Na sequência da derrota popular, é publicada a lei de 26 de Julho de 1850, a qual, pela primeira vez, faz a distinção entre **Baldios paroquiais e Baldios**

---

[37] Vide Marcelo Caetano, in *op. e pág. cit.*

[38] Vide L. Teixeira Sampaio, citado por Miriam H. Pereira, in *"Livre – Câmbio e Desenvolvimento Económico"*, pág. 295.

municipais[39], considerando como "municipais" os que andassem na posse dos moradores de um concelho ou mais do que uma freguesia e "paroquiais" os que andassem na posse dos habitantes de uma freguesia ou parte dela.

Para além disso, esta lei mantém o direito do compáscuo nos pastos comuns, paroquiais ou municipais mas não nos pastos comuns privados[40]; permite a vedação ("*tapagem*" ou "*coutamento*") a todos os proprietários privados cuja área produzisse mais do que sete alqueires e metade estivesse arborizada e aos proprietários que se comprometessem a pôr o terreno nesta situação...

Foi com base em tal lei e na prática que já vinha de trás que os pequenos proprietários são absorvidos pelos grandes, consolidando-se o latifúndio, conforme refere Miriam H. Pereira, *op. cit.* pág. 287[41].

Esta situação verificou-se, com maior intensidade, ao sul do Tejo (menos no Algarve), em razão do povoamento disperso que caracteriza esta zona do país, onde as populações tinham mais dificuldade para se juntar na defesa dos "seus" baldios. Para além disso, o tipo de propriedade (grandes latifúndios de meia dúzia de senhores onde os "ventres ao sol" iam, apenas trabalhar) também não justificava grande interesse das populações na defesa dos baldios. Assim não admira que os baldios, no Alentejo e Ribatejo, tenham, praticamente, desaparecido no séc. XIX. O mesmo não aconteceu no Centro e Norte do país, onde os baldios estavam ligados à sobrevivência dos povos.

No seguimento da lei de 1850, foi publicada a lei de 22 de Junho de 1866, através da qual se estendeu "aos bens dos corpos e corporações administrativas" (sem contudo nomear os *baldios*) os princípios da desamortização dos bens da Igreja e demais instituições de "mão morta", instituídos pela lei de 28 de Maio de 1834 (Mouzinho da Silveira) e completada pela lei de 4 de Abril de 1861.

Em 1867 entra em vigor o Código Civil (conhecido pelo Código de Seabra) que não veio alterar significativamente, o quadro legal dos baldios, limitando-se a enquadrá-los no conceito de "Coisas Comuns" (art. 381.°) e dizendo que deles era permitido tirar proveito "*aos indivíduos compreendidos dentro de certa circunscrição administrativa*".

O facto de o Código Civil parecer querer fazer coincidir o uso dos baldios com os limites das circunscrições administrativa, foi mais um factor de instabilidade, gerando fortes conflitos, pois os limites dos baldios nada tinham

---

[39] Deve notar-se que esta "paróquia" é a administrativa, apesar da lei que a criou estar suspensa, desde 1842, conforme adiante melhor se verá.

[40] Conhecidos por "baldios ao gado" – expressão que ainda hoje se usa.

[41] Contrariamente ao que diz esta A. in op. cit. pág. 288 e segs., não foi a Lei de 1850 que esteve na base da "Revolta da Maria da Fonte" e da "Guerra da Patuleia", mas foi, antes, pelo contrário uma consequência da derrota das forças populares e isto porque a "Guerra da "Patuleia" onde desembocou a "Revolta da Maria da Fonte" terminou em 1847 e a lei é posterior: 1850.

26   *Comentário à Nova Lei dos Baldios*

a ver com os limites da "circunscrições administrativas", mas, sim, com o uso e fruição dos povos que estavam na sua posse histórica[42].

O Código Civil aceita, acriticamente, a divisão dos baldios em *"paroquiais"* e *"municipais"* que vinha da lei de 1850 e nada diz no que toca à sua administração, limitando-se a aludir "aos regulamentos administrativos", sem esclarecer se tais regulamentos deveriam ser aplicados pelas "entidades" ou "corporações administrativas", ou pelos "homens do acordo", segundo os velhos usos e costumes.

E esta falha é importante, já que, a quando da publicação do Código Civil de 1867, a "Junta de Paróquia ou de Freguesia" não existia, por estar suspensa nos termos do Código Administrativo de 1842. Daqui resultava esta contradição: havia *"baldios paroquiais"*, mas não havia Junta para os administrar(!).

Porque a lei de 1866 que mandava aplicar aos bens dos corpos e corporações administrativos os princípios da desamortização era passível de várias e contraditórias interpretação, o legislador teve necessidade de publicar nova lei, em 26 de Agosto de 1869, onde expressamente, é autorizada a venda e enfiteuse de todos os bens *baldios* do povos, municipais ou paroquiais, salvo os indispensáveis para o logradouro comum.

Procurando dar cumprimento rápido a esta lei, em 25 de Novembro desse ano, foi publicada outra que determinava que o Governo procedesse rapidamente à designação e marcação dos edifícios e terrenos baldios que não deviam ser desamortizados.

Como de costume, tal operação nunca foi feita.

Apesar disso, nos fins do século XIX, mau grado a resistência popular, milhares de hectares de baldios passaram para a mão de particulares.

Contudo continuava inculta enorme área de solo nacional e isto porque centenas de quilómetros quadrados, nas mãos dos grandes senhores permaneciam em charneca[43].

Perante a situação de crise endémica da economia portuguesa, particularmente no que tocava à área dos cereais, Oliveira Martins levou à Câmara dos Deputados, em 27 de Abril de 1877, um projecto de lei de fomento rural, com o qual pretendia resolver a questão, mais uma vez, à custa dos baldios. Assim propunha que *"os baldios do Estado* (os "baldios paroquiais" terão passado a ser do Estado?) *e dos Municípios"* deviam ser divididos em glebas de área variável, conforme se determinasse e atribuídas a pessoas singulares ou colectivas para que estas as desbravassem e cultivassem.

Este projecto não foi aprovado.

Em 1878, é publicado o novo Código Administrativo, confirmado pelo de 1886.

---

[42] Vide a "Questão de Reriz" a que adiante faremos referência, pág. 38.

[43] Vide *Rec. dos Baldios do Continente*, vol. I, pág. 10.

Disposições Gerais 27

Estes códigos nada inovam no que tange aos baldios, limitando-se o Código de 1878 a repôr as Freguesias, como entidades de direito público administrativo e que criadas em 1830, estavam suspensas desde 1842. A partir de 1878, até ao presente, a Freguesia passou a existir como autarquia local, autónoma do concelho e integrando este.

Acontece que as perspectivas de Oliveira Martins, apesar de derrotadas na Câmara, tiveram acolhimento no Governo, o qual, em 20 de Dezembro de 1893, publicou um decreto criando as *"colónias agrícolas"* sobre terrenos incultos que *"o Estado possuísse ou houvesse de possuir"* (?).

Esta forma exdrúxula de se referir aos baldios (do Estado) não se compreende, face ao que dispunha a Lei de 1850, o Cód. Civ. de 1867 e o reconhecimento das freguesias pelo Código Administrativo de 1878!

Efectivamente, como deixamos dito, nunca houve *"baldios do Estado"*.

A "guerra dos baldios" que vinha acesa desde o séc. XVIII desembocava nos fins do séc. XIX, nos Tribunais que se viam assoberbados com questões desta natureza, versando sobre a propriedade, a posse, o uso, a administração e os limites dos baldios, particularmente no Centro e norte do país.[44]

Assim, quando chega a República, em 1910, a situação de confronto mantem-se e, por essa razão, *"**surgem vários e importantes questões de reivindicação de vastos baldios por parte dos seus usuários, reivindicações não apresentadas em tribunais, ou perante qualquer autoridade pública, mas directamente no terreno por populações amotinadas contra os apropriadores – legítimos ou ilegítimos"*.[45]

É que, conforme refere Rocha Peixoto em *"Formas de Vida Comunalista"*, nas "Notas sobre Portugal"[46], depois de todo o ataque desferido contra os baldios pelo poder central, procurando transferir a sua propriedade e administração para as autarquias, com vista a uma mais fácil privatização, *"grande parte das dezenas de milhares de hectares de terra baldia portuguesa, estão submetidos à administração geral das juntas paroquiais. Mas de facto, tudo quanto se relaciona com a fruição e modo de aproveitamento dos maninhos é deliberado, não pelas juntas nem outras instâncias hierarquicamente dominantes, **e sim pelos sufrágios das assembleias de todos os interessados"*.

Esta situação vai-se manter por muito mais tempo (até à intervenção dos Serviços Florestais que alteraram todas as regras costumeiras, nos terrenos submetidos ao seu regime).

---

[44] Desde 1880 a 1889, só o Supremo Tribunal de Justiça resolveu mais de duas dezenas de questões de baldios e a Revista de Legislação e Jurisprudência, de Maio de 1880 a Maio de 1881, respondeu a 27 consultas que lhe foram formuladas pelos profissionais do foro – Vide Rec. dos Baldios do Continente, Vol. I, pág. 10.

[45] Vide *Rec. dos Baldios do Continente*, vol. Cit. pág.14.

[46] Citado por Joaquim e Manuel de Barros Mouro, in *"Reforma Agrária"*, pág. 126.

5. Os baldios e a República

A implantação da República, longe de resolver a questão dos baldios, veio, pelo contrário, acirrá-la, atirando as populações contra os usurpadores.

Assim, logo em 1911, Ezequiel de Campos apresentou no Parlamento, a 27 de Julho, o seu projecto para a utilização dos terrenos incultos, que abrangia os baldios.

Em 7 de Agosto de 1913 é publicada a lei de aproveitamento dos baldios.

Em 9 de Dezembro de 1917, a União Operária Nacional reivindica *"a utilização dos terrenos incultos, quer baldios, quer particulares, em benefício comum"*.

Em 1918, perante a pressão e procurando remediar a falta de cereais provocada também pela Grande Guerra (1914-1918) é publicado o Dec.-Lei n.º 4.812 que, mais uma vez, autoriza as Câmaras Municipais e Juntas de Freguesia a dividir um os baldios, sempre que a maioria dos vizinhos o requeira, para os cultivar, chegando ao ponto de dar prémios pecuniários a quem tal fizesse.

Este decreto não resolveu a falta de cereais.

Assim, com o mesmo argumento, é publicada em 1920 o Dec.-Lei n.º 7.127 de 17 de Novembro, o qual permitiu a divisão dos baldios em glebas de forma geométrica regular, com acesso fácil e independente, e a capacidade produtiva suficiente para a manutenção de uma família de quatro pessoas.

Este decreto-lei autorizava, ainda, a colonização dos baldios por pessoas colectivas, às quais podia ser concedida uma área superior a cem hectares.

Como a crise, em vez de se resolver, se agravasse, é publicado em 10 de Dezembro de 1921, o Dec.-Lei n.º 7.933 que atribua a dita crise *"ao inveterado espírito de rotina"* do povo português, já que a falta de alimentos se deveria à persistência de terrenos baldios incultos, *"não obstante as facilidades e vantagens que a lei vem concedendo aos seus cultivadores"*, conforme se diz no seu preâmbulo.

Com base neste decreto lei, os baldios não utilizados como logradouro comum (e quem definia esta utilização eram as Câmaras e Juntas) e os baldios não destinados à arborização, seriam divididos pelas Câmaras em tantas glebas quantos os fogos a que pertencessem os seus usuários, glebas estas que seriam atribuídas em sorteio pelos chefes de família.

Daí, talvez, o facto de em muitas regiões do país, mas particularmente no Vale do Vouga, a expressão "sorte" passar a designar os tractos de baldio assim privatizados.

Por força do citado decreto lei (n.º 7.933) as "sortes" que não fossem requeridas passavam a constituir *propriedade municipal* e o mesmo aconteceria aquelas cujo aforamento caducasse, podendo as Câmaras aliená-las livremente, como terreno próprio, independentemente da lei da desamortização.

Mais: se as Câmaras se não mostrassem diligentes no cumprimento deste decreto, *"a propriedade dos terrenos seria, sem mais formalidades devolvida ao Estado a fim de que este os venda, enfiteuque ou arrende"*.

Era difícil ir mais longe!

A verdade é que, apesar deste ultimato legal, *"os baldios incultos, zombando de todos os esforços administrativos, baldios e incultos se mantinham, e de pé estava a cada hora mais premente, o problema irresoluto do abastecimento cerealífero"*[47].

Em 24 de Junho de 1924, é publicado o Decreto n.° 9.843 que, a pretexto de regulamentar o Dec.-Lei n.° 7.933, introduz profundas alterações, tais como permitir que se considere dispensável do logradouro comum 2/3 da área total dos baldios que o Ministério da Agricultura considerasse susceptível de aproveitamento agrícola.

Este decreto tem o interesse histórico de, pela primeira vez, falar nas *"comissões de vizinhos"*, às quais, em certas circunstâncias, poderia ser devolvido o poder de repartir os baldios.

Em 14 de Fevereiro de 1925, é publicado o Dec.-Lei n.° 10.552 que altera o Dec.-Lei n.° 9.843, no sentido de facilitar, ainda mais, a alienação dos baldios.

E é assim que com base em tais diplomas legais, entre 1925 e 1935 se repartiram e venderam 16.129 hectares de baldio, ao longo de todo o país.[48]

De qualquer forma e apesar de tal "desbaste" as grandes "manchas" de terreno baldio mantiveram-se continuando a "zombar", dos esforços legais para a sua destruição...

6. Os baldios e o "Estado Novo"

A "situação" política resultante do golpe militar de 28 de Maio de 1926 e que se manteve até ao 25 de Abril de 1974, teve para com os baldios uma dupla postura.

Na primeira fase, à semelhança do do que vinha de trás, atacou-os procurando dividi-los e vendê-los.

Na segunda fase, procura preservar a velha realidade "baldios", dando-lhes outra função e, apenas, permitindo a alienação dos dispensáveis do logradouro comum, verificados certos requisitos.

Só que, ao lado desta atitude legalista de defesa (de fachada) as Câmaras e as Juntas, continuavam, na prática, normalmente, a alienar os melhores tractos de terrenos, servindo, assim, as suas clientelas e os interesses dos "caciques" locais que utilizavam o "baldio", como forma de aliciamento e pressão política.

Na verdade, logo em 27 de Março de 1927, é publicado o Dec.-Lei n.° 12.229 que permitiu a venda de baldios, independentemente das leis da desamortização, para as Câmaras obterem fundos para a construção de casas para os magistrados judiciais.

---

[47] Vide *"Rec. dos Baldios do Continente"*, vol. cit., pág. 17.
[48] Vide *"Rec. dos Baldios do Continente"*, Vol. e pág. citada.

30 Comentário à Nova Lei dos Baldios

Em 24 de Maio seguinte, é publicado o Dec. Lei n.° 13.633 que autoriza as juntas a vender baldios paroquiais.

Em 1930, procurou repor-se os casais de família, criados pelo Dec. Lei n.° 7.127 de 7 de Novembro de 1920, sem que um "casal" se instale.

Em 1932, através do Dec.-Lei n.° 20.968, de 28 de Fevereiro, é ordenado às Câmaras e às Juntas que, no prazo de 60 dias, dêem uma relação dos seus baldios. Apenas 46 câmaras e 7.274 juntas responderam.

Apesar das poucas respostas, verificou-se que, só das respondentes havia uma área de 374.252 has. de terreno baldio.

A partir daqui a situação inverte-se.

Em 1932 é criada, na Direcção Geral da Acção Social Agrária, uma comissão de técnicos encarregados de estudar e elaborar um plano para o imediato aproveitamento dos baldios do país (Portaria de 8 de Novembro).

Esta comissão começa por propor *a suspensão da alienação de todos os baldios,* o que é feito através do Dec.-Lei n.° 27.956, de 8 de Dezembro de 1936.

Seguidamente propôs que se fizesse o tão falado e ordenado, mas nunca cumprido, inventário dos baldios.

Este projecto é aceite e é ordenado, através do decreto n.° 32.3000, de 1 de Abril de 1933, que se iniciassem os trabalhos de inventário, nos perímetros hidrográficos dos rios Mondego, Ponsul, Liz, Alcôa e Sado e das ribeiras de Sacavém, Ota, Alenquer, Muge e Salvaterra de Magos. O trabalho começou, mas, mais uma vez não se cumpriu.

Finalmente em 1936, foi criada pelo Dec.-Lei n.° 27.207, de 16 de Novembro, a Junta de Colonização Interna, especialmente vocacionada para o aproveitamento dos baldios, através de obras de colonização.

Este decreto atribuiu à Junta de Colonização Interna competência para proceder ao inventário dos baldios, tarefa que, finalmente, foi cumprida com a publicação em 1940, dos três volumes do "Reconhecimento dos Baldios do Continente", contendo a descrição sumária dos baldios encontrados (de acordo com as respostas das Juntas de Freguesia) situados por freguesia, concelhos e distritos.

Deve notar-se que, apesar do esforço, o inventário não é exaustivo, nem totalmente rigoroso, pois lhes faltam respostas de algumas juntas câmaras e os dados fornecidos não foram totalmente correctos e actualizados.

Depois, é preciso ter presente que a realidade "baldios" é dinâmica, esticando ou encolhendo conforme o processo histórico e a maior ou menor actividade de afectação levada a cabo pelas comunidades locais, ao longo dos tempos.[49]

---

[49] Vide Acção Ordinária n.° 49/83 do Tribunal de S. Pedro do Sul, onde na Freguesia de Covas do Rio, S. Pedro do Sul, foi reconhecida e existência de um baldio, apesar de no *"Reconhecimento dos Baldio do Continente"* lhe não ser atribuído baldio nenhum.

Disposições Gerais

De qualquer forma, o "Reconhecimento dos Baldios do Continente" é uma obra indispensável (ainda hoje) para se ter uma "radiografia", muito aproximada, dos baldios do existentes no dito Continente.

Finalmente: em 1940, é publicado o novo Código Administrativo.

Este código define como baldios *"as terras não individualmente apropriadas, das quais só é permitido tirar proveito, guardados os regulamentos administrativos, aos indivíduos residentes em certas circunscrições administrativas ou parte delas"* (art. 388.º que declara no seu § único que os baldios são *prescritíveis*).

Da definição dada pelo Código Administrativo se vês que houve o cuidado de não fazer coincidir os baldios com a área de qualquer circunscrição administrativa (como dava a entender o Código Civil) já que se esclarece que os seus usuários poderiam residir *"em parte dela"*.

Para além de assim os definir, o Cód. Adm. De 1940 divide os baldios em paroquiais e municipais, à semelhança de lei de 1850.

Depois classifica-os em:

a) Indispensáveis do logradouro comum;

b) Dispensáveis do logradouro comum e próprios para a cultura;

c) Dispensáveis do logradouro comum e impróprios para a cultura e

d) Arborizados ou destinados à arborização.

Os baldios dispensáveis do logradouro comum eram facilmente alienáveis, regulando o código a forma da sua alienação.

Com base neste código se alienaram, legal ou ilegalmente, milhares de hectares de terreno baldio, até Abril de 1974.[50]

Entretanto, antes da publicação do Código Administrativo, foi publicada a Lei n.º 2.069, de 24 de Abril de 1954. Na sequência foram publicados os Dec.--Lei 40.042, 40.054 e 40.057 de Fevereiro de 1954 que submeteram ao regime florestal grandes áreas de terreno baldio.

Depois destes diplomas outros vieram no mesmo sentido, mas que não têm interesse para ao presente comentário, por se tratar de situações casuísticas (submissão em concreto de determinada área).

A submissão dos baldios ao regime florestal não foi fácil, nem pacífica. Efectivamente foi usada, muita vez a força, a ameaça e a perseguição política para impor às população o desapossamento ("espoliação") dos seus baldios.

Desta luta nos deixou Aquilino Ribeiro um belo e heróico testemunho no seu *"**Quando os Lobos Uivam**"* , que só o não levou à prisão, porque entretanto, no decorrer do processo contra si intentado pelo Estado (fascista) Português, o grande, velho e respeitado escritor morreu...[51]

---

[50] Isto podemos nós próprios testemunhar, ao longo de mais de 40 anos de advocacia nas comarcas de Lafões, Tondela e Viseu e como advogado do Secretariado dos Baldios do Distrito de Viseu.

[51] Vide *"Quando os Lobos Julgam a Justiça Uiva"*, Ed. Liberdade e Cultura de S. Paulo 1959 (?).

7. Os baldios e o 25 de Abril

1.º. Aquando o 25 de Abril de 1974, a questão dos baldios continuava a ser uma questão em aberto.

Em muitos pontos do país, designadamente, nas freguesias e Préstimo, Albergaria das Cabras e Talhadas (distrito de Aveiro), Montezinho e França (distrito de Bragança) as populações reivindicavam a posse dos seus baldios, exigindo que os próprios Serviços Florestais lhes devolvessem a sua administração;

Os Decs.-Lei n.ºs. 39/76 e 40/76 são a resposta a estas reivindicações populares e inserem-se, conforme resulta do preâmbulo do Dec.-Lei 39/76, na reforma agrária que se começava a pôr em prática, a partir do Alentejo/Ribatejo.

Estes decretos lei, preparados no tempo do V Governo Provisório, do Gen. Vasco Gonçalves,[52] só vieram a ser publicados na vigência do VI Governo Provisório, sendo primeiro ministro o Almirante Pinheiro de Azevedo e ministro da Agricultura, o eng. Lopes Cardoso (PS) e secretário de estado da Restruturação Agrária o dr. António Bica (PCP).

Ora, conforme resulta do preâmbulo do Dec. Lei 39/76 " *a entrega dos terrenos baldios às comunidades que deles foram desapossadas pelo Estado fascista corresponde a uma reivindicação antiga e constante dos povos"*.

Com a publicação do referido diploma pretendeu-se atingir três objectivos:

a) A entrega às comunidades que deles foram desapossadas;

b) A integração desta entrega no quadro da política da Reforma Agrária (então, em curso) e orientada para objectivos socio-económicos muito precisos: – a destruição do poder dos grandes agrários e dos diversos mecanismos de afirmação de tal poder; o apoio aos pequenos agricultores e operários agrícolas e o estímulo às formas locais e directas de expressão e organização democrática que permitam aos trabalhadores do campo avançar para o controlo do processo produtivo e dos recursos naturais;

c) A institucionalização de formas de *"organização democrática local, às quais são reconhecidos amplos poderes de decisão e deferidas amplas responsabilidades na escolha do próprio modelo de administração"*.

Para se atingirem estes objectivos foi adoptada uma orientação mais aberta e antiburocrática, mediante a admissão de uma forma de administração autónoma, em que são reduzidos ao mínimo os limites traçados à área de afirmação da vontade das assembleias locais.

---

[52] A Lei dos Baldios foi amplamente discutida com as populações serranas e o seu articulado resulta dessa discussão directa, feita através das Comissões Administrativas das Câmaras e das Juntas de Freguesia, em concorridos plenários das populações. O A., como presidente da C.A. da Câmara Municipal de S. Pedro do Sul, participou em vários destes plenários e "reconhece-se" nos dois decretos-lei...

Disposições Gerais

A expressão "comunidades" usada no preâmbulo deve ser aproximada das *"organizações populares de base territorial"* que se destinam a intensificar a participação popular na vida administrativa local (como referia o art. 264.º da Constituição da República de 1976 e se mantem no art. 267.º da revisão – 1999).

Resumindo: o Dec.-Lei n.º 39/76 , conforme resulta do seu preâmbulo, pretendeu restituir os baldios às povoações ou lugares que tradicionalmente os usufruíam, os quais se deviam organizar, passando a funcionar como verdadeiras organizações populares de base, definidas pela Constituição já então aprovada, mas que só entrou em vigor mais tarde (25 de Abril desse ano:1976).

Daqui resulta que não devem os Serviços Públicos, nem os Tribunais ser demasiado exigente, quanto ao cumprimento de formalidades não essenciais, quer na convocatória, quer na forma de votação e elaboração das actas.

Efectivamente, a lei teve presente o "país real" a que se dirigia, pouco letrado e facilmente prisioneiro de burocracia que não entende. Por isso, o que interessa é que fique claro na convocatória qual o fim da reunião; na votação, quantos votaram a favor e contra e quantos se abstiveram, no universo dos compartes presentes e, finalmente, o nome dos eleitos e cargos que irão desempenhar.

Só assim se cumpre o disposto no preâmbulo: institucionalizar *"uma orientação mais aberta e antiburocrática (reduzindo-se) ao mínimo os limites traçados à área da formação da vontade das assembleias locais"*.

A Lei n.º 58/93 respeita este espírito antiburocrático.

2. Conforme resulta do respectivos preâmbulos e dos próprios articulados, os Decs.-Lei n.ºs 39/76 e 40/76, são a primeira legislação que, ao longo dos séculos, responde favoravelmente à reivindicação histórica dos "povos" sobre os seus baldios, impedindo de uma vez por todas, que as juntas, as câmaras e o Poder Central se servissem de tais terrenos comunitários, arbitrariamente, e para a satisfação de políticas pouco claras, manobradas no interesse dos "caciques locais".

Não admira, por isso, que as populações serranas tenham tomado como suas estas leis e no espaço de alguns meses se tenham constituído mais 600 Assembleias de Compartes, com os seus Conselhos Directivos em funcionamento.[53]

Acontece é que, por razões inteiramente opostas, as forças do Passado que se opunham ao Processo Revolucionário em Curso (PREC), logo se opuseram à sua aplicação.

O primeiro passo foi dado "por dentro" da própria lei.

Na verdade, de acordo com o art. 18.º do Dec.-Lei n.º 39/76, o processo de entrega dos baldios aos seus compartes, iniciava-se pelo recen-

---

[53] Vide Manuel Rodrigues, *op. cit.* pág. 61.

34 Comentário à Nova Lei dos Baldios

seamento provisório dos ditos compartes, recenseamento este que era levado a cabo pelos presidentes das juntas de freguesia, em colaboração com outros serviços.

Como o Norte e Centre do País, eram dominados por forças políticas que se opunham à implementação das leis dos baldios, as juntas de freguesia receberam indicações das cúpulas partidárias no sentido de o presidente da junta não elaborarem os cadernos, nem convocarem a 1ª assembleia.

Esta indicação foi cumprida por muitas juntas de freguesia, apesar das indicações em contrário que lhes eram dadas pelos Governos Civis, face às muitas reclamações da populações.[54]

Apesar de todas as dificuldades, as Assembleias de Compartes foram-se formando, atingindo vários centenas, por todo o país.

Porque as forças políticas anti "Lei dos Baldios" não tivessem conseguido "travar", a composição de cada vez mais Assembleias de Compartes, decidiram lançar contra a mesma lei um ataque exterior.

Assim é que, a quando da discussão e aprovação da Lei das Atribuições das Autarquias e Competência dos seus Órgãos (Lei n.° 79/77, de 25 de Outubro) por proposta do CDS, foi introduzido sub-repticiamente, uma adenda ao art. 109.° que definia as coisas comuns, designadamente, os baldios, entregando a sua administração aos órgãos executivos autárquicos.

Mal a lei foi aprovada e houve conhecimento público de que o famigerado art. 109.° revogava, indirectamente, o Dec.-Lei n.° 39/76, logo surgiu um movimento expontâneo de protesto que se estendeu de norte a sul e produziu forte eco a nível dos meios de comunicação social e um indisfarçável mal estar político junto das forças que sempre defenderam a "Lei dos Baldios".

A reacção contra a inadvertência dos parlamentares que deixaram passar tal art., em situação, de "stress" (eram 3h da manhã quando tal artigo foi aprovado!) verificou-se logo, passado um mês da sua publicação. E assim é que no dia 25 de Novembro (dia em que a Lei n.° 79/97 deveria entrar em vigor) foi apresentada na Assembleia da República uma proposta de Lei pelo PCP revogando o art. 109.° de tal lei.

Esta proposta foi aprovada através da Lei n.° 91/77 de 31 de Dezembro.

Só que, como esta lei se limitava a revogar o dito art. 109.°, sem nada dizer quanto ao Dec.-Lei n.° 39/76 que tinha revogado, as forças políticas anti "Lei dos

---

[54] Ver o caso da Junta de Queirã, Vouzela, que sempre se recusou a cumprir o ordenado pela lei, relativamente à Assembleia de Compartes de Igarei, apesar das *ordens* recebidas em contrário do Governador Civil de Viseu.

Neste contexto, veio o Presidente da Junta de Queirã, a ser condenado pelo Tribunal de Vouzela, pela prática do crime de "denegação de Justiça", (Proc. Com. Sing. n.° 128//88, in *"Sub –Judice"* 1991/1, pág.1 – "Causas") sentença que foi revogada pelo acórdão da Rel. de Coimbra de 15/5/91 (inédito?).

Baldios" inventaram um "vazio legislativo", defendendo que se deveria aplicar a Constituição da República.

Só que a Constituição da República no seu art. 89, n.º 2, al. c) se limitava a dizer que *a posse útil e gestão dos bens comunitários pertencia às comunidades locais*", sendo que as autarquias e seus órgãos executivos nunca se confundiram com "*comunidades locais*", pelo que tal entendimento pouco ou nada lhes aproveitava.

Depois de longas batalhas jurídicas nos Tribunais a Relação de Coimbra, através do seu Ac. de 13/11/79 (in V Col. de Jurisp., ano IV, tomo 5, pág. 14 e segs.) acabou por reconhecer que a Lei n.º91/77 havia represtinado o Dec.-Lei. n.º 39/76.

Esta jurisprudência foi unanimemente aceite e a questão esvaziou-se[55].

A partir de então a tentativa de alterar a "Lei dos Baldios" passou para a Assembleia da República, onde ao longo de várias legislaturas, o PPD/PSD e o CDS apresentação várias propostas de alteração e revogação tendo todas "caído" por várias razões legais e regimentais.

Finalmente, no verão de 1993, o PS apresentou uma proposta de alteração que acabou por ser aprovada e se transformou na Lei n.º 68/93 de 4 de Setembro e que é aquela que estamos comentando.

IV. OS BALDIOS PAROQUIAS E OS BALDIOS MUNICIPAIS

13.1. A Lei de 26 de Junho de 1850 introduziu na legislação portuguesa, pela primeira vez, a distinção entre *baldios paroquiais e baldios municipais*, dizendo que eram paroquiais aqueles que andassem na posse exclusiva dos moradores da paróquia e municipais aqueles que andassem na posse dos moradores do concelho, tudo por mais de trinta anos.

Esta distinção era artificiosa.

Na verdade a *Paróquia*, como pessoa de direito público administrativo, fora criada em 26 de Dezembro de 1830.

Este decreto bastante minucioso, como informa José Tavares[56], reconheceu às Juntas de Paróquia funções quase tão amplas como os códigos administrativos modernos.

Acontece, porém, que o Decreto n.º 23, de 26 de Março de 1832 excluiu a Paróquia da divisão administrativa do território, considerando-a como mero agregado social e religioso. É certo que a Lei de 25 de Abril de 1835 lhe restituiu funções administrativas, só que esta Lei veio a ser revogada pelo Código Admi-

---

[55] Sobre a represtinação da DL n.º 39/76 vide o n/ *"Comentário à(s) Lei(s) dos Baldios"*, pág. 61 e segs..

[56] *"A Freguesia ou Paróquia como divisão administrativa"*, 1896.

36   *Comentário à Nova Lei dos Baldios*

nistrativo de 1842 que voltou a repor o Decreto de 1832 (Paróquia como mero agregado social e político).

Só mais tarde, o Código Administrativo de 1878 é que voltou a re-introduzir a Paróquia ou Freguesia como divisão administrativa do território, com órgãos e competências próprias[57].

Assim sendo, como é que em 1850 se pode dizer que determinado baldio é *paroquial*, se a paróquia, ainda nem sequer existia? E, mais, como entender que se exigisse que o baldio andasse na posse da paróquia, durante *mais de trinta anos*, se o tempo de vigência da Paróquia era de cerca de 10 anos (1830 a 1832 e de 1835 a 1842)?

Obviamente que com a publicação da Lei de 1850 se pretendeu criar uma "patamar" legal, para uma mais fácil alienação dos baldios pelas Câmaras, como adiante melhor se verá.

Nem se diga que ao falar em Paróquia se pretendeu remeter para a paróquia religiosa, já que esta sempre foi, apenas, uma divisão eclesiástica, regulada pelo Direito Canónico, sem quaisquer atribuições de direito administrativo.[58]

13.2. De resto, a divisão dos baldios em paroquiais e municipais não só era artificiosa no que tange aos *paroquiais,* como no tocante aos *municipais.*

Com efeito, se é verdade que pelos forais e pelo uso histórico, determinados baldios poderiam andar na posse de todo um concelho, o certo é que tal só se verificava nos pequenos concelhos, formados por uma, duas ou três povoações[59].

Só que estes pequenos concelhos foram extintos pela remodelação administrativa operada pelo Decreto de 19 de Junho de 1839, sendo certo que no mesmo se consignava que *os baldios continuariam a pertencer aos povos que tradicionalmente os usufruíam* (vide Col. Oficial de 1839, pág. 212).

Ora, tendo desaparecido tais concelhos, nos outros (maiores), nunca um baldio estava ou esteve na posse de todo o concelho, mas, apenas, na posse de uma ou várias povoações que poderiam ser, até, de concelhos diferentes...

Quer dizer: **os limites dos baldios não coincidiam nem coincidem, necessariamente, com os limites das freguesias e/ou concelhos**: uma coisa é a divisão administrativa imposta pelo Poder Central, outra coisa a fruição e uso dos montes e maninhos levados a cabo pelas populações de acordo com as suas necessidades, ao longo de séculos.

---

[57] Vide Marcelo Caetano, in *Manual de Direito Administrativo*, 8.º ed. Tomo I, pág. 322

[58] Vide Marcelo Caetano, op. cit. pág. 322.

[59] Vide Torcato de Sousa Soares, in Dicionário da História de Portugal, Vol. II, pág. 137.

Por isso não podemos, de forma alguma, concordar com o STJ, quando no seu Ac. de 15/12/92, in BMJ 442, 309, decidiu que os habitantes de uma freguesia *"só podem fruir comunitariamente a parte do baldio situado na área da freguesia de que são moradores"*.

Tal afirmação contraria a própria realidade, a natureza jurídica dos baldios e a sua titularidade (art. 82.° n.° 4, al. b da CRP) como mais abaixo veremos quando tratarmos deste tema e para onde remetemos o leitor[60].

13.3. A divisão dos baldios em paroquiais e municipais era tão artificial que, na maior parte dos casos, nem as Câmaras sabiam quais eram os seus baldios, o mesmo acontecendo com as Juntas.

Esta "confusão" de baldios levou a que, em certas zonas do país, designadamente no concelho de Vouzela, nos anos de 1921/22, se procedesse à celebração de uma série de escrituras de divisão dos baldios entre a Câmara e as Juntas das várias freguesias que integravam o concelho.[61]

Com tais escrituras a Câmara e as Juntas pretendiam obter título que lhes permitisse uma mais fácil alienação dos baldios.[62]

Acontece que de tais escrituras resulta que a "divisão" era perfeitamente arbitrária, não se respeitando nem a posse dos povos nem a possível posse dos corpos administrativos.

Com efeito, relativamente aos baldios de maior área, cada um era dividido, mais ou menos a meio, ficando metade para a Câmara e metade para a Junta. Nos mais pequenos, formavam-se lotes de área aproximada, dividindo-se pela Câmara e Junta, de modo a obter uma certa equidade...

A verdade, porém, é que tais escrituras não tinham qualquer efeito prático sobre a usufruição dos baldios que continuavam a ser fruídos de acordo com os

---

[60] No sentido de que os habitantes de uma freguesia podem ter um baldio numa freguesia vizinha, vide Ac. STJ de 10/7/98 (inédito?) tirada na Ac. Ordinária n.° 56/91 do Trib. de Tondela onde ficou decidido que os habitantes de duas aldeias da freguesia de S. João do Monte tinham um baldio dentro da freguesia vizinha de Mosteirinho.

Situação idêntica se verificou na Ac. Ordinária n.° 51/89 que correu seus termos pelo mesmo Tribunal e onde ficou decidido que os habitantes da freguesia de Tourigo têm um baldio que se situa, em parte, dentro da freguesias vizinha de Barreiro de Besteiros e na Ac. Ordinária n.° 67/88 que correu seus termos pelo Tribunal de S. Pedro do Sul, onde aos habitantes da freguesia de S. Félix foi reconhecido um baldio situado dentro dos limites da freguesia vizinha de Vila Maior.

[61] Vide Maria da Conceição Gralheiro, in "(Alguns) Casos de desamortização de Baldios no Concelho de Vouzela" – estudo universitário (inédito) e o Arquivo do Notário Privativo da Câmara de Vouzela e Arquivo do notário, Gil Ribeiro de Almeida, in Arquivo Distrital de Viseu.

[62] Vide nota anterior.

Comentário à Nova Lei dos Baldios

costumes ancestrais e se mantinham, quer os baldios fossem classificados de "municipais" quer de "paroquiais", e tais escrituras não existissem.[63]
Finalmente:

13.4. Se é certo que as Câmaras podem ter exercido actos de administração e polícia sobre os baldios, em tempos idos, a verdade é que, desde a implementação jurídica das Juntas de Freguesia, tal administração e polícia, passou, naturalmente, para estas, mesmo nos baldios atribuídos às Câmaras, nas escrituras de divisão atrás referidas.

De resto, ao longo da nossa actividade como advogado "dos baldios", um pouco por todo o País, nunca nos passou pelas mãos um baldio na posse de toda uma freguesia e, muito menos, de concelho, embora seja vulgar haver baldios na posse de povos ou lugares pertencentes a mais do que uma freguesia[65].

Mesmo quando eram as Câmaras e Juntas que apareciam a pleitear os "seus" baldios, sempre estes eram atribuídos a um ou lugares da sua circunscrição e nunca a todo o concelho.

Exemplo flagrante é-nos dada pela chamada "Questão de Reriz".

Efectivamente, nos princípios do século XX, a Junta de Paróquia da freguesia de Reriz, como representante dos povos e Reriz e Solgos, fez intentar pelo Tribunal de Castro Daire, acção ordinária contra alguns habitantes da povoação de Sabariz, da mesma freguesia, porque estes foram cortar matos e apascentar seus gados nos baldios da Serra de Reriz.

Os habitantes de Sabariz basearam o seu comportamento no n.º 1 do art. 381.º do Código Civil, então em vigor, alegando que residindo na mesma circunscrição administrativa (freguesia de Reriz) tinham direito a usufruir tal monte baldio, como os de Reriz e Solgos.

A esta argumento contrapunha a Junta de Paróquia o seguinte: Reriz e Solgos formaram um concelho só (o concelho de Reriz) extinto aquando da remodelação administrativa operada pelo Dec.-Lei de 19 de Julho de 1839.

Acontece que desde tempos ancestrais, tal baldio só estava na posse desses

---

[63] Vide Ac. Ordinária, n.º 54/63 que correu seus termos pelo então julgado municipal de Vouzela, comarca de Oliveira de Frades, onde o "baldio paroquial" e o "baldio municipal" que aí se discutiam foram atribuídos, apenas, aos lugares de Meijão, Viladra e Cabo de Vila, da freguesia de Alcofra, e não a toda a freguesia e muito menos ao município ou concelho de Vouzela. Ver, ainda, sobre o mesmo caso, o *Ac. STJ de 28/1/75*, in BMJ, 243,227.

[64] Tal facto deve-se à circunstância de as freguesias, quando foram criadas (1830) não respeitarem, nas suas demarcações, a posse anterior dos povos sobre os seus baldios, ou à circunstância de uma freguesia antiga se ter desmembrado em duas ou mais, e os limites das freguesias criadas, também, não respeitarem a posse antiga dos povos sobre os respectivos baldios.

Disposições Gerais 39

dois povos e que tendo o concelho de Reriz passado a freguesia de Reriz, com a incorporação de outros lugares, entre os quais Sabariz, apenas os habitantes das povoações de Reriz e Solgos tinham direito ao mesmo e isto de acordo, com o mesmo decreto-lei através do qual se operou a remodelação administrativa que dispunha que, apesar de tal remodelação, *"os baldios continuavam a ser dos povos a que pertenciam".*

O Tribunal da Relação do Porto veio a dar razão aos habitantes de Reriz e Solgos, reconhecendo *"aos moradores do ditos lugares – Solgos e Reriz – o direito exclusivo à fruição e logradouro comum da dita Serra de Reriz"*[65].

Quer dizer: este acórdão tirado em plena vigência do Código Civil de 1867, que dividia os baldios em "paroquiais" e "municipais", é a demonstração de que tal classificação nada tinha a ver com *o direito exclusivo à fruição, por parte dos habitantes de um ou mais lugares da freguesia ou concelho.*

13.5. Os Códigos Administrativos de 1878 e 1940 vieram a manter a divisão dos baldios em "paroquiais" e "municipais", em termos muito idênticos ao da Lei de 1850 (vide art. 389.° do C.Adm. de 1940)

O Dec.-Lei n.° 39/76 acabou com tal distinção, deixando esta de ter qualquer sentido, uma vez que os baldios voltaram a estar ligados, apenas, *"aos moradores de determinada freguesia ou freguesias, ou parte delas"* (art. 1.°).

O mesmo se diz no n.° 3 do art. 1.° da Lei n.° 68/93 que estamos comentando.

Daqui resulta que a divisão administrativa (concelho e freguesia) deixou de ter a ver (se é que alguma vez teve!) com a realidade "baldios".

E isto tem o seu interesse, porque na vigência do Cód. Adm. de 1940, havia uma certa tendência para fazer coincidir os limites do baldios com os limites de tais aurtaquias.

Assim é que havia mesmo quem defendesse que, face ao art. 12.° de tal Cód. Adm. era ao Governo que competia a delimitação dos próprios baldios, por coincidirem com os limites das autarquias.

Esta orientação mesmo, durante a vigência deste Código, não fez carreira[66].

Hoje, perante a redacção do art. 1.° do Dec. Lei 39/76 e o n.° 3 do art. 1.° da Lei 68/93 que consideram os baldios como *"os terrenos possuídos e geridos por comunidades locais"*, afectos ao uso dos *"moradores de determinada fregue-*

---

[65] Vide Ac. da Relação do Porto de 7 de Janeiro de 1910, publicado in *"Questão de Reriz" – Minuta e Ac. da Rel. do Porto"* – edição de 1910 – Typ. A vapor da Real Oficina de S. José – Porto.

[66] Vidre Ac. S.T.J. de 28/1/75, in *B.M.J.*, 243, 227 e Ac. S.T.J. de 8/4/60, in *Revista dos Tribunais,* ano 78, pág. 264.

sia ou freguesias, ou parte delas", dúvidas não restam que os órgãos competentes para estabelecer as delimitações dos baldios são os tribunais comuns.

De resto, tal competência vem expressamente reconhecida, hoje em dia, no art. 32.º da Lei n.º 68/93, conforme, oportunamente, veremos.

V. ÁREA DE TERRENO BALDIO AINDA EXISTENTE NO CONTINENETE

Num estudo elaborado em 1874, segundo G.Pery, na sua "Geografia e Estatística", a área *baldia e de charneca* existente, então em Portugal, era, então, calculada em 4.020.000 has, presumindo-se que a maior parte desta área era a *baldia*.

Tal área correspondia a 45% da superfície do território nacional.

No "Reconhecimento dos Baldios do Continente", publicado em 1940 pela Junta de Colonização Interna e a que temo vindo a fazer referência, tal área tinha baixado para 407.000 has, o que significa 4,6% da área do território nacional (vide mapa reproduzido na página seguinte).

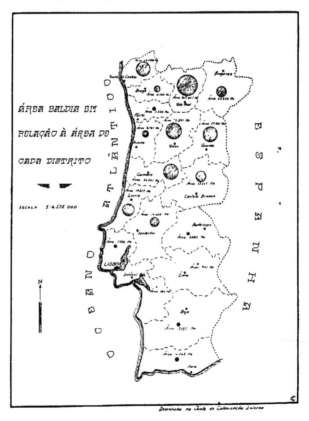

Quer dizer: em cerca de 70 anos, a área baldia sofreu uma quebra de quase 1.000%!

A razão desta quebra supomos tê-la dado atrás nos pontos 4, 5 e 6 do comentário ao art. 1.°, para onde remetemos o leitor.

Ora, no mapa elaborado pela J.C.I atrás aludido resulta que a maior parte da área baldia se situa a norte do Mondego e que os distritos de onde existem as maiores áreas são os de Vila Real, Viana do Castelo, Coimbra, Viseu e Guarda, respectivamente com 107.000 has, 73.391 has, 56.588 has, 34.241 has e 29.361 has.

Em 1973, de acordo com o quadro que a seguir se transcreve, a área submetida ao regime florestal no Continente, era de 1.418.318 has, sendo 500.105 has propriedade dos corpos administrativos ou corporações administrativas[67].

SUPERFÍCIE DAS PROPRIEDADES SUBMETIDAS AO REGIME FLORESTAL ATÉ 1973

DISTRITOS	TOTAIS	Património do Estado	Propriedades de corpos ou corporações administrativas	Propriedades particulares	
		Regime Florestal Total	Regime Florestal Parcial	R. Flor. de S. Polícia	
		Ad. por outras entidades estatais	Administração directa dos Serviços Florestais	Administradas pelos próprios	
		(ha)		(ha)	
CONTINENTE E ILHAS ADJACENTES	1 463 785	2 944	54 189	539 522	2 540	864 590
Continente	1 418 318	2 944	48 139	500 105	2 540	864 590
Aveiro	20 412	—	1 547	17 908	—	957
Beja	165 398	—	—	7 238	—	158 160
Braga	32 644	—	—	31 642	324	678
Bragança	53 480	—	—	53 043	—	437
Castelo Branco	54 979	—	716	10 142	—	44 121
Coimbra	54 617	—	11 261	42 416	—	940
Évora	203 716	—	289	89	—	203 338
Faro	12 484	—	1 842	1 310	—	9 332
Guarda	44 297	—	7 014	33 036	135	4 112
Leiria	39 684	—	20 611	13 408	1 055	4 610
Lisboa	24 903	870	2 109	3 881	916	17 127
Portalegre	150 675	1 794	—	369	—	148 512
Porto	8 162	—	—	7 115	—	1 047
Santarém	116 225	—	478	5 545	4	110 198
Setúbal	130 403	280	2 062	92	20	127 949
V. do Castelo	76 242	—	210	76 032	—	—
Vila Real	128 213	—	—	128 084	—	129
Viseu	69 933	—	—	68 755	86	1 092
Beja e Évora	8 742	—	—	—	—	8 742
Beja e Setúbal	5 115	—	—	—	—	5 115
Évora e Santarém	2 180	—	—	—	—	2 180
Portalegre e Évora	9 149	—	—	—	—	9 149
Santarém e Leiria	804	—	—	—	—	804
Setúbal e Évora	5 861	—	—	—	—	5 861
Ilhas Adjacentes	45 467	—	6 050	39 417	—	—
Funchal	16 988	—	6 037	10 951	—	—
Ponta Delgada	3 759	—	13	3 746	—	—
Angra do Heroísmo	7 900	—	—	7 900	—	—
Horta	16 820	—	—	16 820	—	—

Fonte: Serviços Florestais

---

67 Como abaixo veremos, a propósito da "natureza jurídica dos baldios", os corpos administrativos, não detêm "a propriedade" dos baldios, senão que a mera "administração" e as "corporações" foram extintas, pela Revolução de Abril de 74. Assim a expressão supra mencionada ("propriedade dos corpos administrativos") se tem de entender em termos hábeis, isto é, como querendo referir-se aos baldios sob a "administração" dos corpos administrativos" e a referência "corporações administrativas", como não escritas.

42   *Comentário à Nova Lei dos Baldios*

Daqui resulta que, entre 1940 e 1973, área baldia cresceu, talvez em razão da usurpação feita pelos Serviços Florestais de muitos terrenos que, tendo sido baldios, há muito que andavam na posse de particulares, posse esta que não foi respeitada e deu origem a vários conflitos com as populações locais, aquando da "submissão"[68].

Depois de 1975, a área florestal não diminuiu, antes pelo contrário terá crescido, face à recuperação de alguns baldios usurpados, durante o "Fascismo" pelos seus próceres, como se diz no preâmbulo ai Dec.-Lei 39/76 de 19 de Janeiro.

Do mesmo quadro resulta, ainda, que os distritos de Vila Real, Viseu, Viana do Castelo, Coimbra e Guarda, Bragança e Braga continuam aqueles onde a área baldia se mantem com interesse económico e social. Não admira, por isso, que seja nestes distritos que tenham surgido o maior número de questões judicias a respeito dos baldios[69] e os fogos de "origem suspeita" continuem a devorar, todos os verões, milhares e milhares de hectares, como todos os meios de comunicação social têm noticiado, até à exaustão.

Tal circunstância explica a razão porque a "questão dos baldios" é mais sentida, a norte do Mondego, sem esquecer alguns afloramentos e mal estares, nos distritos de Castelo Branco e Santarém (Serra de Aire).

Por isso, os Decs.-Lei n.ºs 39 e 40/76 foram mais "sentidos" nestas zonas, dando origem a apaixonadas e agitadas manifestações de apoio às Leis dos Baldios, face aos sucessivos ataques que as forças políticas maioritárias em tais zonas, desferiam contra as citadas "Leis dos Baldios"[70] que tudo fizeram para

---

[68] A este respeito ver *"Quando os Lobos Uivam"* de Aquilino Ribeiro, já citado.

[69] Vide acs. publicados no Anexo I.

[70] **Vide a tese do "Vazio Legislativo" e a revogação sub-reptícia dos Decs.-Lei n.ºs 39 e 40/76, através do art. 109.º da Lei n.º 79/97 de 25 de Outubro supra referidos (cap. "os Baldios e o 25 de Abril"); ver, ainda as várias tentativas frustradas para a revogação das ditas "lei dos baldios" e que se consubstanciaram em 14 arremetidas, todas falhadas (ponto 7.2).**

Assim: logo na II legislatura da Assembleia da República, foram apresentados três projectos lei tendentes à revogação dos citados Decs. N.ºs 39 e 40/76 – um do CDS (Projecto-Lei n.º 272/II, de 8/1/82); outro do PSD (Projecto- Lei n.º 291/II, de 8/1/82) e outro do PPM (Projecto Lei n.º 289/II de 7/1/82).

Estes Projectos acabaram por caducar, face à resistência popular e, porque, entretanto a Assembleia foi dissolvida.

Na III Legislatura, o PSD e o CDS renovaram os seus Projectos, agora com os n.ºs, respectivamente, 281/III e 2/2/84 e 119/III de 14/7/83. A estes dois Partidos, juntou-se a ASDI com o Projecto n.º 114/III de 20/6/83.

Estes Projectos vieram a ser discutidos em Plenário no dia 31/5/84, perante os protestos e marchas populares até à Assembleia e acabando por serem aprovados na generalidade, com os votos favoráveis do PS, PSD,CDS e ASDI e os votos contra do PCP, MDP/CDE e UEDS.

A verdade é que apesar de tal aprovação, também acabaram por caducar, face à dissolução da Assembleia, antes da sua discussão na especialidade e votação.

Disposições Gerais 43

revogar tais diplomas legais e aí continua a ser "vivida", com alguma "dramática" intensidade, a publicação da Lei n.° 68/93[71] que tendo sido aprovada para resolver algumas dificuldades dos anteriores diplomas, não só as não resolveu, como veio, por ignorância dos legisladores, a acrescentar outras, como a seu tempo veremos.

15. DA NATUREZA JURÍDICA DOS BALDIOS

A) Nota Introdutória:

Não tem sido fácil determinar a natureza jurídica dos baldios e a razão é simples.

Os baldios são um tipo de "bens" cuja "propriedade" se tem encaixado mal nos vários tipos de "propriedade" reconhecidos pelo nosso ordenamento jurídico.

Daí a "incomodidade" que, desde sempre, têm gerado nos poderes constituídos, conforme resulta da análise histórica da sua evolução longo dos tempos[72] e, em mais pormenor, da resenha que abaixo se produz.

Na V Legislatura foram apresentados cinco projectos-lei com o mesmo intuito de revogação das "Leis dos Baldios": um do PSD (Proj.-Lei n.° 13/IV de 5/11/85); outro do CDS (Proj.-Lei n.° 21/IV de 8/11/85); outro do Deputado Ribeiro Teles (Proj.-Lei n.° 174/IV de 3/4/86) e outro do PS (Proj.-Lei n.° 287/IV de 6/11/86).

Também estes Projectos, que sofreram igual contestação dos "compartes" que os fez "retardar", acabaram por caducar com a dissolução da Assembleia da República em Abril de 1987.

Na VI Legislatura, foram apresentados mais quatro projectos anti "Leis dos Baldios": um do PSD (Proj.-Lei n.° 90/V de 10/11/87); outro do CDS (Proj.-Lei n.° 64/5/87); outro do PRD (Proj.Lei n.° 225/V de 1/5/88) e outro do PS (Proj.-Lei n.° 41/V de 15/10/87).

Os Projectos n.°s 64/V (do CDS) e o 90/V (do PSD) vieram a ser aprovados, na generalidade, com votos favoráveis dos dois partidos que os apresentaram, tendo baixado à Comissão da Especialidade, apesar dos habituais protestos e manifestações dos "compartes" com deslocações maciças à AR.

Os Projectos vencedores voltaram ao Plenário da Assembleia em 1/2/89, como proposta única dos dois partidos apresentantes, tendo sido aprovados por estes dois partidos.

Transformada em Decreto com o n.° 132/V e perante o protesto popular que a fez subir ao Tribunal Constitucional, este veio a julgar tal Decreto inconstitucional, através do seu Ac. n.° 325/89, publicado no DR., I Série, de 17/4/89.

Finalmente, correspondendo a projecto-lei do PS e apesar do costumeiros protestos dos "compartes", veio a ser aprovada a actual Lei n.° 68/93 que estamos a comentar, assim terminando a longa saga da resistência dos "compartes" contra a revogação e/ou alteração das "suas" Leis dos Baldios.

[71] A título de exemplo, ver o caso de Quintela da Lapa, Sernancelhe, resolvido pelo Ac. Da Rel. do Porto, de.15/03/00 (ainda inédito) tirado no Processo de Instrução Criminal n.° 4/99 do Tribunal de Moimenta da Beira.

[72] Vide Prof. Rogério Soares, adiante, na al. B) – pág. 48

44   *Comentário à Nova Lei dos Baldios*

O grande busílis, no encaixe legal dos baldios reside no facto de estes "bens" compartilharem de determinadas características próximas do Direito Privado e de outras mais próximas do Direito Público (administrativo).

Por isso é que a divisão tripartida das "coisas": públicas, particulares e comuns, do Cód. Civil de 1867, não resolveu todas as questões e os baldios sofreram tratos de polé, desde aqueles que os consideravam "coisas públicas, no uso dos moradores de determinada circunscrição ou parte dela, até aqueles que os consideravam "coisas particulares" sujeitas a uma afectação especial[73].

O desaparecimento das "coisas comuns" com o Cód. Civil de 1966, não veio simplificar as dúvidas e perplexidade, antes as aumentou, como veremos abaixo.

Hoje em dia, com a publicação dos Decs.-Lei n.ºs 39 e 40/76 de 19 de Janeiro, com a Constituição da República de 1976 e sucessivas revisões e da Lei n.º 68/93 que estamos a analisar, a situação clarificou-se um pouco mais, já que tendo desaparecido "as coisas" públicas, particulares e comuns, surgiram em sua substituição os "sectores dos meios de produção" onde se encaixaram os vários tipos de "propriedade" de tais meios.

Simplesmente, quanto aos baldios, a questão não ficou totalmente resolvida, já que estes, tendo começado por pertencer aos "sector público" (art. 89.º, n.º 2 al. c na CRP de 76 e Revisão de 82) passaram para o "sector cooperativo e social a partir da Revisão de 89.

Sobre o significado de tais mudanças abaixo nos pronunciaremos com mais pormenor.

Para já façamos uma pequena resenha histórica, desde o século XVIII, até aos nossos dias.

B) **Resenha Histórica**

Que tenhamos conhecimento, o primeiro jurista que se debruçou sobre a natureza do baldios foi Vila Nova Portugal no seu trabalho ***"Sobre os Terrenos Baldios que há no Termo de Vila Nova de Ourem"***,[74] onde dando mostras de um conhecimento da realidade concreta de que estava a tratar, define baldios como sendo " *aqueles terrenos que ficaram pertencendo aos moradores do termos e no seu domínio comum*, assim como os alodiais, no seu domínio particular, *e que antigamente se explicaram pela palavra "logradouro dos povos".*

Para que não restem dúvidas, Vila Nova Portugal distingue os baldios dos "bens do concelho", os quais, por lei geral ou forais, *"pertenciam ao concelho, os quais também os podem aforar como seus bens particulares"* [75].

Verdade seja que outros juristas da mesa época e, até, posteriores, como

---

[73] Vide abaixo, Prof. R. Soares, pág. 48.

[74] In *Memórias Económicas Da Academia Real de Ciência,*, II, 1790, pág. 413 e segs..

[75] Vide nota anterior.

Disposições Gerais

Melo Freire, Lobão, Borges Carneiro e Coelho da Rocha, se não entenderam e a este respeito só "baralharam" o que Vila Nova Portugal escrevera.

Assim, Melo Freire na sua classificação das "coisas", até se esquece dos baldios[76], Lobão mete no mesmo saco os *"bens do domínio público e os baldios"*[77], Borges Carneiro diz "os concelhos têm intenção fundada aos pastos dos baldios e terras maninhas do seu distrito", acrescentando *"estes pastos pertencem ao uso de todos os moradores do concelho"*[78].

Finalmente Coelho da Rocha, mistura "baldios" com "bens do concelho, acabando por afirmar que *"os bens municipais são aqueles cujas propriedade pertence aos povo de um concelho"*[79-80].

Entretanto a Lei de 26 de Julho de 1850, classificou os baldios em "municipais" e "paroquias", sem qualquer correspondência com a realidade, como supomos ter demonstrado no capítulo anterior.

De notar, ainda, que esta divisão pouca ou nenhuma correspondência tinha com a realidade, já que nunca houve baldios na posse dos moradores de **toda** uma paróquia e, muito menos, de **todo** um concelho, mesmo quando estes eram menores que algumas paróquias actuais[81].

Com esta confusão geral se chega ao Código Civil de 1867 que procurando clarificar a situação, dividiu as "coisas" em *públicas, comuns e particulares* (art. 379.°).

No art. 380 esclareceu que *"são públicas as coisas naturais ou artificiais, apropriadas ou produzidas pelo estado e corporações públicas e mantidas debaixo da sua administração, das quais é lícito a todos, individual e colectivamente utilizar-se , com as restrições impostas pela lei, ou pelos regulamentos administrativos"*.

Depois enumera várias classes de "coisas públicas".

No art. 381.° especificou que são *"coisas comuns as coisas naturais ou artificiais não individualmente apropriadas, das quais só é permitido tirar proveito, guardados os regulamentos administrativos, aos indivíduos compreendidos em certa circunscrição administrativa, ou que fazem parte de certa corporação pública"*.

Dentre as "coisas comuns" destaca, logo no seu n.° 1, os *"baldios paroquias e municipais"*.

No art. 382.° define como particulares *"as coisas, cuja propriedade pertence a pessoas singulares ou colectivas, e de que ninguém pode tirar proveito, senão essas pessoas ou outras com o seu consentimento"*.

---

[76] Vide *"Institutiones Juris Civilis Lusitania"*, Liber III, § VIII, 2ª. Ed. Pág. 7.

[77] Vide *"Notas de Uso Prático e Críticas"*, parte III, ed. 1883, pág. 47.

[78] Vide *"Direito Civil de Portugal"*, 1851, livro II, pág. 87.

[79] *"Instituições de Direito Civil Português"*, parte geral, pág. 58.

[80] Nesta altura ainda se não falava em "freguesia ou paróquia" porque só veio a ser criada em 1830, como já vimos.

[81] Vide a "Questão de Reriz", pág. 38.

46   *Comentário à Nova Lei dos Baldios*

No seu § único esclarece que *"o estado, os municípios e as paróquias, consideradas como pessoas morais, são capazes de propriedade particular"*.

Completando estes preceitos, o mesmo Código dispunha no seu art. 473.° :

"os pastos, matos, lenhas e outras substâncias vegetais produzidas nos baldios ou terrenos municipais ou paroquiais, pertencem exclusivamente aos respectivos concelhos ou paróquias, mas só podem ser ocupados em conformidade com os antigos usos e costumes, ou dos regulamentos que as câmaras municipais fizerem".

Apesar da aparente clareza das disposições legais citadas, as dúvidas persistiam, na sua aplicação prática.

Efectivamente, num clima de feroz liberalismo económico onde a "propriedade particular" ou "privada" era a única *perfeita*, a existência de uma propriedade "comunal" ou "comunitária", como hoje se diria, não se enquadrava no pensamento dominante, por "cheirar" a "feudalismo", o inimigo declarado da revolução burguesa vitoriosa.

Relativamente aos concelhos esta disposição foi confirmada pelo art. 45.° n.° 1 do Código Administrativo de 1940.

Quanto às juntas de freguesia foi-lhe atribuída igual competência *"sobre os modo de fruição de bens, pastos e quaisquer frutos do logradouro comum e exclusivo da freguesia ou parte dela"* pelo mesmo Código Administrativo (vide art. 253.°, n.° 3).

Perante a definição do Código Civil dos "bens comuns", os "civilistas" consideraram que os baldios integravam os chamados bens "dominiais", com o argumento de que tais bens, à semelhança dos bens do domínio público, eram inalienáveis e destinavam-se à satisfação imediata das necessidades públicas, com a única restrição de que, nos bens comuns, tal público se limitava ao círculo dos residentes nas respectivas circunscrições administrativas[82-83].

Contra esta corrente havia, então, uma dificuldade dificilmente superável, a nível da teoria dos conceitos: É que, já então, eram doutrina e jurisprudência dominantes aquelas que consideravam os baldios prescritíveis, quer no sentido de poderem passar a propriedade privada, por usucapião, quer no sentido de pelo mesmo título se constituírem.

Conforme vimos, na perspectiva da teoria dos interesses[84], tal dificuldade era, facilmente superada.

---

[82] Como julgamos ter demonstrado atrás, a área dos utentes dos baldios nunca coincidiu com a área da autarquia. Ver pág. 36.

[83] Vide José Tavares, in *"Os Princípios Fundamentais do Direito Civil"*, II, pág. 350; Teixeira de Abreu, in *"Curso"*, pág. 336 e 337 e Guilherme Moreira, in *"Das Águas"*, vol. págs. 22 e 332.

[84] Sobre a diferença entre "Teoria dos conceitos" e "Teoria dos interesses" ver Domingos de Andrade, in *"Ensaio sobre a Teoria da Interpretação das Leis"*, 2.ª ed., pág. 9 e segs..

Nesta perspectiva, a "doutrina dominial" foi-se impondo e recebeu particular impulso com a publicação do Decreto n.º 5.787 iiii, de 10/5/1919 (Lei das Águas) que aboliu a categoria das águas comuns (previstas no n.º 2 do art. 381.º do Código Civil, e as integrou no domínio das águas públicas, sinal de que as "coisas comuns" estavam mais próximas das "coisas públicas" que das "coisas particulares".

Por sua vez o Dec.-Lei, n.º 7.933 de 10/12/21, no seu art. 1.º, tornou claro que *"os baldios, quer na administração das Câmaras municipais, quer na das juntas de freguesia, que tinham vindo a ser aproveitados como logradouro comum dos respectivos moradores vizinhos, nos termos do direito tradicional, continuarão a ter esse direito, no todo ou em parte, conforme as necessidades daqueles"*.

Por outro lado, o § único do mesmo art. 1.º veio esclarecer quais as funções dos baldio, como logradouro dos povos, determinando *"esse logradouro para dever considerar-se como tal, tanto no presente como no futuro, na apascentação dos gados, criação e aproveitamento do mato, lenha e madeira para as casas e lavoura dos moradores vizinhos, ou na utilização desses terrenos por qualquer meio compatível com a sal natureza, uma vez que não envolva a apropriação de qualquer parcela dos mesmos, ou fruição que não seja em proveito comum dos moradores"*.

3. O Código Administrativo de 1940, repetindo, no essencial a definição do Código Civil (art. 381.º) dispôs no seu art. 388.º: *"dizem-se baldios os terrenos não individualmente apropriados, dos quais só é permitido tirar proveito, guardados os regulamentos administrativos, aos indivíduos residentes em certa circunscrição administrativa, ou parte dela"*.

Apenas, acrescentou a adenda final: *"ou parte dela"*, dando razão à jurisprudência que já assim entendia ("Questão de Reriz"[85]).

Por outro lado, no seu § único insistiu no princípio de que *"os terrenos baldios são prescritíveis"*, conforme, aliás, já era entendimento unânime, sendo este § considerado, como uma norma interpretava[86] e, portanto, de aplicação retroactiva.

Para além da definição de baldios, o Código Administrativo de 1940 respeitou a classificação de *"baldios municipais"* e *"baldios paroquiais"*, acrescentando, porém, quanto à sua utilidade social e aptidão cultural, mais outras classificações:

"1. Baldios indispensáveis ao logradouro comum;

---

[85] Vide atrás no ponto 13.4 (pág. 38).

[86] Neste sentido: Ac. STJ, de 13/11/31, in *Rev. Leg. Jurisp.*, Ano 64, 266; Ac. Rel. Coimbra de 13/1/53, in *Ac. Rel. Coimbra*, Anos 52/53, vol. VII, pág. 68; Ac. Rel. Porto de 17/7/64, *Jurisp. Rel.*, ano 10, tomo IV,767 e *"Prescrição dos Baldios"* de José Augusto Ferreira Salgado, in *Scientia Jurídica*, ano IV, pág. 232.

Comentário à Nova Lei dos Baldios

2. Baldios dispensáveis do logradouro comum e próprios para a cultura;
3. Baldios dispensáveis do logradouro comum e impróprios par a cultura e
4. Baldios arborizados ou destinados à arborização" (art. 390.°).

No art. 393.° repete por outras palavras, o art. 1.° do Decreto n.° 7.933 de 10/12/21já atrás referido[87].

Finalmente, nos arts. 395.° a 400.°, dispôs das formas de alienação dos baldios dispensáveis do logradouro comum, próprios para a cultura.

A partir da publicação do Código Administrativo de 1940 , os civilistas continuam a hesitar e, assim, é que, enquanto Manuel Rodrigues escrevia que os *"baldios devem ser considerados como resíduos, como sobrevivência da propriedade colectiva, ou propriedade de mão comum, deles sendo titulares as entidades a que na Leis se atribui a sua administração"*[88], Manuel de Andrade continuava a entender que *"as coisas comuns se identificam, de um modo geral, com as coisas públicas, com a diferença, porém, de que enquanto aquelas, podem ser usadas por todos, estas só o são pelos indivíduos compreendidos dentro de uma certa circunscrição administrativa"*, acrescentando: *"as coisas são objecto de um uso público geral; as coisas comuns são objecto de um uso meramente local"* (...) *"os baldios são hoje a mais importante das coisas comuns existentes entre nós, sendo difícil encontrar qualquer outro exemplo de coisas deste género"*[89].

Por seu lado, os administrativistas, aproximavam-se da tese defendida por Manuel de Andrade e, assim, Marcelo Caetano que se tornou chefe de fila da doutrina, então, mais sufragada, entendia que os baldios se integravam no *domínio comum* das autarquias, *"caracterizado sobretudo pela propriedade comunal dos vizinhos de certa circunscrição ou parte dela, representados pela autarquia local a que pertencem, que exercia meros direitos de administração e polícia"*[90].

4. Após a publicação do Código Civil de 1966, a posição do administrativistas alterou-se com a publicação de um estudo de Rogério H. Soares, na Revista de Direito e Estudos Sociais com o título *"Sobre os Baldios"*[91].

Efectivamente, naquele estudo, o professor de Coimbra partindo da constatação de que o novo Código Civil tinha abolido a categoria das *"coisas comuns"* e considerando que tais bens não se encaixavam dentro das *"coisas públicas"*, acabou por concluir que *"os baldios constituem bens do património das autar-*

---

[87] Vide atrás, pág. 47.

[88] In *"A Posse"*, 2ª Ed. (Almedina) pág. 141. No mesmo sentido: Ac. Ac. Rel. Coimbra de 14/11/86 (já depois da publicação do Dec. Lei n.° 39/76!) in *Colectânea da Jurisp.*, ano XI, tomo V, pág. 61.

[89] In *"Teoria Geral da Relação Jurídica"*, vol. I, pág. 295. No mesmo sentido Ac. da Rel. de Coimbra de 24/5/66, in *Jurisp. das Relações*, ano 12, tomo III, pág. 560.

[90] In *"Manual de Direito Administrativo"*, 9ª ed. vol. Pág. No mesmo sentido: Ac. da Rel. Coimbra 24/5/66, in Jurisp. das Relações, ano 12, tomo III, pág. 560.

[91] Ano, XIV,167, pág. 295 e segs.

quias sujeitos à afectação especial de suportar certas utilizações tradicionais pe-los habitantes de uma dada circunscrição administrativa ou parte dela".

A esta conclusão chegava por razões meramente literais (o Código não se referia às coisas comuns") embora Rogério Soares reconhecesse que Marcelo Caetano tinha a seu favor poderosos argumentos tais como o de os baldios se apresentavam *"com as vestes"* de *"propriedade comunal"*, isto é, *"da colectividade dos moradores vizinhos a que está afecta a respectiva fruição, sem que estes neles tenham quota ideal ou direito de requerer a divisão"* e por isso se compreendia que o Código de Seabra lhe tivesse reservada um lugar à parte como *"coisa comuns"*.

E mais: a favor da tese de Marcelo Caetano havia, também, razões de ordem histórica e as interpretações da figura, no direito anterior ao século XIX.

Só que o Código deixara de falar em tais "coisas"...

E entre "coisas públicas" e "coisas particulares" Rogério Soares optou pelas "particulares", embora "condimentadas" com uma "certa afectação"[92].

Lido, hoje, o estudo de Rogério Soares, ele aparece-nos perfeitamente datado: corresponde ao pensamento político-social dominante da época, todo imbuído de uma feroz ideia de defesa da "propriedade privada" contra tudo o que "cheirasse" a colectivismo... "marxista"!

Talvez por isso, a fácil adesão de Marcelo Caetano à tese do seu antagonista[93], sem procurar a integração da Lei através da "natureza jurídica" dos baldios que o próprio Rogério Soares reconhecia, e do próprio facto de o Decreto n.° 5.787iiii de 10 de Maio de 1919, que aboliu á águas particulares, as ter incluído no sector das águas públicas[94].

E foi assim que, acriticamente, tal entendimento se tornou pacífico nos Tribunais e Doutrina portugueses de tal sorte que todas as acções sobre baldios intentadas pelas juntas e/ou câmaras, davam como assentes que elas *"eram donas e senhoras"* de tais tractos de terreno[95], sem que nunca ninguém se tivesse lembrado de pôr em causa tal conclusão jurídica!

Esta posição foi pulverizada com a publicação dos Decs.-Lei n.°s 39 e 40/76 de 19 de Janeiro e com a CRP de 76 apesar das suas Revisões como abaixo veremos.

---

[92] Op. e pág. cit..

[93] Vide: *"Manual do Direito Administrativo"*, tomo II, 9ª ed. pág. 953.

[94] Vide cap. *"Os Direitos Adquiridos Sobre os Baldios"*, pág. 84.

[95] Na linha desta doutrina, ver o ac. STJ de 27/6/61, in BMJ 108, 291, onde expressamente se afirma que: *"os baldios municipais e paroquiais pertencem às respectivas autarquias e não aos habitantes do concelho ou da freguesia"*; vide, ainda antes do estudo de Rogério Soares, a Rev. dos Tribunais, ano 79, pág. 242 e o Ac. STJ de 27/6/61, in BMJ, 108, 291.

C) Conceito de Baldio

Com a publicação dos Decs. Lei n.°s 39 e 40/76 a questão da natureza jurídica dos baldios ficou, quanto a nós, razoavelmente clarificada.

Na verdade, conforme resulta dos capítulos sobre a evolução histórica dos baldios ao longo dos tempos[96], desde a "Lei das Sesmarias" até à publicação de tais decretos, todas as leis que sobre esses bens se publicaram foram no sentido de os "desafectar" ou de facilitar a sua "desafectação" com vista à sua passagem a propriedade particular.

A este respeito supomos não haver dúvidas de que os Decs.-Lei n.°s 39 e 40/76 de 19 de Janeiro foram as primeiras leis que no decurso de séculos, vieram reconhecer os direitos ancestrais dos "povos" ou dos "compartes" à utilização dos seus baldios, invertendo a tendência histórica, isto é, entregando-os aos seus legítimos utentes, logo que devidamente organizados e colocando-os, expressamente, fora do comércio jurídico, impedindo, assim, a sua passagem a propriedade particular[97].

Tal atitude político-jurídica respaldou-se no reconhecimento feito por tais diplomas (e mais tarde pela CRP de 76 e sua revisões) de que os baldios pertenciam "às comunidades" formadas por tais compartes, tornando-os, por isso, praticamente intocáveis, de acordo com o espírito comunitário e "socialista" da Revolução de Abril.

Esta conclusão resulta, desde logo e por uma forma inequívoca, do que se dispõe no Anexo 3 do *"Programa da Reforma Agrária"* (Dec.-Lei n.° 203-C/75 de 15 de Abril) onde se anunciava que, a curto prazo, se iria consagrar " *o princípio da restituição dos baldios aos seus legítimos utentes, que passarão a administrá-los, através das respectivas associações, exclusivamente ou em colaboração com o Estado" (...); haverá um trabalho prévio de delimitação dos baldios e, dentro destes, das áreas de cada freguesia" (....). Finalmente: "a administração assentará em unidades de gestão submetidas a planos de utilização geridas através de uma estrutura orgânica que se apoiará nos serviços oficiais, necessariamente transformados".*

E assim é que, na sequência desta linha de actuação político-económica foram publicados no dia 19 de Janeiro do ano seguinte, os citados Decs.-Lei n.°s 39 e 40/76 que ficaram conhecidos como as "Leis dos Baldios".

Logo no preâmbulo do Dec.-Lei n.° 39/76 e de todo o articulado deste mesmo diploma, reforçado pelo Dec.-Lei n.° 40/76 resulta que a intenção de tais Leis foi, claramente, a de dar cumprimento ao anunciado nas bases do "Programa da Reforma Agrária".

---

[96] Vide atrás pág. 12 e segs..

[97] Conforme se verá mais adiante (pág. 75 e segs.) em nosso entender e no da maior e mais qualificada parte da Comunidade Jurídica, os baldios, pela sua própria natureza, sempre estiveram "fora do comércio jurídico".

Disposições Gerais 51

Nesta linha, os baldios foram definidos como *"os terrenos comunitaria-mente usados e fruídos por moradores de determinada freguesia ou parte dela"* (art. 1.°) enquanto que no art. 2.° se declara que *"os terrenos baldios encontra-se fora do comércio jurídico, não podendo no todo ou em parte, ser objecto de apro-priação privada por qualquer forma ou título, incluída usucapião".*

Reforçando esta ideia de que os baldios são inalienáveis por natureza, dis-pôs o art. 1.° do Dec.-Lei n.° 40/76 no seu n.° 1 que *"os actos ou negócios que tenham como objecto a apropriação de terrenos baldios ou parcelas de baldios por particulares, bem como as subsequentes transmissões que não forem* nulas, *são, nos termos de direito, anuláveis anuláveis a todo o tempo".*

Que com tal anulabilidade, a todo o tempo, se pretendeu atingir os actos passados de apropriação resulta, desde logo, do relatório do Dec.-Lei n.° 39/76, onde se diz que alienação de tais baldios ou parcelas de baldios aconteceram *"em resultado da corrupção de um regime (…) e do compadrio e do favor político (que) jogou o* próprio **património dos povos***"*, mais se acrescentando, desde logo, que *"ficam por resolver no quadro do presente diploma, as numerosas questões decorrentes da apropriação de terrenos baldios por parte de particulares. A va-riedade das situações criadas e de beneficiários e a complexidade de factores com que se tem hoje de jogar, décadas volvidas sobre alguma dessas apropria-ções, aconselham a que se deixe tal matéria para ulterior texto legal, a fim de se poder, entretanto, associar o exame das questões as próprias assembleias que forem entrando em funcionamento no processo de devolução estabelecido nesta diploma".*

Parece óbvio que o *"ulterior texto"* mencionado neste preâmbulo ou relató-rio só pode ser o Dec.-Lei n.° 40/6 do mesmo dia que o anterior.

De resto que assim é resulta inequívoco dos n.°s 2 e 3 do mesmo art. 1.° onde se exceptuam certas dessas alienações que tenham obedecido a determina-dos requisitos legais, isto é:

a) *Quando (…) o acto de alienação o acto de alienação, além de revestido de forma legal, tenha sido sancionado por entidade para o efeito competente, a anulação só poderá ser declarada em casos de relevante prejuízo económico ou lesão de interesses do compartes do baldio, considerando o momento de aliena-ção e o tempo decorrido a contar do respectivo acto"* e

b) *A anulabilidade prevista no número antecedente abrange a apropriação por usucapião de baldios não divididos equitativamente entre os respectivos com-partes ou de parcelas não atribuídas em resultado dessa divisão, a um ou a algum deles".*

Sobre o verdadeiro alcance destas ressalvas nos pronunciaremos oportuna-mente, quando fizermos o comentário ao art. 2.° da presente Lei. Por agora fique, apenas, a ideia de que as anulações funcionavam retroactivamente, sinal de que a Lei considerou que, mesmo antes da entrada em vigor do Dec.-Lei n.° 39/76, os baldios, pela sua natureza, já estavam fora do *"comércio jurídico "* e que os actos

52 Comentário à Nova Lei dos Baldios

de alienação que se praticaram, mesmo de acordo com o Cód. Administrativo, podiam ser anulados, em certos caso[98].

Com a publicação da Constituição de 1976 e revisão de 1982, tal posição político-jurídica veio a ter dignidade constitucional, saindo fortemente reforçada, uma vez que os baldios foram integrados no *"sector público da propriedade dos meios de produção"* (vide art. 89.°, n.° 2, al. c)[99].

Após a revisão de 1989 os baldios passaram a integrar o *"sector cooperativo e social"* (vide art. 82.°, n.° 4 al. *b*).

Tal não significou, porém, diminuição de garantias dos baldios, antes pelo contrário significou *"um reforço da garantia constitucional desses bens e da sua específica natureza e um afirmação da sua autonomia dominial"*, como decidiu o TC (Plenário) no seu Ac. n.° 240/91, de 11/06/91, in BMJ, 4408, 46.

Na verdade, **"sector social"**, pelas suas características específicas (uso público dos habitantes de certa "circunscrição" (arts. 381.° e 473.° do C. Civil de Seabra) ou "comunidade" (art. cit. da Constituição) aproxima-se mais do *"sector público"* do que do *"sector privado"*, pois os bens aí mencionados constituem os antigos bens do *"domínio comum"* a que faziam referência os citados art. 381.° e 473.° do Código de Seabra.

Esta aproximação tornava-se mais evidente, a partir do art. 90.° da CRP de 76 que definia a propriedade social (do sector público que tenderia a ser predominante, segundo os grandes valores implícitos e explícitos em tal Constituição) como aquela que abrangia *"os bens e unidades de produção com posse útil e gestão dos colectivos de trabalhadores, os bens comunitários com posse útil e gestão das comunidades locais e o sector cooperativo"*[100].

Com a Revisão de 1982 esta definição de *"propriedade social"* mantem-se no *"sector público"*, tendo desaparecido, apenas, o ínsito onde se fazia referência à sua "tendência predominante".

A definição de *"propriedade social"* tal como era até aí feita no art. 90.°, desapareceu nas Revisões de 1989 e 1999, tendo passado a formar, juntamente,

---

[98] Vide, também, o art. 2.° do Dec.-Lei n.° 40/76, onde se define uma outra importante ressalva, relativamente a situações do passado.

[99] A este respeito ver Gome Canotilho e Vital Moreira, in "Constituição da República Portuguesa Anotada" pág. 217: *"O sector público comunitário* (n.° 2/c) abrange os meios de produção com posse e gestão comunitárias. A expressão *"comunidades locais"* não corresponde a autarquias locais, as quais são pessoas colectivas públicas territoriais (arts. 237.° e segs.) e cujas unidades de produção fazem parte do sector público estadual (*lato sensu*) referido na *al. a*. A distinção entre os dois conceitos ressalta, de resto, do art. 94.°/2, onde aparecem lado a lado. A *al. c* pretende abranger sim os meios de produção possuídos e geridos por comunidades territoriais sem personalidade jurídica ("povos", "aldeias"). O caso mais relevante, se não o único, é o dos *baldios,* precisamente devolvidos aos "povos" após o 25 de Abril (DLs 39/76 e 40/76)".

[100] Vide Gome Canotilho e Vital Moreira, *op. cit.*, pág. 216.

Disposições Gerais

com a *"propriedade cooperativa"* um novo sector dos meios de produção: *"o Sector cooperativo e social"* (vide art. 82.º n.º 4).

Entendemos que o facto de ter sido eliminado o disposto no art. 90.º, nas duas últimas Revisões, não significa que a *"propriedade social"* tenha mudado de natureza. Com tal eliminação pretendeu-se significar, tão somente, que deixou de "tender a ser dominante" e passou a formar um sector próprio.

O entendimento de que os "baldios" era uma espécie de *"propriedade pública"* restrita ao uso dos moradores em certa circunscrição administrativa ou parte dela, como atrás se diz, vinha, aliás, no seguimento dos ensinamento quer dos civilistas quer do administrativistas, anteriormente à publicação do famigerado estudo de Rogério Soares, supra referido

Efectivamente, os civilistas[101], desde sempre, entenderam que *"os baldios, tal como os bens de domínio público, **eram inalienáveis** e estavam dispostos a fornecerem a satisfação imediata das necessidades do público, com a única restrição de que, nos bens comuns, tal público se restringia ao círculo dos habitantes da circunscrição administrativa"*.

Os administrativistas, por seu lado, emitiam parecer no sentido de que os baldios *"eram bens da comunidade, ou de propriedade comunal" (...) "A propriedade pertencia à colectividade não personalizada, todos os que ingressavam adquiriam gratuitamente direito à fruição que aquele que ela saísse perdia sem indemnização. **Eram bens inalienáveis, património das sucessivas gerações**** (sublinhado nosso) amparo da pobreza, conforto de todos, cuja administração, primitivamente, a toda a comunidade reunida em assembleias de que chegaram até nós alguns exemplos típicos – os "chamados", "coutos" e "concelhos" ou "adjuntos" de certos lugares do norte do país, que depois instituíram magistraturas, distintas das municipais e ignoradas pelas leis, como "os homens do acordo" e os "seis da fala"*.[102]

Dito isto, poderemos afoitamente concluir que os **baldios são bens comunitários afectos à satisfação das necessidades primárias dos habitantes de uma circunscrição administrativa ou parte dela e cuja propriedade pertence à "comunidade" formada pelos utentes de tais terrenos que os receberam dos seus antepassados, para, usando-os de acordo com as suas necessidades e apetências, os transmitirem intactos aos seus vindouros**[103].

---

[101] Vide: José Tavares in *"Princípios Fundamentais do Direito Civil"*, II, pág. 350; Teixeira de Abreu, in *"Curso"*, págs. 336 e 337 e Guilherme Moreira, *"Das Águas"*, Vol. I, págs. 22 e 332.

[102] Vide Marcelo Caetano, in *"Manual de Direito Administrativo"*, 4ª. Ed. Pág. 207.

[103] Para a elaboração deste conceito de baldios, para além das disposições legais citadas no texto, foram decisivos os ensinamentos dos Mestres citados e, ainda: *Rev. Leg. Jurisp.*, ano 64 (1931), pág. 266 e o Parecer n.º 136/78 da Proc. Geral Rep. in *BMJ*, 248,42; o Parecer n.º 166/82 da Proc. Geral. Rep. de 24/2/83, in BMJ, 331,123; Parecer da Proc. Geral Rep. N.º 37/87 de 22/10/87, in BMJ, 378, 27, para além das seguintes decisões

54   *Comentário à Nova Lei dos Baldios*

Os Decs.-Lei n.°s 39 e 40/76, a CRP de 76 e suas Revisões, a que deveremos acrescentar a Lei n.° 68/93, ora em análise, nada mais fizeram que esclarecer, quanto a nós definitivamente, este ponto, de acordo com as razões históricas e a interpretação da "figura" no direito anterior ao século XIX, a que se referia Rogério Soares e respaldada pela maioria da nossa Jurisprudência, quer anterior, quer posterior à publicação aos diplomas legais atrás citados [104].

De notar que, de acordo com o n.° 1 do art. 1.°, é essencial para a defenição de baldio não só a "posse", mas também a "gestão" pelas comunidades locais.

A falta da "gestão" leva, inevitavelmente, à improcedência da acção.

D) Os baldios e a usucapião

1. Certo é que a Doutrina e a Jurisprudência têm entendido que os baldios, mesmo no domínio do Cód. Civil de 1867, eram adquiríveis por "prescrição positiva" – que era outra forma de dizer "usucapião"[105-106].

---

jurisprudênciais: ac. do STJ de 28/1/75, in BMJ, 243, 227: *"Os baldios são formas especiais de aproveitamento de terras no uso de certas de certas pessoas, mas na sua essência não devem confundir-se com a propriedade privada disponível das autarquias"* ("travão" ao entendimento de R. Soares); o ac. da Rel. Coimbra de 4/11/86, in Col. Jurisp. ano XI – 1986, tomo 5, pág. 61, onde o sumário está errado, pois de acordo com o aí decidido *"os baldios devem ser considerados como sobrevivência da propriedade colectiva e constituem propriedade comunal dos moradores de determinada freguesia ou freguesias ou parte delas e nunca bens do património das autarquias locais, só por aqueles podendo ser usados e fruídos"*; Ac. STA de 3/5/88, in BMJ, 377, 296 que repete a mesma jurisprudência; o Ac. do TC n.° 325/89 de 4/4/89, in BMJ 386, 129: *"Os baldios constituem o núcleo essencial e imprescindível dos "meios de produção" comunitários, possuídos e geridos por comunidades locais, integrados no sector da propriedade colectiva e social, pertencendo a essas comunidades de "vizinhos" ou "compartes" que não se confundem com comunidades territoriais autárquicas,* Ac. do TC (Plenário) n.° 240/91, in BMJ 408, 48 – Sumário, pág. 46, onde no n.° 3 repete a mesma jurisprudência do anterior aresto; ac. STJ de 15/12/92, in BMJ, 422, 309; ac. Rel. Porto de 4/11/93, in BMJ 431, 552; ac. Rel. Porto de 18/10/94, in Ol. Jurip., ano XIX, 1994, tomo IV, pág. 211; ac. STJ de 18/5/96 in BMJ 456, 426: *"uma coisa é o direito sobre o prédio ter a natureza de direito de propriedade, na titularidade de uma "junta de freguesia", e outra, bem diferente, é a do prédio ter a natureza de baldio, de propriedade comunal, na titularidade da "comunidade local", que não pode confundir-se com "autarquia local"* e ac. STJ de 20/1/99, in BMJ 483, 201.

Finalmente: O Prof. Henrique Mesquita, in RLJ, ano 127, pág. 342 nota 3.

Em sentido oposto do STJ de 27/6/61, in BMJ 108, 291, onde seguindo R. Soares se decide que *"os baldios pertencem às respectivas autarquias locais e não aos habitantes da freguesia ou concelho"*(!).

[104] Vide, a favor, entre outros já citados na nota anterior, o comentário ao Ac. de 13 de Novembro de 1931, in *Rev. Leg. Jurisp.*, ano 64 (1931/32) pág. 266; Ac. da Rel. do Porto de 3/1/62, in *Jurisp. Rel.*, ano 8, tomo 1, pág. 83 e o Ac. do STJ de 28/1/75, in *BMJ*, 243, 227 e contra: *Rev. dos Tribunais*, ano 79, ano 191, pág. 342 e Ac. STJ de 27/6/62, *BMJ*,108,291.

[105] Vide, a favor, entre outros já citados na nota anterior, o comentário ao Ac. de

Disposições Gerais

De resto, tal "prescritibilidade" veio a ser, expressamente, reconhecida pelo § único do art. 388.° do C. Adm. de 1940, tendo sido entendimento unânime que tal norma era meramente interpretativa e, por isso, aplicável, às situações anteriores[107]. Daqui parece resultar que os baldios seriam "usucapíveis". Entendemos que não. Dada a sua natureza e necessidades que satisfazem, conforme a baixo melhor analisaremos, os baldios não se "adquirem" por usucapião. Instituem-se ou constituem-se por "afectação" e a fórmula usada no § único do art. 388.° do Cód. Adm. é redutora, pois parte do princípio de que os baldios são uma espécie de "propriedade" (comunal) quando a verdade é que os baldios são "bens" "*afectos*" à satisfação de determinadas necessidades colectivas e a posse que sobre os mesmos bens exercem os seus utentes nunca pode levar à aquisição da sua propriedade por usucapião, e isto porque "*a posse é uma instituição de direito privado*", como ensinava o Prof. Manuel Rodrigues[108] e resultava claramente do art.. 479.° do C. Civil antigo ("*só pode ser objecto da posse coisas e direitos certos e determinados susceptíveis de apropriação*") e do art. 482.°, n.° 3 que indicava como caso da perda de posse o facto da coisa ser posta "*fora do comércio jurídico*", para além dos artes 506.° e 516.° do mesmo diploma.

Igual entendimento resulta do actual C. Civil que, no seu art. 1.251.°, define "*posse como o poder que se manifesta quando alguém actua por forma correspondente ao exercício do direito de propriedade ou outro direito real*" e no art. 1.267.° n.° 1, al. b) ao prescrever que a posse se perde quando a coisa sobre que se exerce é "*posta fora do comércio jurídico*".

Resumindo: <u>a posse só se pode exercer sobre coisa ou direito que se pode adquirir por usucapião</u> (arts. 1.287.° e 1.316.° do C. Civil); **os baldios, pela sua própria natureza, são insusceptíveis de ser adquiridos por usucapião ou outro qualquer título, por se encontrarem fora do comércio jurídico**[109] (art. 4.° da Lei 68/93 e, antes, art. 2 do DL n.° 39/76).

---

13 de Novembro de 1931, in *Rev. Leg. Jurisp.*, ano 64 (1931/32) pág. 266; Ac. da Rel. Porto de 3/1/62, in *Jurisp. Rel.*, ano 8, tomo I, pág. 83 e Ac. STJ de 28/1/75, in *BMJ,* 243, 227 e contra: *Rev. dos Tribunais,* ano 79, pág. 342 e Ac. STJ de 27/6/62, *BMJ,* 108, 291.

[106] Vide Cunha Gonçalves, in "Tratado de Direito Civil", Vol. III, pág. 146; Prof. Marcelo Caetano, "Op. Cit. 4ª ed. pág. 209; Prof. Antunes Varela, in RLJ, 121, 124; Prof. Henrique Mesquita, in RLJ, 127, 342; Prof. Rogério Soares, in Op. Cit., Ver. de Direito e Estudos Sociais, Ano XIV, pág. 286) e Jaime Gralheiro, in *"Comentário à(s) Lei(s) dos Baldios*, pág. 53 e segs.; vide, também os Acs. citados por Cunha Gonçalves, "Op. e pág. cits." e o Ac. Rel. Coimbra de 11/10/60, in "Jurisp. Relações", ano 6.°, tomo IV, pág. 931 e os acs. do STJ de 13/11/31 e 9/3/73, in RLJ, ano 64, pág. 266 e no "Relatório" n.° 225 da Rel. do Porto de 10/07/95, in Col. Jurisp. Ano XX, Tomo IV, pág. 176 e o Ac. do STJ de 8/10/96, in "Colect. Jurisp.", Ano 1996, Tomo XXI, pág. 31.

[107] Vide, por todos, o Ac. Rel. Porto de 3/11/81, in *"Col. Jursip."*, ano VI, Tomo 5, pág. 243, e a Doutrina e Jurisprudência aí citadas.

[108] Vide *"A Posse"*, ed. Almedina – 81, pág. 119.

[109] Vide, abaixo, o comentário ao art. 4.° da presente Lci, pág. 75.

56   *Comentário à Nova Lei dos Baldios*

De resto, como decidiu o Ac. da Rel. de Coimbra de 13/5/80[110], *"em nenhuma parte autoriza a Lei a constituição de baldios através da usucapião"*; *"não sendo a posse concebível como acto de uma colectividade de indivíduos não identificados, mas como acto pessoal, não é passível a usucapião de baldios, por parte de uma Junta de Freguesia"* (ou "comunidade local" como se teria escrito, se os a questão em litígio, tivesse entrado em juízo depois da entrada em vigor do Dec.-Lei n.º 39/76, ou da publicação da CRP de 1976)[111].

Independentemente disso, o não funcionamento da usucapião em relação aos baldios é reforçada pelo facto de sobre tais terrenos os compartes só exercerem, apenas, uma "posse útil", como abaixo veremos.

Certo é que a Lei n.º 68/93, em vários passos do seu articulado fala em baldios como terrenos *"possuídos e geridos"* pelas comunidades locais (arts. 1.º n.º 1; art. 2.º, n.º 1, al. *a*) e a própria Constituição, no seu art. 82.º, n.º 4, al. b) utiliza a mesma terminologia *("possuídos e geridos"),* fazendo inculcar que os baldios são susceptíveis de "posse" conducente à usucapião e, por isso mesmo, defensável pelos meios próprios (antigas "acções possessórias").

Só que, face, porém, ao que se deixa dito sobre a natureza dos baldios e o que abaixo se dirá sobre a *"posse útil",* temos de entender, com um *"grano salis"*, o verdadeiro sentido da expressão "possuídos" constante do n.º 1 do art. 1.º em análise.

Na verdade, conforme ensinava o Prof. Manuel Rodrigues, muito antes da introdução do conceito de *"posse útil"*[112], havia dois tipos de posse: a chamada **"posse formal"** ou "detenção" e a chamada **"posse causal"**.

Aquela ("posse formal") fundava-se num direito de gestão (possuía ou possui porque exercia ou exerce a gestão da coisa) e esta ("posse causal") corres-

---

[110] In *Col. Leg. Jurisp.*, ano V, tomo 3, pág. 261.

[111] No mesmo sentido ver Ac. de 20/01/99, in *"Colect. Jurisp., Ac. STM"*, Ano VII, Tomo I, pág. 53: *"Os baldios são terrenos não individualmente apropriados que desde tempos imemoriais servem de logradouro comum (a apascentação de gados, a produção e corte de matos, combustível ou estrume, a cultura e outras utilizações) dos vizinhos de certa circunscrição ou parte dela";*

"Esses terrenos incluem-se no domínio comum, caracterizado, sobtretudo, pela propriedade comunal de vizinhos de certa circunscrição ou parte dela, representados pela autarquia a que pertence, que exerceria meros direitos de administração e polícia".

"Uma junta de freguesia, enquanto na administração dos terreno baldios pratica actos que são tidos como actos de gestão de bens alheios, ou seja pratica actos próprios de qualquer possuidor precário;

A junta de freguesia só pode invocar a excepção peremptória de aquisição por usucapião de dos terrenos baldios que administra se alegar e provar inversão do título ou a cooperação por parte dos utentes desses baldios".

Em sentido contrário: Ac. Rel. Porto de 4/6/81, *"Colect. Jurisp."*, ano VI, tomo 3, pág. 139 e Ac. STJ de 16/10/86, in BMJ 360, 601.

[112] Op. cit. págs.8, 10 e 33.

Disposições Gerais

ponde a um direito de propriedade ou outro direito real (art. 1.251.º do C. Civil)[113-114].

Ora, de acordo com aquele Mestre, sobre os baldios, as entidades administrativantes (Juntas de Freguesia e/ou Câmaras Municipais) apenas exerciam uma "posse formal" (possuíam porque exerciam a gestão).

Como esta posse não passa de uma mera "detenção" para poder gerir, nunca pode levar à usucapião.

De resto, o novo conceito de "posse útil" veio redefinir os verdadeiros contornos da chamada "posse formal", como abaixo veremos, resolvendo, quanto a nós, de uma forma definitiva a questão da não "usucapião" dos baldios.

Senão vejamos:

E) **"Posse útil"**

1. de acordo com o art. 89.º, n.º 2, al. c) da CRP de 76 e da Revisão de 82, "*os bens comunitários*" eram aqueles com "*posse útil*" e "*gestão*" das comunidades locais.

Só após a Revisão de 89 é que a referência a "*posse útil e gestão*" passou a ser substituída pela expressão "*possuídos e geridos*", tendo-se mantido esta fórmula nas Revisões de 92 e 99 (vide art. 82.º, n.º 4, al. b).

Entendemos que esta mudança de redacção não significou que, após as revisões de 89 e 99 a "*posse*" histórica sobre os baldios tenha mudado de natureza.

Foi essa realidade histórica que ditou o conceito de "*posse útil*". Na verdade quando os legisladores constitucionais se decidiram utilizar aquela expressão sabiam muito bem que com ela queriam captar uma outra "realidade jurídica" que não cabia bem nos conhecidos conceitos de "*posse formal*" e "*posse causal*" referidos pela jurisprudência pelos tratadistas da especialidade[115].

---

[113] Vide Prof. Jorge M. Cutinho de Abreu, in "*Da Empresarialidade*", pág. 112, nota 268.

[114] Neste sentido ver, também, o Ac. do STJ de 11/04/00, com que terminou à Acção Possessória n.º 117796 do Tribunal De Vouzela (ainda inédito).

[115] Vide J. Canotilho e Vital Moreira in "*Constituição da República Portuguesa – Anotada*", pág. 217 (" *a expressão comunidades locais não corresponde a autarquias locais, as quais são pessoas colectivas territoriais (art. 237.º e segs.) (…) " A alínea c) (do art. 89.º) pretende abranger sim os meios de produção possuídos e geridos por comunidades territoriais sem personalidade jurídica ("povos, "aldeias")*" e ac. do STJ de 20/1/99, in Col. Jurisp., Ano VII, Tomo I – 1999, pág. 53: "*A Junta de Freguesia, enquanto na administração de terrenos baldios, pratica actos que são tidos como actos de gestão de bens alheios, ou seja, pratica actos próprios de qualquer possuidor precário*". Para a hipótese de a Junta d Freguesia invocar a titularidade do baldio o mesmo Ac. decidiu: "*A Junta de Freguesia só pode invocar a excepção peremptória de aquisição por usucapião dos terrenos baldios que administra se alegar a inversão do título ou coope ração por parte dos utentes*".

De resto, os arts. 89.º e 90.º da CRP de 76 foram aprovados sem votos contra e, apenas, algumas abstenções[116].

Assim, com a fórmula *"possuídos e geridos"* agora utilizada pretendeu-se, tão somente, usar uma expressão mais genérica que aquela utilizada anteriormente, quer pela Constituição de 76 e Revisão de 83, quer pelo art. 1.º do Dec.--Lei n.º 39/76 (*"terrenos comunitariamente usados e fruídos"*) adoptando uma redacção que veio a ser aceite pela Lei n.º 68/93 (*"terrenos possuídos e geridos"*).

Resumindo: a posse sobre os baldios era e sempre foi uma "posse útil" que, conforme tinha esclarecido a Lei n.º 66/78 de 14 de Outubro, *"**compreende a detenção e fruição de todos os bens a ela afectos" e (...) sendo "intransmissível e não conduz(indo) à usucapião"***.[117-118]

Fica, pois, claro que a "posse útil" ultrapassa o conceito de *"posse formal"*, na mediada em que esta se traduzia na *"detenção"* para gerir, enquanto que aquela (*"posse útil"*) para alem dessa detenção para gestão, abrange, também a *"fruição"* (nisso reside a sua "utilidade").

Só que esta fruição não resulta de um direito pessoal próprio dos utentes, mas sim de um direito da "comunidade" de que eles utentes fazem parte.

Porque a posse sobre os baldios é, e sempre foi, uma mera *"posse útil"* nunca ela pode desembocar na "usucapião" como, aliás, a própria lei prescreve. Pode, sim, juntamente com a "gestão", conduzir à afectação daqueles terrenos à satisfação das necessidades primárias de sobrevivência da "comunidade" em nome da qual tal "posse" e gestão são operadas, conforme a baixo veremos.

Esta posse, em nome da "comunidade local" a que a o baldio pertence pode ser defendida em juízo, nos termos dos n.ºs 2 e 3 do art. 4.º da presente lei.

Se é o CD em nome da AC quem intenta a acção, não restam dúvidas que está agir em nome da comunidade que representam.

Se a acção é proposta pela junta de freguesia que, nos termos do n.º 1 do

---

Quanto a esta parte da decisão, só temos um comentário a fazer: compreendemos que a Junta de Freguesia possa invocar a inversão do título (escritura de justificação ou outro), mas já não entendemos o que seja isso de *"cooperação por parte dos utentes"!* Efectivamente, nunca os "utentes" tiveram capacidade para transmitir o baldio para a Junta, pelo que, por mais que "cooperassem", o baldio só se podia transmitir para o concelho ou freguesia, nos termos do art. 399.º do Cód. Adm. ou nos termos do art. 31.º da presente Lei, como veremos mais detalhadamente, ao fazermos o comentário a esta disposição legal.

[116] Vide *"Constituição da República Portuguesa 1976"*, de Reinaldo Caldeira e Maria do Céu Silva, pág. 206.

[117] Vide art 11.º n.ºs 1 e art. 12.º n.ºs 3.

[118] O Ac. do STJ de 12/1/93 é, tanto quanto supomos saber, o primeiro e único aresto dos Tribunais superiores portugueses que reconhece que a posse exercida sobre os baldios é uma *"**posse útil"***.

Disposições Gerais 59

art. 36.º anda na administração do baldio, terá de ter o cuidado de alegar que está a agir em nome da dita "comunidade"[119]

F) Os baldios instituem-se ou constituem-se por afectação

1. Como se viu, a "posse" sobre os Baldios é, sempre, uma *"posse útil"* ou *"formal"*, como se dizia antigamente.

Esta posse, porque sempre em nome alheio (os utentes possuem não em nome próprio, mas em nome da "comunidade" a que pertencem) tal como "posse" que se exerce sobre as "coisas públicas" nunca pode levara à "usucapião" como expressamente dispões os arts. 11, n.º 1 e 12.º, n.º 2 da Lei n.º 66/78 de 16/10, atrás citada.

De resto, em relação aos baldios, a referência expressa de que *"é intransmissível, nem conduz à usucapião"* era mesmo desnecessária, dada a natureza jurídica destes *"bens comunitários"*.

A dita referência só se explica porque aí se trata da "posse útil" dos trabalhadores sobre as empresas ou estabelecimentos. A alusão que no n.º 2 do art. 12.º se faz à sua "intransmissibilidade e à sua incapacidade de conduzir à "usucapião" explicam-se pela razão simples de esclarecer que a posse dos trabalhadores era semelhantes aquela que se exercia sobre os baldios.

Querendo tornar-se claro que a "usucapião" era inaplicável aos baldios, quis a Lei dizer que o instituto da "usucapião" nada tem a ver com os baldios, os quais nem sequer se "adquirem", mas, sim, se "constituem" ou se "institucionalizam", por outro título.

E que título será esse?

2. Se não houvesse outro processo jurídico aplicável à "institucionalização" dos baldios ("bens comunitários" incluídos no sector "cooperativo e social" dos meios de produção e antes no "sector público") compreende-se que se deitasse mão do instituto da "usucapião", modo legítimo de adquirir a propriedade no sector privado, em desespero de causa, já que "analogia" seria sempre muito forçada!

Só que nos direito administrativo existe outros institutos aplicáveis aos caso. E não se pode esquecer que os baldios, dada a sua natureza de propriedade "sui generis", se aproximam muito mais do "sector público" pelos interesses que servem do que (e a que já pertenceram) do que do "sector privado" (do qual nunca fizeram parte).

Ora a forma de ligar determinado bem aos seus utentes, no sector público", é a "afectação[120-121].

---

[119] Neste sentido Ac. STJ de 11/04/200, no Proc. de Revista n.º 129/00497R (A. Possessória n.º 117/96 do Trib. De Vouzela. Contra: Ac. da Relação de Coimbra de 19/10/99, na Apel. N.º 1151/99 que foi revogado pelo Ac. do STJ, atrás referido.

[120] Vide Marcelo Caetano, in *Op. Cit.* 9.º ed. Tomo II, Págs. 897, 932 a 934.

60   *Comentário à Nova Lei dos Baldios*

Esta afectação tanto pode ser expressa como tácita.

É expressa se resulta de qualquer documento onde tal afectação de se faz e é tácita se resulta de uma série de actos que se repetem no tempo[122].

Se assim é relativamente às "coisas públicas", o mesmo acontece relativamente às antigas "coisas comuns", hoje "propriedade comunitária".

Que este tipo de "propriedade" tem muito mais afinidades com a "propriedade pública" do que com a "propriedade particular resulta não só dos interesses que estão em causa, mas também, desde logo, do factos de o art. 89.°, n.° 2 al. c) da CRP de 76 e da Revisão de 82, incluírem os "bens comunitários" no sector público dos meios de produção.

Certo é que a partir da Revisão de 89, tal tipo de "propriedade" passou a constituir uma novo sector: o sector "cooperativo e social"

Ora esta "propriedade social" era aquela que, de acordo como art. 90.° da CRP de 76 e Revisão de 82, tenderia a ser "predominante".

A Revisão de 89 e a de 99 retiraram do "sector público" os "bens comunitários", criando para eles um novo sector a que chamava de "cooperativo e social".

Tal alteração significa, apenas, que tal "propriedade social" deixou de ser "predominante", mas continuou, como aliás já antes do Dec.-Lei n.° 39/76, acontecia no "uso directo do público", só que este "público" é restrito a uma certa circunscrição ou parte dela[123].

Por essa razão é que mesmo antes da publicação do citado Dec.-Lei 39/76 e da promulgação da CRP de 76 e ulteriores Revisões, os tribunais portugueses se debruçavam sobre essa temática, tendo chegado à mesma conclusão.

Assim é que a Rel. do Porto, através do seu Ac. de 3/1/62 decidiu: *"Baldio é o imóvel rústico **afecto** ao uso e fruição de uma comunidade"*.

Para que se dê tal afectação necessário se torna, segundo tal acórdão, que o *"grupo de indivíduos residentes em determina circunscrição da freguesia ou concelho, em comum, explorem as suas pastagens, matos, estrumes ou amanho da própria terra (…) segundo a regulamentação da junta de freguesia ou município, conforme os casos"*[124].

Exactamente porque assim afecto (continua o mesmo aresto) *"para que*

---

[121] No sentido de que os baldios são insusceptíveis de serem adquiridos por usucapião ver o Ac. Rel. de Coimbra de 15/5/80, in *"Col. Jurisp."*, ano V, Tomo 3, pág. 261 e Ac. Rel. Porto de 4/6/81 in *"Col. Jurisp".*, ano V, Tomo II, pág. 139.

[122] Vide Mestres citados no texto, ops. cits. pág. e pág., respectivamente.

[123] Vide Prof. Manuel de Andrade, local e pág. cit..

[124] Neste sentido ver o Ac. STJ de 27/01/61, pontos IX e X, in BMJ 108, 291, onde se escreve: *"IX – A afectação ao uso público é a característica das coisas públicas. X – Se um terreno está há mais de 30 anos e desde tempos imemoriais no logradouro comum e exclusivo dos moradores de uma freguesia, adquire a qualidade de baldio paroquial".*

*um baldio possa ser reduzido a propriedade privada é indispensável proceder primeiramente à sua **desafectação"** [125].*

De resto, o próprio Rogério Soares reconhece que os baldios estão "afectos" à satisfação das necessidades dos habitantes de determinada circunscrição administrativa ou parte dela...

Em boa verdade, é esta "afectação" especifica que caracteriza os baldios e os torna diferentes das "coisas públicas" e das "coisas particulares".

Ora, como a afectação tanto pode ser tácita como pode ser expressa de acordo com os ensinamentos de Marcelo Caetano[126], temos que a posse histórica dos baldios pelos seus compartes é que marca tal "afectação" tácita.

Esta doutrina é expressamente aceite pelo Trib. da Rel. do Porto de 3/1/62 quando decidiu: *"Baldio é o imóvel rústico **afecto** (sublinhado nosso) ao uso e fruição de uma comunidade (repare-se "comunidade"!) ou grupo de indivíduos residentes em determinada circunscrição da freguesia ou concelho, que e comum exploram as suas pastagens, matos, estrumes ou amanho da própria terra se não é toda maninha, e isto segundo a regulamentação da junta de freguesia ou município, conforme os casos"*[127].

3. Com a publicação da Lei n.º 68/93 a questão da instituição dos baldios por afectação ganhou mais um argumento.

É que, conforme se diz no art. 27.º da citada Lei os baldios os baldios podem-se extinguir, *"após três anos de ostensivo abandono"*.

Sobre este tema nos debruçaremos mais em pormenor quando fizermos o comentário a tal preceito.

Para já, fique a ideia de que se os baldios se podem extinguir pelo "não uso", tal significa que eles não são um tipo qualquer de propriedade eventualmente adquirida por usucapião, porque se o fosse, tal propriedade era insusceptível de extinção "por abandono", já que como ensinava o Prof. Manuel de Andrade, *"o direito de propriedade é imprescritível, no sentido de que não se perde por prescrição. **O facto de o proprietário não cuidar da coisa ou se desinteressar dela, não envolve perda do direito de propriedade por prescrição.** O que pode acontecer é perder o direito de propriedade sobre a coisa pela posse de outrem sobre ela, isto é, pela usucapião ou prescrição aquisitiva em favor de outra pessoa que detenha a posse da coisa"*[128].

---

[125] In *Jurisp. Rel.*, ano 8, 1962, tomo I, pág. 83. No mesmo sentido se prounciou o Ac. da Rel. Porto de 3/11/81, in C.L.J., ano VI, tomo 5, pág. 243 – V quando decidiu: *"uma das formas da cessação da domimialidade de uma coisa consiste no desaparecimento que essa coisa se destinava a prestar – é o que designa por **desafectação"**.*

[126] Vide Op. Cit. pág...

[127] In *Jurisp. Rel.,* ano 8,1962, tomo 1, pág. 89.

[128] Vide Prof. Manuel de Andrade, in *"Teoria Geral da Relação Jurídica"*, Almedina, vol. II, pág. 447 onde escreve: *"O direito de propriedade é imprescritível, no sentido de que não se perde por prescrição. O facto de o proprietário."*

62 *Comentário à Nova Lei dos Baldios*

Finalmente: que a "afectação" é a forma legal de "institucionalizar" os baldios resulta, inequivocamente, da alínea d) do art.° 2.° da presente Lei, onde expressamente se diz que os terrenos aí mencionados só se consideram baldios, se *"forem afectados ao logradouro da mesma (comunidade)"*[129].

Daqui resulta que por detrás da instituição dos baldios está um outro título diferente do direito de propriedade. De resto, como vimos, ao analisarmos a natureza jurídica dos baldios estes não se "adquirem", antes se "instituem-se".

Ora, para que tal "instituição" se verifique é necessário a verificação de dois requisitos:

1. Uso e fruição por parte do utentes e
2. A gestão, por eles próprios ou pelas organizações legais que, em cada momento histórico, os representavam.

Na verdade quer o n.° 1 do art. 1.° em análise, quer a al. c) do n.° 4 do art. 82 da CRP , quer o art. 1.° do Dec.-Lei n.° 39/76 só falam em *"terrenos possuídos e geridos"*. Nada mais.

Dissemos atrás que os actos de gestão terão e ser praticados por quem está ou tem estado legalmente encarregado da sua gestão ou administração.

Essas entidades são, hoje, as Assembleias de Compartes e os seus Conselhos Administrativos, quando constituídos.

Antigamente eram as Juntas de Freguesia e (pelo menos teoricamente) as Câmaras Municipais, conforme resulta dos arts. 255.°, n.°s 3, 4 e 5; 255.°, n.° 2; 389.° e 398.° – quanto às juntas – e arts. 44.°, n.° 1; 45.°, n.° 1; 51.°, n.° 4 e 6 e 394.° – quanto às câmaras.

As Juntas de Freguesia mantêm essa competência nos casos expressamente previstos no art. 36.° desta.

Acontece que, por inércia jurídica e falta de atenção, normalmente nas acções sobre baldios, as partes, só alegam actos de "posse" (pastagens, recolhas de lenhas, estrumes, etc.) e esquecem-se de alegar actos de gestão.

Em nosso entender esta prática é errada e poderá levar à improcedência da acção por falta de um dos requisitos.

4. Aqui chegados, parece-nos que a única dúvida que relativamente a "afectação" se pode levantar é de saber durante quanto tempo devem durar os actos de posse e gestão para que tal título funcione

Entendemos que não há prazo fixo, como na usucapião.

A afectação poderá funcionar em prazo mais curto, se o Tribunal entender que os actos de "posse" e "gestão" são de tal forma "ostensivos", sem qualquer reacção em sentido contrário, antes com pública aceitação dos eventuais prejudicados, deverá decretá-la.

---

[129] Vide abaixo o nosso comentário à al. *d*) do n.° 1 do art. 2.°, pág. 71.

Disposições Gerais　　63

Reforçando esta ideia temos o caso do "abandono ostensivo" que segundo o art. 27.º poderá funcionar, ao fim de três anos [130]...

Em todo o caso, entendemos que esta posição estrema deverá ser vista com muita prudência, pois a instituição dos baldios, tomados como um realidade económica nacional resulta de uma "posse" e "gestão" históricas.

Assim, entendemos que, por cautela e segurança se lhes deverá aplicar um prazo nunca inferior ao da usucapião, para que não restem dúvidas de que a "afectação" se encontra feita.

5. Quanto à expressão "apossamento" utilizada na al. c) do n.1 do art. 2 e no n.º 1 do art. 4.º da Lei n.º 68/93, dever-se-à ter em consideração que tal "apossamento" se refere aos actos de posse praticados pelos particulares que se arrogam a titularidade (propriedade) do terreno baldio em questão e não à "posse" dos compartes do mesmo, como tais.

Este "apossamento" individual, conforme diz o mesmo dispositivo legal, **é nulo de direito.**

Posto isto, o argumento literal é insuficiente, já que a "posse" a que faz referência a Lei n.º 68/93, é uma mera "detenção" ou "posse formal", e a "gestão" uma simples consequência de tal "posse formal".

De todo o exposto há que concluir que os baldios não se constituem nem adquirem por usucapião, mas, sim, por afectação expressa ou tácita, como se deixa dito[131].

Sobre a forma como se "perde" um baldio, designadamente, através da usucapião de terceiros, vermos mais tarde, quando fizermos o comentário à extinção dos baldios[132].

VII. TITULARIDADE DOS BALDIOS

1. Conforme resulta do que atrás se deixa dito sobre a natureza jurídica dos baldios e sua função histórica (satisfação das necessidades gerais comunitárias) **a sua "propriedade"**[133] **só pode pertencer à "comunidade" constituída pelas**

---

[130] Sobre a constitucionalidade deste preceito nos pronunciaremos, quando fizermos a sua análise.

[131] Reforçando esta tese o facto, de após a CRP de 76, ter desaparecido a distinção bipartida entre "coisas públicas" e "coisas particulares" do Cód. Civil de 1966, que passou a ser substitída pela "propriedade dos meios de produção" que se dividia e divide em três sectores: a) Sector público; b) Sector cooperativo e c) Sector privado.

As Revisões de 89 e 99 retiraram os "bens comunitários" do sector público e introduziram-nos no "sector cooperativo e social".

[132] Ver abaixo, pág. 175.

[133] **O termo "propriedade" está aqui usado no sentido muito lato, pois, em boa verdade, o baldio <u>não é propriedade de ninguém</u>, senão que está, apenas, afecto à satisfação de determinadas necessidade comunitárias, que se corporizam ou encabeçam na "comunidade local".**

64 Comentário à Nova Lei dos Baldios

sucessivas gerações, não individualizadas que, ao longo dos séculos, sobre eles vêm exercendo os actos de "posse" e fruição, nos termos tradicionais[134].

Resumindo:

Os baldios, são um "património especial" da "comunidade local" que corporiza ou "encabeça" as sucessivas gerações não individualizadas dos moradores que, ao longo dos séculos, de tais terrenos vêm tirando as utilidades tradicionais.[135]

A este respeito o Tribunal Constitucional decidiu: "*A titularidade dominial dos baldios significa que, nos termos constitucionais, as comunidades locais são titulares dos seus direitos colectivos – sejam de gozo, sejam de uso, sejam de domínio – como comunidade de habitantes, valendo quanto a elas o princípio da auto-administração e autogestão*"[136].

Segundo o Prof. Henrique Mesquita:

"*a) As pessoas legitimadas para usar ou fruir os baldios, quando se aproveitam destes, estão a exercer um direito – um verdadeiro direito real – e não apenas a beneficiar de um acto de mera tolerância, seja de quem for;*

b) A utilização da terra é feita "em forma prevalecentemente promíscua. Cada um dos consortes (melhor seria "compartes"*) tem uma participação aritmeticamente indeterminada na propriedade total da coisa e por isso exercita o seu direito na medida das sua necessidades;*

c) Os baldios são, em princípio, inalienáveis , encontrando-se permanentemente afectados à satisfação das necessidades de um grupo de pessoas, determinadas através da sua pertinência a certa comunidade local".

2. Tais bens comunitários, a partir do Dec.-Lei n.º 329ᴬ/95 de 12/12, com a redacção dada pelo Dec.-Lei n.º 180/96 de 25/9 que aprovou a entrada em vigor do novo Cód. Proc. Civil, só podem ser defendidos através das acções comuns de

---

[134] Neste sentido Prof. Henrique Mesquita, in RLJ, ano 127, 343: " *a propriedade dos baldios pertence aos compartes";* na mesma esteira se pronunciou o TC, quando no seu AC. n.º 325/89 de 4 /4/89, in BMJ 386, 129, decidiu que "os baldios integram os *"bens comunitários" a que se refere a Constituição, bens esses que não apenas estão na posse e gestão das comunidades locais, mas, também, na sua titularidade, isto é, são bens pertencentes a comunidades e não bens pertencentes a entidades públicas".*

No mesmo sentido se pronunciou a PGR no seu Parecer n.º 136/78 de 20/07/78, in BMJ 378, 27: *"Os baldios constituem propriedade comunal dos moradores de determinada freguesia ou freguesias ou parte delas que exerçam a sua actividade no local, só por eles podendo ser usados e fruídos".*

A mesma doutrina foi sustentada no Pareceres n.ºs 166/82 de 24/02/83, in BMJ 331, 123 e 37/87 de 22/10/87, in BMJ 378, 27.

[135] Neste sentido ver: Ac. STJ de 18/5/96, in BMJ, 456, 426, já atrás citado a propósito da "natureza jurídica dos baldios", pág. 50.

[136] Vide ac. TC n.º 240/91 de 11/6/91 in BMJ 408, 48: sumário, pág. 46.

reivindicação, a intentar pelos representantes da "comunidade local" a que pertencem", isto é, Assembleia de Compartes, representada pelo seu Conselho Directivo.

Com a publicação da presente Lei, afigura-se-nos que a questão da *legitimidade* para defender os baldios ficou definitivamente resolvida, através da alínea *o)* do art. 15.º que dá competência às Assembleias de Compartes para proceder judicialmente na "*defesa de direitos ou legítimos interesses da comunidade relativos ao correspondente baldio, nomeadamente para a defesa dos respectivos domínios, posse e fruição contra actos de ocupação*" e atribui ao Conselho Directivo, através da al. *h)* do art. 21.º.

VIII. DESTINO DOS BALDIOS QUANDO A COMUMIDADE SE EXTINGUE?

1. Por estranho que pareça, a Lei não previne a hipótese de regular a sorte dos baldios, quando a "comunidade" a quem os mesmos pertencem se extinguir.

E a verdade é que esta hipótese, face à crescente desertificação das zonas rurais do país, cada vez mais se torna numa trágica realidade.

Perante o silêncio da Lei, abre-se uma lacuna que terá de ser preenchida segundo a norma aplicável aos casos análogos (art. 10.º n.º 1 do CC).

Só que para que se verifique a "analogia" necessário se torna que "*no caso omisso procedam as razões justificativas da regulamentação do caso previsto na lei*" (n.º 2 do mesmo art.º).

E qual é, no caso concreto, o "caso previsto na Lei?

Parece-nos que apenas dois se podem perfilar:

a) A extinção dos baldios ou

b) A administração de facto por parte das juntas de freguesia ou câmaras municipais dos mesmo baldios.

Analisemos a 1ª hipótese:

1. A extinção dos baldios está prevista no Cap. IV da presente Lei (arts. 26.º a 31.º).

Conforme adiante melhor veremos, quando nos detivermos na análise dos arts. mencionados, os baldios extinguem-se em cinco situações:

1.ª. Extinção por votação unânime dos compartes (al. *a* do art. 26.º);

2.ª. Extinção por expropriação por motivo de utilidade pública (al. *b* do mesmo art. e art. 29, n.ºs 1 a 7)

3.ª. Extinção por expropriação resultante de abandono injustificado (n.º 6 do art. 29;

4.ª. Extinção por alienação (mesma al. *b* e art. 31.º) e

5.ª. Ostensivo abandono da utilização do baldio (art. 27.º).

Na primeira situação (extinção por votação unânime) está o pressuposto de que aos compartes não interessa a manutenção do baldio ou baldios. Por isso,

66   *Comentário à Nova Lei dos Baldios*

reúnem-se em assembleia com a presença mínima de dois terços dos seus membros e por unanimidade decidem extinguir o(s) seu(s) baldio(s).

Neste caso, o(s) baldio(s) passa(m) a integrar-se no domínio privado da freguesia em cuja área territorial se situe – al. *a)* do art. 28.º.

Na Segunda situação (extinção por expropriação por motivo de utilidade pública) uma entidade exterior: o Estado, ou qualquer pessoa colectiva de direito público (autarquias, etc.) tem um interesse na utilização dos baldios para satisfazer necessidades socialmente mais relevantes que aquelas que satisfazem nas mãos do seus compartes.

Nesta hipótese o baldio passa a ser propriedade do expropriante (al. *b)* do art. 28.º).

Na terceira situação (extinção por abandono injustificado) está a situação objectiva de abandono do baldio *("quando tenha deixado de ser objecto de actos significativos de domínio, posse, gestão e fruição, durante período não inferior a 10 anos"* (n.º 6 do art. 29.º) e a falta de uma manifestação inequívoca de vontade dos compartes. Por isso tem de intervir o tribunal para que o abandono seja declarado.

Nesta hipótese o baldio passa, também, a integrar o domínio privado da(s) freguesia(s) – art. 28.º, n.º 1.

Na quarta situação (extinção por alienação) os baldios passam a propriedade particular, porque a própria Assembleia de compartes reconhece que é mais importante para a "comunidade" a satisfação das necessidades plasmadas no n.º 1 do art. 31.º, do que aquelas que os baldios estão a satisfazer aos compartes.

Há, também, nesta hipótese a vontade expressa e inequívoca dos compartes.

Neste caso a propriedade do baldio passa para quem o adquirir (al. *b)* do art. 28.º).

Finalmente, na quinta situação (extinção por abandono ostensivo) a utilização do baldio por três anos funciona como presunção de que a "comunidade" não está interessada em continuar na seu domínio, posse, fruição e gestão.

Esta "presunção" é "júris tantum" e pode ser invertida pela mesma "comunidade", através de uma explicação razoável para a sua não utilização do baldio durante aquele período. (E não será difícil!).

Daí que a lei imponha a intervenção do tribunal para verificar se houve ou não "ostensivo abandono" da utilização do baldio (n.º 1 do art. 37.º).

Se o Tribunal se convencer de que existe o "ostensivo abandono" declará-lo-á e a junta ou juntas em cuja área se situe o baldio poderão utilizá-lo directamente, em regime de "utilização precária" (vide todo o art. 27.º).

Neste caso, o baldio continua a pertencer à "comunidade" que pode retomar a sua posse, fruição e gestão (mesmo art. 27.º).

Posto isto:

Disposições Gerais 67

2. Verifica-se que nos casos de extinção por "votação unânime" e para "alienação" há sempre a declaração inequívoca de vontade dos compartes nesse sentido; na extinção por expropriação de interesse público, há a decisão do tribunal decretando tal "extinção"; no caso de "abandono" não há qualquer manifestação inequívoca de vontade dos compartes no sentido da "extinção", pelo que se torna necessária a intervenção judicial a fim de indagar se há ou não abandono, no caso concreto.

Em todos os casos, salvo no do "ostensivo abandono", há uma transmissão do domínio e posse dos baldios.

Assim sendo:

3. Afigura-se-nos que o único caso em *"que procedem as razões justificativas do caso previsto na lei"* é do "ostensivo abandono" previsto no art. 27.° .

Na verdade, no caso de "extinção da comunidade", não há qualquer manifestação de vontade no sentido de "extinguir" os seus baldios. Nem pode haver, porque a "comunidade" não existe.

Mas, considerando que a "comunidade" pode reaparecer, esta é a única solução que garante a preservação do(s) baldio(s), já que o domínio deste(s) não se transfere para outra entidade, podendo, sempre, ser recuperado se a "comunidade" renascer.

Só assim se preserva o princípio da preservação do(s) baldio(s) que enforma toda a Lei n.° 68/93 (vide arts. 4.°, 27.° e 36.°, entre outros).

4. Verdade seja que aos mesmos resultados iremos dar, se aplicarmos, por analogia, o art. 36.°.

Só que o art. 36.° nos parece mais vocacionado para garantir a existência dos baldios, no caso em que as "comunidades", existindo, se não organizam para que os mesmos baldios lhes sejam devolvidos.

Quer dizer, as razões justificativas da regulamentação do caso previsto na lei" não são as mesmas.

Daqui resulta que nos inclinamos para que se aplique ao caso a regulamentação do art. 27.°.

ARTIGO 2.°
Âmbito e aplicação

1. As disposições da presente lei são aplicáveis aos terrenos baldios, mesmo quando constituídos por áreas descontínuas, nomeadamente aos que se encontram nas seguintes condições:

a) **Terrenos considerados baldios e como tais comunitariamente possuídos e geridos por moradores de uma ou mais freguesias, ou par-**

68   *Comentário à Nova Lei dos Baldios*

tes delas, mesmo que ocasionalmente não estejam a ser objecto, no todo ou em parte, de aproveitamento por estes moradores, ou careçam de órgãos de gestão regularmente constituídos;

b) Terrenos passíveis de uso e fruição por comunidade local, os quais, tendo anteriormente sido usados e fruídos como baldios, foram submetidos ao regime florestal ou de reserva não aproveitada, ao abrigo do Decreto-Lei n.° 27.207, de 16 de Novembro de 1936 e da Lei n.° 2.069, de 24 de Abril de 1954, e ainda não devolvidos ao abrigo do Decreto-Lei n.° 39/76 de 19 de Janeiro;

c) Terrenos baldios objecto de apossamento por particulares, ainda que transmitidos posteriormente, aos quais são aplicáveis as disposições do Decreto-Lei n.° 40/76 de 19 de Janeiro;

d) Terrenos passíveis de uso e fruição por comunidade local que tenha sido licitamente adquiridos por uma tal comunidade local e afectados ao logradouro comum da mesma.

2. O disposto na presente lei aplica-se, com as necessárias adaptações, em termos a regulamentar, a equipamentos comunitários, designadamente eiras, fornos, moinhos e azenhas, usados fruídos e geridos por comunidade local.

Fontes:
São fontes desta disposição legal os arts. 3.° do Dec.-Lei n.° 39/76; o Dec.--Lei n.° 40 da mesma data e a doutrina e jurisprudência que ao longo do tempo se foi produzindo sobre a temática dos baldios e que se vai citando ao longo deste livro.

Comentário:

1. **Outros Terrenos baldios:**

1.1. O n.° 1 fala em "áreas descontínuas", porque, na prática, muitas vezes, um só baldio, por razões históricas (aberturas de caminhos ou outra vias de acesso; apropriação de uma ou várias parcelas, por particulares, designadamente, através da construção de quaisquer edifícios para habitação e fins agrícolas, bem como uma área de logradouro à volta dos referidos edifícios dez vezes superior à área dos terrenos ocupados, ou as áreas de terrenos cultivadas por pequenos agricultores, como ficou ressalvado pelo art. 2.° do Dec.-Lei, n.° 40/76 de 19 de Janeiro) se fragmentou.

1.2. A ressalva constante da alínea a) é tão óbvia que, à primeira vista, até pareceria desnecessária, se não fosse ditada numa época de feroz ataque contra aos baldios pelas força políticos do centro-direita e haver, por isso, a necessidade de, expres-

Disposições Gerais

samente, reafirmar a manutenção, mesmo daqueles que, por razões fortuitas ("ocasionalmente") não estavam a ser utilizados como baldios ou relativamente aqueles onde se não se tinham, ainda, constituído a respectiva assembleia de compartes e demais órgãos sociais. Estes baldios são aqueles a que se refere o n.° 1 do art. 36.°.

Apesar do que consta desta alínea, não perder de vista o disposto no art. 27.° n.° 1 da presente Lei que prevê a hipótese de se considerar "abandonado" um baldio "pós três anos de ostensivo abandono".

Sobre este ponto, ver abaixo o nosso comentário a tal normativo.

1.3. A alínea b) ressalva como baldios mais uma categoria de terrenos em relação aos quais se poderiam levantar algumas dúvidas, a saber:

Os que nos termos das leis anteriores (entre outras a Lei n.° 1971 de 15/6/38 que submeteu ao regime florestal todos os baldios ao norte do Tejo) tenham sido submetidos ao Regime Florestal.

Além desta Lei, houve outros diplomas que submeteram ao regime florestal determinadas zonas, entre os quais o Decreto, n.° 3.262 de 27/7/1917 que submeteu os baldios ao dito de Mira ao dito Regime, para além da submissão anterior da "Mata do Buçaco", etc.

De acordo com o Dec.-Lei n.° 27.207 e da Lei n.° 2.069 aí citados, tinham sido "reservados", ao abrigo do n.° 4 do art. 73.° do Dec.-Lei n.° 27.207 de 16/11/36 criou no Ministério da Agricultura a Junta de Colonização Interna (art. 171.°).

Este organismo (J.C.I.) tinha como funções " *efectuar o reconhecimento e estabelecer a reserva dos terrenos baldios do Estado e dos Corpos Administrativos susceptíveis de aproveitamento para instalações de casais agrícolas, tendo em atenção a natureza dos terrenos, a sua extensão e as regalias dos povos no que respeita à sua fruição"* [137].

No usos das suas competências a JCI "reservou" alguns terrenos para a instalação de "casais agrícolas". Só que tal instalação, apesar da "reserva" nunca se veio a concretizar.

Foram estes os terrenos baldios submetidos ao regime florestal e aqueles reservados, mas não aproveitados, que por força do art. 3 do Dec.-Lei n.° 3.° do Dec.-Lei n.° 39/6 foram *"devolvidos aos respectivos compartes"* [138].

---

[137] Os baldios assim reservados não passam a pertencer à JCI, como decidiu o Ac. do STJ, de 25/06/52, BMJ, 34, 280.

[138] Segundo o Ac. da Rel. Porto de 5/06/84, in BMJ 338, 465, *"com o Decreto-Lei n.° 39/76 (art. 3.°) pretendeu-se possibilitar a restituição de terrenos baldios que houvessem sido submetidos ao regime florestal os reservados ao abrigo do n.° 4 do art. 173.° do Decreto-Lei n.° 27.027, de 16 de Novembro de 1936, aos quais a Junta de Colonização interna não tenha dado destino ou aproveitamento. Do referido art. 3 resulta a exclusão da sua aplicação aos prédios reservados que tenham sido objecto de destino e aproveitamento oportunamente fixado pela Junta. Se é admissível e compreensível estabelecer aquele regime em relação aos terrenos baldios de que se apropriaram ilegitimamente os particulares, ou mesmo em relação àqueles que o Estado havia reservado para si mas não*

70   *Comentário à Nova Lei dos Baldios*

A simples expressão *"devolvidos"* significa que, no entender do legislador, esses terrenos tinham sido "usurpados" aos mesmos compartes, conforme resulta, aliás, do preâmbulo do dito Dec.-Lei n.° 39/76.

Nos termos do art. 3.° do DL 39/76, a "devolução" não abrangia, porém, os que, tendo sido "reservados", foram aproveitados.

Donde resulta que, na perspectiva dos "compartes" o "crime" compensou!

Do ponto de vista da política legislativa, porém, a não devolução de tais terrenos "aproveitados" só pode ter "justificação" nos princípios da "certeza" e "segurança" jurídicas.[139]

Ora, os baldios ou parcelas, relativamente aos quais a Junta de Colonização Interna, à data da publicação do Dec.-Lei n.° 39/76 (art. 3.°), ainda não tinham sido devolvidos de acordo com este comando legal e assim se mativeram até à data da publicação da Lei n.° 68/93, voltam a ser baldios, por força da presente alínea b).

De resto, a ressalva feita relativamente aos terrenos aproveitados pelos Serviço Florestais, é ao mesmo tempo uma crítica e uma homenagem. Crítica relativamente, à forma atrabiliária, como, muitas as vezes, procederam à submissão dos baldios dos povos[140] e homenagem pela forma criteriosa, como, ao longo dos tempos, apesar de tudo, protegeram e valorizaram esse património comunitário...

1.4. A ressalva constante da alínea c) significa que, apesar de revogado, Dec.-Lei n.° 40/76 aí referido, continua em vigor, pelo menos, quanto ao ponto de se considerar que *"os actos ou negócios jurídicos que tenham como objecto a apropriação de terrenos baldios ou parcelas de baldios por particulares, bem como as subsequentes transmissões que não forem nulas, são, nos termos de direito, anuláveis a todo o tempo".*

E quem lhe reconhece tal vigência é a presente alínea c) que remete, para tal normativo legal.

Ora, conforme resulta do preâmbulo do Dec.-Lei n.° 39/76 de 19 de Janeiro, com os Decs.-Lei n.°s 39/76 e 40/76 pretendeu-se atingir três objectivos:

a) "A entrega dos terrenos baldios às comunidades deles foram desapossados pelo Estado fascista";

b) A integração desta entrega no quadro da política da Reforma Agrária orientada para objectivos sociais precisos – destruição do poder dos grandes

---

chegou a dar destino ou aproveitamento, já o mesmo não sucede quanto aos terrenos em causa, ou semelhantes que foram efectivamente destinados e aproveitados nos moldes em que o Estado achou conveniente e prevê a parte final do referido artigo 3.°"

[139] Vide Ac. da Rel. do Porto de 5/6/84, in BMJ, 338, 465 (sumário).

[140] Vide Aquilino Ribeiro, *"Quando os Lobos Uivam"* que custou ao seu autor, pela denúncias das prepotências levadas a cabo pelos S.F., apoiados pela PIDE e Tribunais Plenários, uma processo crime no famigerado Tribunal Plenário de Lisboa, onde era acusado de 17 crimes de "lesa pátria"... (vide *"Quando os Lobos julgam a Justiça Uiva",* ed. Liberdade e Cultura de S. Paulo 1959 (?).

Disposições Gerais   71

agrários e dos diversos mecanismos de afirmação desse poder; apoio aos pequenos agricultores e operários agrícolas e estímulo às formas locais e directas de expressão e organização democrática que permita aos trabalhadores do campo avançar no "controlo" do processo produtivo e dos recursos naturais e

c) A institucionalização de formas de organização democrática local às quais são reconhecidos amplos poderes de decisão e deferidas amplas responsabilidades na escolha do próprio modelo de administração.

Para se atingirem estes objectivos foi adoptada uma orientação mais aberta e antiburocrática, mediante a admissão de uma forma de administração autónoma em que são reduzidos ao mínimo os limites traçados à área de afirmação da vontade das assembleias.

1.5. Com a expressão *"comunidades"* usada no preâmbulo do Dec.-Lei n.º 39/76 e reproduzida nos arts. 82.º, n.º 4, alínea b) da CRP e no art. 1.º da Lei n.º 68/93 pretendeu-se, como se deixa dito, fazer referência aos *"grupos locais integrados por pessoas que compartilham uma território bem definido, as quais estão ligadas por laços de intimidade e convívio pessoal e participam de uma herança cultural comum"*[141], conforme resulta do n.º 3 do art. 1.º.

A expressão *"comunidades"* usada na Constituição e nos diplomas legais citados (Dec.-Lei n.º 39/76 e Lei n.º 68/93) deve, ainda, ser aproximada das "organizações populares de base territorial" que se destinam a intensificar a participação das populações na a vida administrativa local como referia no art. 264.º, n.º 1 da CRP de 76 e Revisão de 82 e, hoje, no art. 263.º, segundo a Revisão de 99 das "organizações de moradores".

1.6. Na alínea d) do art. 2.º surge nos uma nova forma de constituição ou "institucionalização" de baldios e que são aqueles *"terrenos passíveis de uso e fruição por comunidade local que tenham sido licitamente adquiridos por uma tal comunidade e (foram) afectados ao logradouro comum"*[142].

À primeira vista, até parece que a alínea *d*) é um preceito inútil, já que tendo o terreno sido adquirido pela comunidade para ser fruído pela mesma comunidade, como baldio, lógico seria que tal terreno se considerasse baldio.

Só que, uma leitura mais cuidada desta adenda fornece-nos dados importantes para determinarmos não só a natureza jurídica dos baldios, como a sua aquisição ou constituição.

---

[141] Apud. A. Jorge Dias, *in Dicionário da História de Portugal*, vol. II, pág. 136.

[142] Esta disposição legal vem, também, responder àqueles que entendem que os baldios só se podem adquirir através da "posse histórica", costumeira. O texto deste preceito demonstra que, também, se podem constituir por actos inter-vivos ou "mortis causa" e (porque não?) por uma posse actual que seja suficientemente consistente, para se concluir que houve uma "afectação tácita".

72   *Comentário à Nova Lei dos Baldios*

Na verdade, porque os terrenos em causa foram adquiridos, formalmente, pela "comunidade", devidamente constituída[143], basta o seu uso e fruição por parte da dita comunidade, mesmo que desacompanhados da "gestão", para que tais terrenos se considerem *"afectos"* à satisfação das necessidades comunitárias e, portanto, sejam considerados baldios.

A desnecessidade da *"gestão"* exigível para a aquisição por afectação tácita originária, resulta do facto de, na hipótese da alín. *b*), o terreno ter sido adquirido, directamente, pela "comunidade", o que, desde logo afasta qualquer dúvida sobre a sua titularidade.

É óbvio que do próprio título de aquisição já pode constar a "afectação expressa" de tal terreno aos "uso e fruição" dos compartes, como baldio. Nesta hipótese já nem sequer é necessária a prática de actos de "uso e fruição", para que tal terreno seja baldio: é o título de aquisição que o diz[144].

Que a não referência à actividade "gestão" é intencional, resulta, também do n.º 2 que a seguir se vai analisar, onde os equipamentos aí mencionados para beneficiarem da aplicação da presente lei, precisam de ser *"usados, fruídos e geridos* (sublinhado nosso) *pela comunidade local"*.

2. Outras Bens Comunitários:

No n.º 2 do art. em análise faz-se referência aos outros "equipamentos comunitários", designadamente eiras, fornos, moinhos e azenhas, usados, fruídos e geridos por comunidade local".

A enumeração é meramente exemplificativa, embora seja hoje difícil encontrar na prática outros "bens ou equipamentos imunitários.

Sobre a necessidade da "posse e gestão" já dissemos o que nos parece importante[145].

Aqui acrescentaremos, apenas, a constatação de que a memória dos políticos é, realmente, muito curta.

A Assembleia prometeu que a presente lei seria "regulamentada" a fim de ficarem bem claros os termos em que a presente lei se aplica a tais equipamentos e outros similares.

Igual e mais formal promessa foi feita no art. 41.º da presente lei, tendo-se, mesmo, aí acrescentado um prazo (90 dias) para se proceder à regulamentação geral da lei.

---

[143] Consideramos que só uma "comunidade local" devidamente organizada é que tem capacidade jurídica para adquirir (art. 160.º do C. Civil). Antes de se constituir existe, apenas, um aglomerado atomístico de pessoas que se poderão organizar, mas sem personalidade jurídica. Ver adiante comentário ao art.º 11.º

[144] Deve notar-se que qualquer Assembleia de Compartes, através do seu Conselho Directivo, pode adquirir, também, terreno para fins específicos de cultura, lazer, etc., se não tiver baldio seu adequado para o efeito, conforme se verá no comentário ao art. 15.º.

[145] Vide atrás o "Conceito de baldio", pág. 50.

Disposições Gerais

Até hoje tal "compromisso legal" não foi cumprido, apesar de a própria lei, no seu texto primitivo, já ter sido alterado (Lei n.º 89/97 de 30 de Julho).

Houve tempo para a alterar, mas não houve tempo para a regulamentar. Prioridades...

ARTIGO 3.º
Finalidades

Os baldios constituem, em regra, logradouro comum, designadamente para efeitos de apascentação de gados, de recolha de lenhas ou de matos, de culturas e outras fruições, nomeadamente de natureza agrícola, silvícola, silvo pastoril ou apícola.

Fonte (presumível): art. 1 e seu § único do Dec.-Lei n.º 7.933 de 10/12/1921.

Comentário:

IX. FINALIDADES DOS BALDIOS

No art. 1.º do citado Dec.-Lei n.º 7.933 consta: *"Os baldios quer na administração das câmaras municipais, quer na das juntas de freguesia, que tenham vindo a ser aproveitados como logradouro comum dos respectivos moradores vizinhos, nos termos do direito tradicional, continuarão a ter esse direito, no todo ou em parte, conforme as necessidades daqueles".*

No § único do mesmo art. prescreve-se que*: Esse logradouro, para dever considerar-se como tal, tanto no presente como no futuro, consiste na apascentação dos gados, criação e aproveitamento do mato, lenha e madeira, para as casas de lavoura dos moradores vizinhos, ou na utilização desses terrenos por qualquer meio compatível com a sua natureza, uma vez que não envolva a apropriação de qualquer parcela dos mesmos, ou a fruição que não seja em proveito comum dos ditos moradores".*

No Código administrativo o art. 393.º dispunha-se: *"Os baldios que sejam aproveitados como logradouro comum pelos moradores de algum concelho ou freguesia e se considerem indispensáveis para, sob essa forma de utilização, à economia local continuarão a ter o mesmo caracter destino".*

§ único: *"Considera-se logradouro comum a apascentação de gados, a produção e corte de matos, combustível ou estrume, a cultura e outras utilizações, quando não se verifique apropriação individual de qualquer parcela dos terrenos e fruição pertença de modo efectivo AOS moradores vizinhos".*

Estas disposições legais nada mais fazem que darem seguimento à utilização de os baldios estavam sujeitos desde, pelo menos a Idade Média.

74 Comentário à Nova Lei dos Baldios

Efectivamente, a este respeito dispunham as Ordenações Manuelinas sobre os terrenos a que, hoje, chamamos "baldios" e então se chamavam *"matos maninhos, ou matas bravias (...) os quais não foram coutados, nem reservados pelos Reyes que antes de nós foram e passaram geralmente pelos Foraes com as outras terras aos povoadores delas (...) e que dando-se de sesmarias fariam grande impedimento ao comum proveito dos moradores dos ditos logares, nos pastos e nos guados e criação e logramento da lenha e madeira para as suas casas, por os ditos matos maninhos ou pousios serem tam comarcãos e les que seria cousa quase insuportável poderem-nos escusar"* (§§ 8.° e 9.° – IV, LXVII, das Sesmarias).

Por sua vez, pelas Ordenações Filipinas (§ 14, Título 15) ficou proibido aos Prelados, Mestres, Priores, Comendadores e Fidalgos ocupá-los com o argumento de que *"sam maninhos e lhes pertencem, porquanto os taes maninhos sam geralmente pera pastos e criações e logramento dos moradores dos lugares, onde estiverem e non devem delles seer tirados"*.

Na verdade, e por força do § 11, tais "matas", "matos" ou "outros maninhos" (...) *"sam dos termos das Vilas e Lugares dos Nossos reynos, pera os averem por suas ou seus e os coutarem e defenderem em proveito dos ditos pastos e criações e logramentos que aos povos dos ditos lugares pertencem"*.

Por sua vez, a Lei dos Forais de 1822, no seu art. 8.° e travando a tentativa a "supressão" dos baldios proposta pelas Cortes de 18 de Abril de 1818 e aprovada pela respectiva Comissão, *"confirmou a existência dos baldios, na posse dos povos e sob a administração das Câmaras"*.

Igual doutrina estabeleceu o Decreto de 19 de Julho de 1839, determinando que os baldios *"continuarão a pertencer aos povos que tradicionalmente os usufruem"*.

Lendo-se o art. 3.° da presente Lei e as suas presumíveis fontes, desde logo se constata que quer o texto de 1921 quer o Cód. Administrativo de 1940 (para não falar da demais legislação atrás citada) eram muito mais abrangentes que actual e reflectia, com muito maior rigor a natureza dos baldios, as suas apetências para usos presentes e futuros.

Comparando os três textos, temos muitas dúvidas que os legisladores de 1993 tivessem conhecimento do texto de 1921 e mesmo o C. Administrativo de 1940. Na verdade, só assim se explica a visão redutora que deram da utilização dos baldios que se limitariam (hoje e apara o futuro) a serem meros apoios de uma comunidade exclusivamente agrícola, esquecendo a formulação abrangente e progressista de 1921: *"**utilização desses terrenos por qualquer meio compatível com a sua natureza, uma vez que não envolva apropriação (...) ou fruição que não seja em proveito comum dos ditos moradores**"* e, até do § único do art. 393.° do C. Administrativo (*"**...e outras utilizações, quando não se verifique apropriação individual**"*) que permitiam a utilização dos baldios por estruturas desportivas, culturais, de lazer, de protecção à infância, à velhice e às próprias sedes dos órgãos sociais das "comunidades locais" e, até, autarquias.

De resto, esta utilização abrangente e progressiva é aquela que a própria realidade dos compartes organizados está a fazer no seu dia a dia, com inteiro aprazimento dos compartes e das entidades tutelares, quando funcionam.

Daqui resulta que, em nosso entender, os legisladores de 93, não só desconheciam o percurso histórico dos baldios, como a sua realidade concreta, no momento em que legislavam.

Pelo exposto, entendemos que na expressão *"outras fruições"* constante do texto legal em análise, se deve incluir todas aquelas que se deixam mencionadas e outras semelhantes, já que a enumeração constante da parte final do dito art. 3.º é, meramente, exemplificativa ou como aí se diz a "regra"[146].

ARTIGO 4.º
Apropriação ou apossamento

1. Os actos ou negócios jurídicos de apropriação ou apossamento, tendo por objecto terrenos baldios, bem como da sua posterior transmissão, são nulos, nos termos gerais de direito, excepto nos casos expressamente previstos na presente lei.

2. A declaração de nulidade pode ser requerida pelo Ministério Público, por representante da administração central, da administração regional ou local da área do baldio, pelos órgãos de gestão deste ou por qualquer comparte.

3. As entidades referidas no número anterior têm também legitimidade para requerer a restituição da posse do baldio, no todo ou em parte, a favor da respectiva comunidade ou da entidade que legitimamente o explore.

Fontes: art. 2.º do Dec.-Lei n.º 39/76 ; arts. 1.º e 3.º do Dec.-Lei n.º 40/76, ambos de 19/01/76 e art. 82.º n.º 4, al. b) da CRP (Revisão de 89 e 99) e art. 89.º n.º 4, al. c) da CRP de 76 e Revisão de 84.

Comentário:

X. NULIDADE DOS ACTOS E NÓCIOS JURÍDICOS QUE INCIDEM SOBRE OS BALDIOS

1. No art. 2.º do Dec.-Lei n.º 39/76 começava-se por se afirmar o princípio geral: *"Os terrenos baldios encontram-se fora do comércio jurídico"* e, depois, tiravam-se as consequências jurídicas desta situação: *"não podendo* (por isso) *, no todo ou parte, ser abjecto de apropriação privada, por qualquer forma ou título, incluída a usucapião"*.

---

[146] Sobre a possibilidade de "outras fruições" ver pág. 98 e segs..

76 Comentário à Nova Lei dos Baldios

Conforme se deixa dito atrás, no comentário ao art. 1.°, este ponto: "inalienabilidade" dos baldios, constituiu um dos grandes "cavalos de batalha" na luta pró e contra o Dec.-Lei n.° 39/76.

Nos arts. 89.° da CRP de 76 e Revisão de 82 e no art. 89.° do mesmo diploma legal de 76 e Revisão de 82, não se faz expressa referência à nulidade dos actos de disposição ou apossamento sobre os baldios, mas tal conclusão resulta do facto de os baldios terem sido integrados no "sector público" na CRP de 76 e Revisão de 82 e no "sector social" nas Revisões seguintes.

No art. 4.° da Lei n.° 68/93 não se faz a afirmação expressa do princípio de que os baldios estão "fora do comércio jurídico", mas tiram-se as mesmas consequências legais, considerando com nulos todos *os actos ou negócios de apropriação ou apossamento*", devendo a "usucapião" considerar-se abrangida pela expressão *"actos de (...) apossamento"*, já que, se assim não for, fica tal expressão sem qualquer sentido e conteúdo.

Na verdade, compreende-se que os "negócios jurídicos", como abaixo melhor demonstraremos, sejam "nulos": são *actos jurídicos*. Mas, quanto aos "actos de apossamento" dos "terrenos baldios", que não passam de meros actos materiais, tal declaração de "nulidade" tem de se entender em termos hábeis

Com efeito, um acto material não se pode anular. Consome-se na sua própria prática. A Lei só pode actuar sobre os seus efeitos jurídicos, tornando-os nulos.

É isso o que a Lei pretende dizer, quando comina de nulidade os actos materiais. Tais actos não têm efeito jurídicos, porque é como se tais actos não existissem.

O principal efeito jurídico que poderiam resultar de tais actos seria a "usucapião". Face a este normativo, nunca tal efeito se pode tirar dos actos que lhe podiam servir de base.

De resto esta nulidade (de efeitos) através da posse resulta, também, da própria natureza jurídica dos baldios[147], em razão da qual os baldios são insusceptíveis de posse conducente à sua aquisição por "usucapião".

Face às consequências atribuídas aos actos e negócios jurídicos que incidem sobre os baldios, teremos de concluir que eles continuam "fora do comércio jurídico".

A este respeito, veja-se o Ac. do Trib. da Rel. de Coimbra de 5/5/98, in "Col. Jurisp.", ano XXIII – 1998, Tomo III, pág. 7, onde se decidiu:

I. *"Decorre do artigos 1.° e 4.°, n.° 1 da Lei n.° 68/93 de 4 de Setembro – Lei dos Baldios – em conjugação com o artigo 82 da Constituição, que os terrenos baldios nem pertencem ao domínio público, nem pertencem ao domínio privado do Estado ou das autarquias, – constituem propriedade comunal dos moradores de determinada freguesia ou freguesias ou parte delas, que exercem a sua actividade no local".*

---

[147] Ver pág. 50.

Disposições Gerais

II. Actualmente, os baldios estão fora do comércio jurídico, sendo inalienáveis e insusceptíveis de apropriação provada por qualquer título, incluída a usucapião, e são administrados pelos compartes, nos termos da lei"[148].

O facto de, em circunstâncias muito especiais (art. 31.°) a presente lei permitir a alienação dos baldios, não significa que os mesmos tenham passado a ser alienáveis, antes pelo contrário, significa, exactamente, o contrário.

Na verdade, se os baldios tivessem passado a estar dentro do comércio jurídico, a Lei tê-lo-ia dito, claramente, enunciando tal princípio pela positiva e não enunciando, exactamente, todos os actos que sobre os baldios incidem estão feridos de nulidade, menos daqueles (poucos) expressamente previstos na Lei os quais só são permitidos em circunstâncias muito especiais e percorrendo trâmites legais complicados, tudo com vista a dificultar, mesmo nesses casos, a sua alienação.

Depois, conforme vimos no comentário que fizemos ao processo histórico da presente Lei, com a permissão autorizada no art. 31.° pretendeu-se "calar a boca" das forças políticas que invocando os "desenvolvimento" das populações serranas, outra coisa não queriam que ceder aos interesses do grandes "lobies" da construção covil e da indústria, abrindo uma "estreita" excepção para se evitarem as críticas e fazer frente, o melhor possível a tais "lobies".

Dito isto:

2. *"Consideram-se fora do comércio jurídico todas as coisas que não podem ser objecto de direitos privados, tais como as que se encontram no domínio público e as que são, por natureza, insusceptíveis de apropriação individual"* diz o art. 202.°, n.° 2 do Cód. Civil.

O Código Civil só se não refere às *"coisas comunitárias"*, porque, na altura da sua publicação, tais *"coisas"* não eram reconhecidas pelo nosso ordenamento jurídico, mas, a verdade é que a razão que ditou a "inalienabilidade" das coisas públicas está, igualmente, por detrás das "coisas comunitárias", isto é, daquelas que são objecto de "propriedade social"[149].

Ora, dispõe, ainda, o art. 294.° do mesmo Cód. Civil que *"os negócios jurídicos celebrados contra as disposições legais de caracter imperativo são nulos, salvo no caso em que outra coisa resulte da lei"*.

Acontece que da lei em apreço consta, exactamente, tal nulidade e, ainda que não constasse, sempre ao mesmo resultado, teríamos de chegar por força do art. 208.°, n.° 1, do mesmo Código, já que qualquer contrato de alienação que incida sobre os terrenos baldios, salvo os previstos no art. 31.°, teria um objecto "legalmente impossível".

---

[148] No mesmo sentido: Parecer da Proc. Ger. Rep. n.° 136/78 de 20/7/78, in BMJ 284, 42; Parecer da Proc. Ger. Rep. n.° 166/82 de 24/2/83, in BMJ 331, 123 e Parecer da Proc. Ger. Rep. n.° 166/82 (?), de 18/4/85, in BMJ 348, 136.

[149] Vide supra o capítulo sobre a "Natureza Jurídica dos Baldios", pág. 43 e segs..

78 Comentário à Nova Lei dos Baldios

Esta nulidade, de acordo com o art. 286.° é invocável a todo o tempo por qualquer interessado e pode ser declarada oficiosamente pelo tribunal.

3. De resto, o entendimento de que os baldios "estão fora do comércio jurídico" já vem desde a publicação do Cód. Civil de 1867 onde se dizia que *"estão fora do comércio jurídico, por sua natureza, aquelas (coisas) que não podem ser possuídas por algum indivíduo exclusivamente e, por disposição da lei, aquelas que a mesma lei declara irredutíveis a propriedade particular"* (art. 372.°).

Ora, o art. 381.° definia como *"coisas comuns"* aquelas *" não individualmente apropriadas, das quais só é permitido tirar proveito, guardados os regulamentos administrativos, aos indivíduos compreendidos em certa circunscrição administrativa, ou que fazem parte de certa corporação pública".*

Com base nestes normativos, Dias Ferreira concluiu que *" o Código excluiu do quadro do direito civil as coisas que não estão no comércio, que não podem ser objecto de apropriação, nem de contrato"*, acrescentando que *" as coisas que estão fora do comércio jurídico são completamente estranhas ao domínio do direito civil, não podendo ser objecto de apropriação, nem pelo modo originário da ocupação, nem pelo derivado dos contratos ou disposições da última vontade"*[150].

Também Manuel de Andrade entendia que as coisas públicas e comuns *"não podiam ser objecto de quaisquer outros negócios jurídicos de direito privado"*[151].

Finalmente, Marcelo Caetano, já no domínio do Código Administrativo de 1940 e do Código Civil de 1966 escreveu:

"Quando se diz que uma coisa está no comércio jurídico ou é juridicamente comerciáveis, quer-se exprimir a susceptibilidade de essa coisa ser objecto de direitos individuais. As coisas fora do comércio jurídico não podem, por sua natureza ou por disposição da lei, ser objecto de direitos individuais, nem consequentemente de prestações: não podem ser reduzidas a propriedade privada ou ser objecto de posse civil, nem sobre elas se podem fazer quaisquer contratos de direito civil"[152].

Por seu lado, a Procuradoria Geral da República, no seu Parecer n.° 166/82, de 24/2[153], foi de entender que, por estarem fora do comércio jurídico, *"os baldios não podem ser objecto, sequer, de contrato de arrendamento".*

Esta posição radical, sempre nos pareceu duvidosa, porque os contratos de arrendamento não são "actos de disposição", mas sim, "actos de mera administração" e, por isso, sempre a entidade administradora (Assembleia de Compartes) poderia praticar tais actos, sem pôr em causa a natureza jurídica dos baldios.

Depois, o art. 15.°, alíneas c) e d) do Dec.-Lei n.° 39/76 falava em *"rendas anuais"*, relativamente a certas utilizações dos baldios, o que parecia pressupor

---

[150] *Código Civil Anotado*, pág. 370 e segs. No mesmo sentido Cabral Moncada, in *Lições de Direito Civil*, parte geral, 2ª ed. vol. II, pág. 17 e 93 e segs.

[151] *Teoria Geral da Relação Jurídica*, 1966, pág. 293.

[152] *"Manual de Direito Administrativo"*, 9ª ed. reimpressa, tomo II, págs. 891 e 892.

[153] Publicado no BMJ 331,123 e segs.

Disposições Gerais

que tais terrenos poderiam ser *"arrendados"*, sem que tal facto implicasse, necessariamente, a ser entrada no *"comércio jurídico"*.

Hoje, conforme veremos na anotação aos art. 10.° da presente Lei, os baldios
"podem ser objecto (…) de cessão de exploração", sob certas condições enquanto
que os "arrendamentos" têm o mesmo tratamento por força do n.° 1 do art. 35.°.

Assim se percebe que os baldios só "entrassem no comércio jurídico" se
fossem "desafectados" nos termos da sec. II do título VI, do C. Adm..

4. Na declaração desta nulidade deve, contudo ter-se em conta o disposto
no art. 291.° do Cód. Civ. que refere casos em que s e verifica a *"inoponibilidade
da nulidade e anulação"*.

Dispõe tal art.°:

*1. "A declaração de nulidade ou anulação do negócio jurídico que res-
peita a bens imóveis ou móveis sujeitos a registo, não prejudica os direitos
adquiridos sobre os mesmos bens, a título oneroso, por terceiros de boas fé, se o
registo da aquisição for anterior ao registo da acção de nulidade ou anulação ou
ao registo do acordo entre as partes acerca da invalidade do negócio".*

*2. "Os direitos de terceiros não são, todavia reconhecidos, se a acção for
proposta e registada dentro dos três anos posteriores à conclusão do negócio".*

*3. "É considerada de boa fé o terceiro adquirente que no momento da
aquisição desconhecia, sem culpa, o vício do negócio nulo ou anulável ".*

A primeira questão que se pode pôr na interpretação deste art.° é a de saber
se, no n.° 1, a expressão "sujeitos a registo" se refere aos "bens imóveis e móveis", ou só a estes.

Poder-se-á argumentar que só se refere aos "móveis" porque, no tocante aos
imóveis tal referência seria desnecessária, uma vez que todos os imóveis estarão
sujeitos a registo.

Só que parece que assim não será.

Efectivamente, de acordo com o art. 1.° do Cód. do Reg. Predial (DL 533/99
de 11/12) repetindo o mesmo normativo do anterior (DL 224/84 de 6/7) *"o registo
predial destina-se essencialmente a dar publicidade à situação dos prédios,
tendo em vista a segurança do comércio jurídico, imobiliário"*.

Ora, acontece que, conforme resulta da natureza jurídica dos baldios como
"bens comunitários", estes não são, nem jurídica nem economicamente, "prédios", mas "bens comunitários" afectos à satisfação de certas necessidades colectivas (art.° 82.°, n.° 4, al. *b* da CRP).

Como emanação deste princípio e de acordo com o n.° 1 do art. 4.° da Lei
n.° 68/93, os baldios, na sequência do disposto no art.° 2.° do Dec.-Lei n.° 39/76,
"estão fora do comércio jurídico", como vimos[154].

---

[154] Vide o comentário abaixo, sobre este ponto: *"O s baldios estão fora do cumér-
cio jurídico"* – pág. 75 e segs..

80   *Comentário à Nova Lei dos Baldios*

Assim sendo, escapam ao comando legal do art. 1 do C. R. Pred., não estando sujeitos a registo[155].

Desta sorte, em nosso entender, o art. 291.° do Cód. Civil não tem aplicação aos baldios, pelo que a declaração de nulidade dos actos de disposição que sobre eles ocorram, pode sempre ser pedida em juízo, salvo se sobre eles funcionou a usucapião a favor de quem andou na sua posse tempo suficiente para tal forma de aquisição originária funcionar, na altura em que entrou em vigor o Dec.-Lei n.° 39/76.[156]

5. Apesar de estarem *"fora do comércio jurí*dico", sempre entendemos que as entidades a quem a sua administração pertence (Assembleias de Compartes e, hoje, também as Juntas de Freguesia, nos casos expressamente previstos no art. 36.°) podem praticar sobre os baldios actos de gestão e administração que, sem afectarem a natureza jurídica dos baldios, se limitam a criar para tais entidades e destinatários de tais negócios direitos e obrigações regulados pelo direito civil.

Assim, por exemplo: venda das resinas; venda das madeiras; venda dos matos e outras limpezas necessários (até para evitar a propagação dos fogos); autorização de exploração de águas minero medicinais e outras, exploração mineira, saibreiras, massa minerais, energia eléctrica, etc.

Tais actos nos parecem perfeitamente legítimos não só porque sempre foram praticados e fazem parte do aproveitamento tradicional dos baldios, mas, sobretudo, porque não afectam os baldios em si, nem sobre eles fazem recair qualquer onus ou encargo, mas constituem, apenas, actos de administração que "obrigam", tão somente, as entidades encarregadas desta administração ou gestão.

Quando a Lei retirou os baldios do *"comércio jurídico"* pretendeu, apenas (e já não foi pouco!) evitar que eles, no todo ou em parte, pudessem *"ser objecto de apropriação privada por qualquer forma ou título, incluída a usucapião"*, como se dizia no art. 2.° do Dec.-Lei n.° 39/76 e hoje, por outras palavras, se diz no art. 4.° que estamos a comentar.

Obviamente que tais utilização dos baldios nunca pode pôr em causa o uso e fruição tradicional dos baldios pelos seus compartes.

Daqui concluirmos que sobre os baldios podem recair contratos de direito privado, no desenvolvimento normal da sua administração, pelas entidades legalmente, encarregadas da sua administração, **desde que correspondam a utilizações básicas para a desenvolvimento sócio-económico do país e de tais actos não resulte a possibilidade de uma apropriação privada que impeça a sua utilização comunitária normal e tradicional, pelos seus compartes.**

---

[155] **Esta é, de resto, a orientação pacífica da Direcção Geral dos Registos e Notariado, recusando-se sistematicamente e com tal fundamento, a registar as acções que versam sobre baldios.**

[156] A este respeito ver o ponto "Os baldios e o Usucapião", pág. 54.

Disposições Gerais 81

6. Esta interpretação está de acordo com os arts. 10.° e 35.°, e, na linha do disposto no art. 3.° do Decreto n.° 5.787iiii, de 10 de Maio de 1919, que, como abaixo veremos mais em pormenor[157], permite a exploração das águas subterrâneas existentes nos baldios, já que tal actividade em nada prejudica o uso comunitário tradicional dos mesmos terrenos.

Supomos ser este o pensamento que está, igualmente por detrás do disposto na alínea d) do art. 15.° do Dec.-Lei n.° 39/76 que, apesar do art. 2.°, permitia a constituição, nos baldios, de *"zonas de reserva, protecção ou predominantemente produtoras de serviços de interesse colectivo"*.

XI. QUEM TEM LEGITIMIDADE PARA "DEFENDER" OS BALDIOS

1. Depois da publicação da Lei n.° 68/93, grande parte das dúvidas que a este respeito pairavam durante a vigência do Dec.-Lei n.° 39/76 desapareceram. Efectivamente, o n.° 2 do art. 4.° dispõe de uma maneira que parece clara o seguinte: *"A declaração de nulidade pode ser requerida pelo Ministério Público, por representante da administração central, da administração regional ou local da área do baldio, pelos órgão de gestão deste ou por qualquer comparte"*.

Face a este normativo passam a ter legitimidade para arguir a nulidade dos "actos de disposição" ou de "apossamento" sobre os baldios as seguintes entidades:

1.1. O Ministério Público. (Pena que tão poucas vezes o faça!).

1.2. O Representante da administração central: o Governador Civil do Distrito onde o baldio se situa e/ou qualquer Serviço do Ministério da Agricultura com actividade na área do baldio).

1.3. O Representante da administração Regional da área do baldio que só poderá funcionar quando for institucionalizada a "Regionalização";

1.4. O Representante da administração local (Câmara Municipal ou Junta de Freguesia) da área onde o baldio se situe;

1.5. Os órgãos de gestão do baldio e

1.6. Qualquer comparte.

2. Apesar de parecer clara, tal disposição legal, para além de discutível na ordem que indica (porque razão é que os "órgãos de gestão" dos baldios, quando existam e os próprios "compartes" ficaram para último lugar, quando a filosofia da própria lei: *"devolução dos baldios aos seus compartes"*, parecia impor que se começasse, exactamente, por aí?) tal disposição legal, repete-se levanta, ainda, algumas sérias dúvidas de interpretação.

Na verdade, durante a vigência do Dec.-Lei n.° 39/76 era jurisprudência mais ou menos assente que, apenas as Assembleias de Compartes, representadas pelos Conselhos Directivos tinham legitimidade para intentar acções judiciais

---

[157] Vide abaixo o cap. "Direitos adquiridos sobre os baldios", pág. 84 e segs..

82   *Comentário à Nova Lei dos Baldios*

reivindicando ou defendendo os baldios de qualquer ataque. As juntas de freguesia e as câmaras municipais não tinham legitimidade para intentarem em juízo qualquer acção relativa aos baldios.

A ilegitimidade das Juntas só cessava nos casos previstos no art. 3.° do Dec.-Lei n.° 40/76 e, eventualmente, nos casos em que não estando, ainda, constituída a assembleia de compartes, tal falta não lhes fosse imputável, isto é, não resultasse do "boicote" daqueles organismos, recusando-se a elaborar o recenseamento e a convocar a 1ª Assembleia, nos termos do art. 18 do citado Dec.-Lei n.° 39/76. Em tais casos era-lhes reconhecida legitimidade, até em razão do art. 19.° do Dec.-Lei n.° 39/76, que lhes atribuía uma parte das receitas dos baldios, enquanto as assembleias de compartes, não estivessem constituídas[158].

Quanto à legitimidade do Estado, só lhe era reconhecida, quando os baldios estavam sujeitos ao regime florestal e o Estado intervinha na defesa dos interesses dos Serviços Florestais[159].

Aos compartes não era reconhecida qualquer legitimidade[160].

Com o n.° 2 do art. 4.° da Lei 68/93 pretendeu dar-se resposta às dúvidas levantadas na vigência dos Decs.-Lei n.°s 39 e 40/76 e, por isso, hoje a questão da legitimidade põe-se em termos diferentes e disso dão conta as decisões dos Tribunais Superiores[161].

Para além do mais, abriu-se o leque da "legitimidade activa", contemplando os próprios compartes que foi, na prática, a melhor "porta" aberta para defender os baldios da ganância dos grandes, designadamente, das juntas de freguesia que continuam a apoderar-se dos baldios e dos seus rendimentos, passando por cima dos interesses dos "compartes".

---

[158] A este respeito ver o n/ *"Comentário à(s) Lei(s) dos Baldi*os", ed. Almedina, pág. 87; ver, ainda, os seguintes arestos dos Tribunais Superiores: Ac. Rel. Coimbra de 13/11/79, in *"Colect. Jurisp."*, ano VI, tomo 5, pág. 1411; ac. do mesmo Tribunal de 4/3/86, in *"Colect. Jurisp."*, ano XI, tomo 2, pág. 75; ac. do mesmo Tribunal de 14/5/85, in *Colet. Jurisp.*, ano X, tomo 3, pág. 75; ac. Rel. Porto de 4/6/87, in *"Colect. Jurisp."*, ano XII, tomo 3, pág. 180; ac. do STA de 14/12/86, in BMJ 362, 394.

[159] Vide ac. Rel. Porto de 19/6/86, in *"Colect. Jurisp."*, ano XI, tomo 3, pág. 220

[160] Vide ac. Rel. Coimbra de 2/12/92, in *"Colect. Jurisp."*, ano XVII, tomo V, pág. 67.

[161] Vide, entre outros, o ac. Rel. Coimbra de 7/5/91, in BMJ 407, 636 (sumário); ac. Rel. Coimbra de 8/2/94, in *"Colect. Jurisp."*, ano XIX, tomo I, pág. 35; ac. Rel. Coimbra de 12/4/94, in *"Colect. Jurisp."*, ano XIX, tomo II, pág. 31; ac. STJ de 19/2/98, in *"Colect. Jurisp."* (Acs. STJ) Ano VI, tomo I, 1998, pág. 90.

Quanto a este acórdão temos sérias dúvidas que a Junta que se apresenta na "*qualidade de órgão representativo da autarquia*" tenha a legitimidade que invoca, pois tal legitimidade provém não desta qualidade, **mas sim da circunstância de tal Junta ser, de facto, a administradora do baldio objecto da acção** (art. 36.° n.° 1 da Lei n.° 68/93).

Na hipótese de terem sido os "compartes" a recorrer a juízo pode levantar--se a hipótese da sua "sucessão" em caso de morte do(s) que interveio ou intervieram.

Porque a qualidade de "comparte" não se transmite por morte, entendemos que a instância se extingue por impossibilidade superveniente da lide[162]. Poderá é novo comparte vir, nos termos do art. 320.°, al. a) do CPC, requerer a sua intervenção, a qual é admissível a todo o tempo, enquanto não estiver definitivamente julgada a causa (art. 322.°, n.° 1).

Assim, por uma questão de cautela e celeridade, deverá a acção ser intentada por vários compartes. Nem que morra um ou outro, ficam os demais...

3. A legitimidade processual das juntas de freguesia resulta do facto de, nos termos do art. 36.°, n.° 1 da presente Lei, elas terem "legitimidade" para continuarem na administração de baldios que, no todo ou em parte, tenha sido transferida, de facto, para tais entidades administrativas.

Se têm legitimidade para administrar, logicamente, têm legitimidade para recorrerem a juízo.

Daqui resulta que a "legitimidade processual" de tais entidades só existe, porque elas exercem a *"gestão"* de tais baldios, em nome da "comunidade" a que pertencem e não por serem o órgão executivo da autarquia[163].

Ora, conforme veremos abaixo, aquando do comentário a este normativo e aos n.°s 4 e 5 do art. 33.°, tal "legitimidade para administrar" cessa se as juntas se recusaram a fazer o recenseamento dos compartes, com vista à sua constituição em assembleia de compartes.

Nessa hipótese, perdem, também, a legitimidade processual que lhes é reconhecida pelo n.° 2 do art. 4.° da Lei n.° 68/93.

4. Antes de terminar este ponto da "legitimidade", convém levantar aqui uma questão que, parecendo, embora lateral, pode não ser despicienda.

A questão é esta: a legitimidade das entidades referidas no n.° 2 do art. 4.° tem em vista a "declaração de nulidade" dos actos ou negócios jurídicos de apropriação ou apossamento sobre os baldios.

O n.° 3 do mesmo art. 4.° atribui às entidades referidas no número anterior legitimidade para requerer a restituição da posse.

E nos demais casos em que o direito dos compartes seja ameaçado ou ofendido, tal como os limites do baldio e outros não abrangidos nos dois n.°s do art. 4?

A lei nada diz quanto a atribuição genérica de legitimidade processual, relativamente a todas as questões que tenham como objecto os baldios.

Obviamente que, se a Assembleia de Compartes se encontrar constituída, tal questão não se põe, pois tal legitimidade resulta da alín. *o*) do n.° 1 do art. 15.°.

---

[162] Neste sentido, ver o Ac. da Rel. do Porto de 9/02/93, in BMJ, 424, 732.

[163] Vide ac. STJ de 20/1/99, in *"Colect. Jurisp."* (Acs. STJ) Ano VII, tomo I, pág. 53.

84   *Comentário à Nova Lei dos Baldios*

E se não se encontra constituída?

Entendemos que as mesmas entidades podem intentar as acções necessárias, por aplicação analógica de tais preceitos (n. 2 e 3 do art. 4.º) salvo quanto às juntas que andando na administração de facto dos baldios (n.º 1 do art. 36.º) deixaram de cumprir a obrigação que sobre elas impendia, por força dos n.ºs 4 e 5 do art. 33.º.

Pelas razões atrás expostas, perdendo elas o direito de administrar, perdem, também, o direito de agir processualmente.

XII. REGISTO DAS ACÇÕES SOBRE BALDIOS

Conforme verificamos, ao tratar da *"natureza jurídica dos baldios"*, estes estão fora do comércio jurídico e nem, têm obrigatoriamente, de estar inscritos na matriz predial rústica[164].

Os baldios não são "prédios", mas terrenos sujeitos a um afectação especial[165].

Assim, por força dos arts. 1.º, 2.º e 3.º do C.R.Pred., as acções sobre baldios não estão sujeitas a registo, porque destinando-se *"o registo, essencialmente, a dar publicidade à situação dos prédios, tendo em vista a segurança do comércio jurídico"* (art. 1.º) os baldios não são "prédios" e estão "fora do comércio jurídico".

Porque estão "fora do comércio jurídico", não são abrangidos nem pelo art. 2.º e 3.º, mencionados.

De resto, tanto quanto sabemos, esta tem sido, a jurisprudência dos tribunais portugueses e dos Serviços das Conservatórias e Notariado.

Das centenas de casos em que intervimos nunca foi obrigatório registar a acção.

XIII. DIREITOS ADQUIRIDOS SOBRE OS BALDIOS

1. As Águas Exploradas nos Baldios

1. A Doutrina e a Jurisprudência dominante tem sido no sentido de que *"as águas que nascem em terreno baldio bem como as suas águas subterrâneas são águas públicas, nos termos do art. 1.º, n.º 5 do decreto 5.787 iiii, de 10 de Maio de 1919"; "Como bens do domínio público, tais águas eram imprescritíveis na vigência do decreto n.º 5.787iiii (arts. 372.º e 479.º do C. Civil de 1867), continuando a sê-lo no regime do C. Civil de actual (art. 202.º, n.º 2)*[166].

---

[164] Vide págs. 75 e segs. e 140 e segs.

[165] Vide atrás, pág. 48 e segs.

[166] Neste sentido ver Ac. da Rel. do Porto de 10/07/95, in *"Colect. De Jurisp."*. ano XX 1995, Tomo IV, pág. 176 e segs..

No mesmo sentido se pronunciou o Ac. do STJ de 5 /06/96[167] que acrescenta: *"A enumeração que o art. 84.°, als. a) e c) da Constituição da República faz das águas não é taxativa", (...) "As águas do domínio público só passaram ao domínio particular nos casos taxativamente indicados no art. 1.386.°, n.° 1, als. d), e) e f) do Cód. Civil de 1966".*

1.1. *Argumentos favor da tese dominante:*

1.1.1. O facto de os baldios serem prescritíveis no domínio do Cód. Civil de 1867 e no domínio do actual, de acordo, aliás com toda a Doutrina e Jurisprudência que indicam[168], não significa que as águas que neles nasçam ou neles existam subterraneamente sejam, igualmente prescritíveis, pois a natureza de "bem comum" dos baldios não se estende a tais águas.

1.1.2. Tais águas que eram "comuns" por força do decreto n.° 8 de 1 de Dezembro de 1892 (e Cód. Civil de 1867) passaram ser "públicas" por força do art. 1, n.° 5 do Decreto n.° 5.787iii.

1.1.3. No ordenamento jurídico anterior ao Cód. Civil de 1966 são dois os critérios fundamentais para a distinção entre águas públicas e privadas:
– Condição jurídica do solo e
– Uso directo e imediato do público.
Depois:

1.1.4. Guilherme Moreira[169] sempre defendeu que "em terrenos públicos pode haver águas particulares, do mesmo modo que em prédios particulares pode haver águas públicas que, sendo utilizadas por todos, se devem considerar públicas, ou em relação às quais há uma limitação ao direito de propriedade no domínio público".

1.1.5. As próprias águas das fontes e nascentes existentes em terrenos particulares eram, no domínio do Cód. Civ. de 1867, imprescritíveis (§ único do art. 444.°).

1.1.6. A enumeração que o art. 84.°, n.° 1, als. *a*) e *c*) da Constituição da República faz das águas do domínio público não é taxativa.

1.1.7. Nos termos do art. 1.386.°, n.° 1, cuja enumeração é taxativa, só ficaram consagradas como particulares:
– As águas originariamente públicas que tenham entrado no domínio privado até 21 de Março de 1868, por preocupação, doação régia ou concessão (al. *d*)
– As águas subterrâneas existentes em terrenos públicos, municipais, ou de freguesia, exploradas mediante licença e destinadas a regas e melhoramentos agrícolas (al. *f*).

---

[167] In BMJ 458, 237.

[168] Vide Antunes Varela, RLG, 121, 126 e Acs. Rel. Porto de 3/11/81; Col., Ano VI, tomo 5, pág. 244 e Ac. Rel. Porto de 18/4/91, *"Col. Jurisp."*, Ano XVI, tomo 2, pág. 276.

[169] In *"As Águas no Direito Civil Português"*, Vol. I, pág. 259.

86   *Comentário à Nova Lei dos Baldios*

1.2. **Crítica:**

1.2.1. Parece-nos que o afirmado no ponto 1.1.1 é, desde logo, contrariado pelo que consta do ponto 1.1.2, onde se afirma que quer o Código Civil de 1867, quer decreto n.º 8 de 1 de Dezembro de 1892, consideravam que as águas nascidas e existentes nos subsolos dos baldios tinham a mesma natureza que estes, isto é, eram "comuns".

Igual solução se verificava em relação à legislação anterior ao Cód. Civil de 1867 que, igualmente, considerava "comuns" tais águas (vide "Ordenações", Livro 4, título 79).

Só a partir do Decreto n.º 5.787iiii (art. 1.º, n.º 5) é que as águas nascidas e existentes no subsolo dos "terrenos municipais e paroquiais" passaram a ser "públicas".

Quer dizer: até à publicação do Decreto n.º 5.787iiii, as águas dos baldios sempre tiveram a natureza jurídica destes.

1.2.2. Há, agora, que analisar o significado profundo desta "mudança".

De acordo com o Prof. Pires de Lima, tal "mudança" de qualidade ou natureza tem, sempre, de se entender *com um "grano salis"* já que *"o regime das águas públicas varia consoante estão sob a administração das autarquias locais (§ 1.º do art. 1.º) ou do Estado (§ 2.º). O § 1.º representa uma <u>reminiscência das antigas águas comuns</u>* (sublinhado nosso), *mas sem correspondência com estas, porque não deixam de ser públicas. Sucede, porém, que o legislador <u>lhes reconheceu certa individualidade</u>* (sublinhado nosso) *ou porque tais águas estão ligadas a terrenos municipais ou paroquiais ou porque a autarquia fez obras para as aproveitar"*[170].

Em nosso entender, a *"individualidade"* que o legislador lhes reconheceu, começa, logo, no facto de, apesar de passarem a ser "públicas", tais águas terem reservado das "comuns" a possibilidade de serem adquiridas e incorporadas perpetuamente no terreno a que se destinam por simples *"licença"* (arts. 30.º e 31.º do Decreto n.º 5.787iiii).

Na verdade, a "licença" nunca foi um modo de adquirir "águas públicas", mas, tão somente, um meio <u>precário</u> de as poder utilizar[171].

Assim sendo, porque razão não aceitar que tais águas sejam "prescritíveis", pelo menos, no domínio das Ordenações, do Código Civil de 1867 e do Decreto n.º 8 de 1/12/892?

Com efeito, se os baldios eram "prescritíveis", no domínio desta Legislação, como era doutrina e jurisprudência assentes[172], e tal realidade jurídica veio a ser

---

[170] Vide *"Lições de Direito Civil (Direitos Reais)"*, 3ª ed. pág. 122.

[171] Vide Prof. Pires e Lima, "Op. cit." pág. 180 e segs..

[172] Vide os AA. e a Jurisprudência indicados no ponto atrás: "Os Baldios e Usucapião", pág. 54.

Disposições Gerais 87

reconhecida, expressamente, pelo § único do art. 388.° do Cód. Administrativo de 1940 (que foi considerado como uma disposição legal meramente interpretativa) não se vislumbram razões de fundo que impeçam que estas águas gozem do mesmo estatuto dos terrenos onde se integram.

Aliás e em relação às águas adquiridas antes da entrada em vigor do Cód. Civil de 1867, o Trib. da Relação do Porto, através do seu ac. de 13/11/79 já decidiu que: *"As águas nascentes do baldios são susceptíveis de serem apropriadas por usucapião, desde que a sua posse perdurasse já há trinta anos, à data da promulgação do Cód. Civ. de 1867"*[173].

De resto, tal prescrição vem, expressamente, ressalvada no art. 438.° do citado Código para as *"águas não navegáveis nem flutuáveis"* que eram consideradas por tal diploma legal como *"comuns"*, conforme dispunha o n.° 2 do art. 381.°[174].

Em nosso entender, não vemos razão para que tal raciocínio se não mantenha até à entrada em vigor do Dec.-Lei n.° 39/76 .

É certo que, durante a vigência do Cód. Civil de 1867, o § único do seu art. 444.° remetia a regulamentação das "águas particulares" para os arts. 438.° e 439.°, podendo entender-se que, a partir da publicação de tal código, essas eram "imprescritíveis", pelo que, por maioria de razão, também as "águas comuns" o seriam e, depois da publicação do Decreto n.° 5.787iiii, já que o seu art. 1 n.° 5 considera públicas *"as águas nativas que brotarem nos terrenos públicos, municipais ou da freguesia (...) e as subterrâneas que nos mesmo terrenos existam"*.

Sendo "públicas" tais águas, pelo menos a partir de tal Decreto, sempre elas seriam imprescritíveis, quer por força do art. 339.° do código de 1867, quer por força o art. 1.385.° do Cod. Civil actual e arts. 33.° e 34.° do Decreto n.° 5.787iiii.

Pois, apesar do art. 444.° do Cód. Civil de 1867 e do art. 1.° n.° 1 da "Lei das Águas", afigura-se-nos que a questão da "prescritibilidade" das águas do baldios se continua a pôr.

Assim, no que tange ao art. 444.° deveremos notar que ele remete para os arts. 338.° e 339.°.

Quanto à remissão para o art. 338.°, já atrás dissemos o que nos parecia no sentido de que com tal remissão se deve entender no sentido de que a lei pretendeu respeitar a "prescrição" que se operou anteriormente à publicação do Código.

A questão só se pode pôr-se relativamente à remissa para o art. 339.°.

Queremos aqui dar a palavra ao Prof. Pires de Lima, quando ensinava: *"este regime de imprescritibilidade aplicado às correntes do domínio particular compreende-se mal e, dificilmente também se descobrirá a razão por que se declara-*

---

[173] In *"Colect. Jurisp."*, Ano VI, Tomo 5, pág. 243.

[174] O Prof. Pires de Lima, quando na *"Op. cit."*, pág. 153, se refere à "prescrição", só tom em consideração as "águas particulares" e as "águas públicas". Esqueceu-se das "águas comuns" e do disposto no n.° 2 do art. 381.°.

88   *Comentário à Nova Lei dos Baldios*

ram igualmente imprescritíveis as águas particulares das fontes e nascentes, nos termos do § único do art. 444.° que manda aplicar a estas águas o disposto no art. 339.°.

Sendo águas particulares, deviam como tais prescrever, porque sempre foi esse o regime das coisas particulares. Embora não se justifique bem esta anomalia ela tem uma explicação"[175] (...) "O que ditou a atitude do legislador foi a circunstância de a posse em matéria de águas ser, na generalidade dos casos, uma posse equívoca, que era impossível de determinar se era ou não era em nome próprio"[176].

Sendo a prescrição inaplicável às águas particulares, em nome da *"libertação da propriedade particular"*, no sentido de esta se afirmar como *"propriedade absoluta"*, conforme a lei de então presumia (art. 2.172.° do Cód. Civil de 1867) a verdade é que tal razão já não existia relativamente aos baldios que, não sendo propriedade de ninguém, era de todos, como "propriedade comum" ou "comunal" (vide art. 381.° do mesmo Código).

Não se impunha, pois, em relação aos baldios, a necessidade da sua "libertação".

Assim sendo, porque razão alterar a lei, relativamente às águas aí existentes, as quais sempre foram prescritíveis e, relativamente às quais, se não vislumbra a mesma razão para qualquer alteração?

Tanto mais que, embora imprescritíveis as águas das nascentes dos terreno particulares, a verdade é que estes terrenos, como um todo, continuavam sujeitos à lei da "prescrição" (art. 370.° do Cód. Civil de 1867) . Daqui resultando que verificando-se a usucapião quanto ao prédio, ela se estendia a todas as águas nele existentes e não adquiridas por terceiros.

Por sua vez, a seguir-se a tese de que as águas dos baldios eram sempre públicas, poderia acontecer o baldio ser adquirido por "prescrição" e as águas por "imprescritíveis" continuarem "públicas", o que se nos afigura uma "aberração" jurídica.

1.2.3. No tocante ao argumento tirado do art. 1.° n.° 5 da "Lei das Águas" temos a observar o seguinte[177]:

Esta disposição fala em *"águas nativas que brotarem em terrenos públicos, municipais ou da freguesia"* e nas *"pluviais que neles caiem, nas que por eles correrem abandonadas, nas águas subterrâneas que nos mesmo terrenos existam"*.

Este preceito contem em si uma gritante confusão de situações e conceitos que, desde logo, nos deve pôr de prevenção quanto ao seu verdadeiro conteúdo.

---

[175] *"Op. cit."*, págs. 161 e 162.

[176] *"Op. cit."*, pág. 166.

[177] No sentido de que tais águas são públicas ver o Ac. Rel. Porto de 10/07/95, in *"Colect. Jurisp."*, Ano XX, Tomo IV, pág. 176.

Assim: que sejam públicas as águas que brotarem e correrem nos "terrenos públicos" bem assim com as subterrâneas que neles existirem compreende-se.

Agora que sejam públicas as mesmas águas dos terrenos "municipais" ou da "freguesia", já é muito duvidoso.

É que terrenos "municipais" ou da "freguesia" não eram nem são os baldios.

Os terrenos "municipais" ou da "freguesia" eram aqueles que, nos termos dos arts. 34.° e 37.° do Cód. Civil de 1867, estas "corporações administrativas" tivessem adquirido como propriedade privada, no exercício de "todos os seus direitos civis" e de acordo com o § único do art. 382.° do Cód. Civil de 1867.

A que título, pois, serem também públicas as águas dos terrenos "particulares" dos municípios ou das freguesias que por força do citado § único do art. 382.° e, hoje, do art. 1.304.° do Cód. Civil de 1966, cujo domínio *está igualmente sujeito às disposições deste código"?*

Tais águas são particulares por força do art. 2.°, n.°s 1 e 3 da "Lei das Águas".

Quer dizer: há uma flagrante contradição entre o n.° 5 do art. 1.° e os n.°s 1 e 3 do art. 2.°.

A não ser que se considere que o n.° 5 do art. 1.° se refira, apenas, aos baldios…

E porque razão é que havemos de considerar que só se referem aos baldios, quando sabemos que no domínio do Cód. Civil de 1867 os baldios eram "coisas comuns", "pertencentes", indistintamente, a todos aqueles que residissem na área de uma certa circunscrição administrativa (art. 380.°)?

Poder-se-á aceitar que tais expressões abranjam, também, os baldios, mas nunca só os baldios.

Mas, mesmo assim, a confusão continua instalada.

Desta "imbróglio" só se poderá sair se fizermos do n.° 5 do art. 1.° da "Lei das Águas" uma leitura em *termos hábeis*, isto é, se fizermos de tal preceito a tal leitura restritiva e que consiste em retirar do mesmo artigo a expressão "municipais ou da freguesia" que, por conter em si uma contradição insanável, anula tal preceito.

E, assim, teremos que o dito preceito se refere, tão somente, às águas do "terrenos públicos" e tudo fica claro.

1.2.4. Quanto ao argumento utilizado no ponto 1.1.3 temos a observar o seguinte: que a *"condição jurídica dos solos"* e o *"uso directo e imediato do público"* são os dois *"critérios fundamentais"*, senão mesmo exclusivos, para a classificação das *"águas* (como) *públicas"*, não temos a menor dúvida.

Não vislumbramos é onde e como tais requisitos apontam no sentido de as águas nascentes e/ou subterrâneas existentes nos baldios se deverem considerar como "públicas".

Quanto ao primeiro requisito: *"condição jurídica dos solos"*, nunca os baldios foram considerados "propriedade pública", senão que "propriedade comum", *"comunal"* ou *"comunitária"*, com o agravante de, após a publicação do Cód. Civil de 1996, e segundo o entendimento dominante, os baldios terem sido considerados, mesmo, *"propriedade priva*da" das autarquias, embora sujeitas a uma "afectação especial"[178].

Daqui resulta que, segundo tal requisito, nunca as águas dos baldios se poderiam classificar como públicas, senão que como *"comuns"* ou *"particulares"*.

Quanto ao segundo requisito, as águas subterrâneas existentes nos baldios nunca estiveram no *"uso directo e imediato do público"* e o mesmo se diga relativamente às águas das nascentes, salvo daquelas que, eventualmente, tenham sido canalizadas, por alguma autarquia para "uso directo e imediato do público", através de "fontanários" ou "chafarizes", abertos ao mesmo público em geral.

Mas, quanto a estas nunca ninguém pôs em dúvida que são "públicas", não por nascerem num baldio, mas porque, por um acto expresso da Administração, foram postas à disposição directa e imediata do público.

A questão põe-se é quanto às outras (as que tendo nascido, ou jazendo no subsolo dos baldios são usadas por particulares, ou não são usadas por ninguém).

De acordo com os princípios que servem de base a este argumento, tais águas só podem ser **"comuns"** ou *"particulares"*, pois seguem a "natureza dos baldios, como então se entendia.

Do exposto resulta que, efectivamente, e como atrás se deixou dito, o art. 1.°, n.° 5 da "Lei das Águas", é uma "aberração" jurídica, derrogando todos os princípios que, a este respeito, enformam o ordenamento jurídico português, pelo que, também por esta razão, uma interpretação restritiva do seu conteúdo se impõe.

1.2.5. No tocante ao argumento n.° 1.1.4, retirado de Guilherme Moreira, parece-nos que tal argumento funciona, exactamente, no sentido contrário ao desejado.

Senão vejamos:

Que em terrenos públicos pode haver águas particulares não restam quaisquer dúvidas: basta que a sua aquisição por particulares esteja a coberto do art. 438.° do Cód. Civil de 1867 e do art.1.386.°, al. d) do Cód. Civil actual.

Quanto ao facto de em terrenos particulares poder haver águas públicas, também é ponto assente: basta que a administração pública as haja adquirido, para as pôr sob o *"uso e directo e imediato do público"* (fontanários e chafarizes públicos) como atrás já referimos.

Não vislumbramos é, como tendo presente tais considerações, se posa concluir que as águas do baldios são, forçosamente, públicas.

Podem ser ou não ser. Tudo depende da sua utilização e do título.

1.2.6. Quanto ao argumento do ponto 1.1.5 já dissemos o que nos parecia essencial na análise que fizemos o ponto 1.2.1, para onde remetemos o leitor.

---

[178] Vide atrás o ponto sobre *"A Natureza Jurídica dos Baldios"*, pág. 50 e segs..

Disposições Gerais

1.2.7. Contrariamente ao aí afirmado, entendemos que a enumeração constante do art. 84.º é, mesmo taxativa.

Efectivamente, se os legisladores constituintes entenderam que tal matéria (a definição do Domínio Público) tinha dignidade constitucional, não se percebe que tivesse deixado, sem ter dito expressamente, como fez no n.º 2 do mesmo art., que outra para leis comuns facilmente individualizáveis, integrem a Constituição.

Se assim não fosse, era como dar força constitucional a qualquer lei comum, por via interpretativa, o que seria a subversão do sistema constitucional, como "trave mestra" ou "alma mater." de todo o ordenamento jurídico português.

Depois, a verdade é que, pela própria redacção do texto constitucional, se verifica que os constituintes aí quiseram abranger todos os bens que constituem o "Domínio público" e, portanto, as todas as águas públicas.

Senão vejamos:

O texto não trata, apenas, das águas; trata de todos os "bens" que integram o "domínio público", aí incluindo as águas.

Essas águas são as referidas nas als. a) e c) e mais nenhumas.

Nem se diga, como o fazem os seguidores da corrente dominante, que no mesmo art.º se inclui uma alínea a *f*) que se refere a *"outros bens como tal classificados por lei"*.

Ora, como as águas dos baldios se integram nas "coisas imóveis" referidas pelo art. 204, n.º 1 al. *b*) do C. Civ., temos que "entram" na Constituição pela "porta" da al. *f*) do art. 84.º [179].

Esquecem os que assim afirmam que a alínea *f*) referida nada tem a ver com as águas. A alínea *f*) tem a ver "com outros bens como tal classificados" (como "públicos") por lei".

Esta alínea é uma espécie de "saco legal" onde cabem todos os demais bens classificados como públicos, por outras leis.

Quer dizer: não é o intérprete que os classifica como "públicos", mas sim a própria lei.

Ora, como vimos atrás, o art. 1.º n.º 5 da "Leis das Águas", não abrange aquelas dos baldios.

Logo não cabem na al. *f*).

1.2.7. No que tange ao argumento apontado no ponto 1.1.7 temos a dizer o seguinte:

É muito estranho que aqueles que defendem a enumeração não taxativa da Constituição sejam tão céleres a defenderem a enumeração taxativa do art. 1.386.º do Cód. Civ. que, como lei ordinária que é, está muito mais sujeita à sua integração por leis de igual força, do que a Constituição, a "Mãe de todas as leis".

---

[179] Vide Ac. STJ de 5/6/96, in BMJ 458, 237.

O facto de na al. *f)* deste art. só se referirem as *"águas subterrâneas existentes em terrenos públicos*, municipais ou da freguesia, exploradas mediante licença", não é, só por si, argumento bastante para considerarmos que as águas exploradas nos "baldios", sem licença, não possam ter entrado no domínio provado.

É que a referida alínea utiliza a formulação legal do n.º 5 do art. 1.º da "Lei das Águas" e já vimos atrás que a expressão "terrenos municipais ou da freguesia" abrange os bens particulares destas "corporações públicas". Se abrange ou não Os "baldios" é questão discutível, dada a sua natureza, mas admitindo que sim, teremos que em tal expressão cabem bens "comuns" (baldios) e bens "particulares".

Porque razão deixar de fora as águas destes "terrenos municipais ou da freguesia" adquiridas por usucapião?

E aí está, como a enumeração do art. 1.386.º do C.Civ. não é taxativa. Faltam lá tais águas: as dos terrenos (particulares) municipais ou da freguesia.

Mas se faltam estas, porque razão excluir as águas exploradas nos baldios que, também por usucapião, conforme atrás deixamos dito, hajam entrado no domínio privado?

Não vislumbramos qualquer razão.

Depois e como último e definitivo argumento: se as águas exploradas nos baldios só tiverem entrado no domínio particular através de licença, como se refere no art. 30.º da "Lei das Águas", centenas de milhares de propriedades rústicas e urbanas ficarão sem água, o que trará para a economia dos pequenos e médios agricultores um prejuízo incalculável e para a própria economia nacional.

E tal situação é profundamente injusta e repugna ao menor sentido de Justiça e Segurança exigível a qualquer ordenamento jurídico moderno.

Com efeito, ao longo de mais de 40 anos de advocacia, passaram-nos pelas mãos dezenas de milhares de questões de águas.

Nunca vimos qualquer exemplar da licença a que se refere o art. 30.º da "Lei das Águas".

Até pode ter acontecido que tais licenças tenham existido, mas num país de analfabetos, como tem sido o nosso, não se pode exigir que os campónios tenham um espólio de documentos e, muito menos, onde guardá-los. Se tais licenças existiram o documento que as titulava, pura e simplesmente desapareceu na voragem dos tempos.

Assim, se não se considerar como título válido a aquisição de tais águas por usucapião, temos que os seus eventuais proprietários só poderão invocar como título de aquisição a "preocupação" anterior a entrada em vigor do Cód. Civ. de 1867.

E como prová-la a mais de 123 anos de distância?

Se não têm documentos, só por arbitramento e testemunhas. Não há testemunhas vivas para fazer tal prova e o arbitramento, por mais que estique, dificilmente pode responder que as obras existentes são anteriores a 1867.

Disposições Gerais

Daqui resulta que o utente é espoliado das águas que quer ele, quer os seus antepassados têm possuído, há mais de cem anos, desde que tempos imemoriais[180]...

Isto é uma violência que se agrava depois da entrada em vigor do Dec.-Lei n.° 39/76 e da Lei n.° 68/93, em razão de os baldios terem ficado *"fora do comércio jurídico"*, como vimos.

É que se considerar que a licença é um acto de disposição (e face ao que dispõe os arts. 30.° e 31.° da "Lei das Águas", parece que não há dúvida que é), jamais os utentes de tais águas poderão regular a sua situação, já que quer as assembleias de compartes, quer os conselhos directivos ficam impedidos de passar tais licenças, até por tal acto de "alienação" não estar previsto na lei, como o exige a al. *j)* do art. 15.° da Lei n.° 68/93, como abaixo melhor veremos.

Esta situação cria um clima de insegurança e de incerteza intoleráveis.

Ora, a Lei é uma entidade viva que tem de responder às necessidades do tempo em que vigora, integrada no ordenamento a que pertence.

Por isso, o seu sentido nunca é definitivo e compete ao intérprete, tendo em consideração os grandes valores e interesses em que a lei se insere, extrair da mesma o seu sentido útil para o tempo em que se aplica. Daí as flutuações na Doutrina e na Jurisprudência, ao longo dos tempos, sobre os mesmos preceitos legais.

1.3. *Posição Adoptada:*

1.3.1. Os terrenos baldios, antes da entrada em vigor do Dec.-Lei n.° 39/76, sempre foram considerados como prescritíveis e, portanto susceptíveis entrar no domínio privado, por esta forma[181].

Assim sendo não se compreende que podendo o baldio, como um todo, ter passado ao domínio privado por usucapião, uma sua parte integrante (as águas nele existentes, mesmo as subterrâneas!) continuem imprescritíveis.

Esta contradição só tem, quanto a nós, uma explicação: aquando da publicação do Decreto 5.787iiii (1919) ainda não estava esclarecido legalmente, que os baldios fossem prescritíveis. Tal só veio a ser feito, embora com efeitos retroactivos, pelo § único do art. 388.° do Cód. Adm. de 1940.

Daqui resulta que o legislador de 1919 considerou que os baldios eram *coisa pública* das autarquias, conforme entendia uma certa corrente doutrinal

---

[180] O autor deste texto nunca mais esquecerá uma acção sobre águas originariamente públicas, sobre as quais invocava a "preocupação" e que perdeu, porque, no tempo em que bastava que se provasse que o aproveitamento se fazia há mais de 104 anos, só conseguiu provar *"há mais de cem anos"*...

[181] Vide Ac. Rel. Porto de 10/07/95, in *"Colect. Jursip."*, ano XX, Tomo IV, pág. 176 e Ac. STJ de 6/07/95, in *"Colect. Jurisp. – Acs STJ"*, Ano VII, Tomo IV, pág. 176 (supra citados).

94   *Comentário à Nova Lei dos Baldios*

e jurisprudencial[182] e, por isso imprescritíveis. Sendo *coisa pública,* também as águas neles existentes o eram.

Só que este pressuposto em que o legislador se baseou veio a ser subvertido pelo § único do art. 388.° do Cód. Adm. de 1940, com efeitos retroactivos.

Na verdade, e contrariamente aquilo que o legislador supunha, os baldios eram bens comuns sujeitos à "prescrição" (usucapião) por parte dos particulares.

Perante esta dualidade: baldios prescritíveis e as águas neles incorporadas imprescritíveis, há que tomar uma posição.

É certo que o legislador de 1919 considerou públicas as *"águas nativas que brotam em terrenos públicos, municipais ou da freguesia, as águas pluviais que neles ciarem, as que por eles correrem abandonadas e as águas subterrâneas que nos mesmos terrenos existam"* (art. 1.° n.° 5).

Sobre a interpretação deste dispositivo legal já atrás nos pronunciamos e para aí remetemos o leitor[183].

Aqui, apenas, queremos, por agora ressaltar, que o argumento "a fortiori" tirado da imprescritibilidade das águas particulares, resultante do arts. 444.° e 399.° do Cód. Civ. de 1867, não impedia a sua "prescrição" (usucapião) se todo o prédio onde existissem fosse usucapido.

Só que outrotanto, por força da doutrina e jurisprudência tradicionais, tal aquisição não se verificaria relativamente às águas do baldios se estes fossem também adquiridos por usucapião, por serem "águas públicas" e estas nunca serem "prescritíveis".

Tal solução levar-nos-ia à aberração jurídica de um baldio ter passado a terreno particular por usucapião e as águas que existiam no seu subsolo continuarem a ser "públicas", por serem imprescritíveis.

Não pode ser! As partes integrantes da "coisa" seguem o destino desta. Por isso, se o terreno passa a particular por usucapião, pela mesma razão a particulares passam as águas neles existentes e sobre as quais não haja direitos adquiridos.

Daqui resulta que as águas nativas que antes do Dec.-Lei n.° 39/76 brotavam nos baldios, as águas pluviais que por neles caiam, as que por eles corriam abandonadas e as águas subterrâneas que nos mesmos terreno existam, tinham a mesma natureza jurídica dos baldios, isto é, eram "águas comuns", sujeitas à prescrição, tal como acontecia com o terreno onde se situavam[184].

A não se entender desta forma e face à "contradição" que o § único do art. 388.° do Cód. Adm. veio estabelecer com o aludido n.° 5 do art. 1.° da "Lei das Águas", tem de se considerar que tal preceito, no que tange aos *"terrenos municipais ou da freguesia"* foi revogado por aquele preceito.

---

[182] Vide José Tavares, Teixeira de Abreu e Guilherme Moreira, in Ops. E págs. Cits."

[183] Vide atrás o ponto 1.2.3., pág. 88 e o ponto 1.2.4., pág. 89.

[184] Neste sentido, o Acs. Rel. Porto de 27/01/81 e 3/11/81, respectivamente, in *"Colect. Jurisp.",* Ano VI, Tomo I, pág. 141 e *"Colect. Jurisp.",* ano VI, tomo 5, pág. 243.

Disposições Gerais 95

Mas, se assim foi, pelo menos a partir da entrada em vigor do Cód. Adm. de 1940, as águas de tais terrenos passaram a ser "prescritíveis a elas se aplicando o § único do art. 99.° da "Lei das Águas" e o art. 1.390.°, n.° 2 do Cód. Civ. de 1966, já que só por lapso do legislador deste Cód. Civil as águas de tais terrenos, adquiridas por "prescrição aquisitiva" ou "usucapião, ficaram de fora da alínea *f)* do art. 1.386.° do Cód. Civ., cuja enumeração não é taxativa, como se viu atrás.

A solução da prescritibilidade das águas dos baldios ganhou um novo argumento com a publicação da Lei n.° 89/97 de 30 de Julho que no n.° 3 introduzido no art. 39.° veio a aceitar implicitamente, a aquisição por usucapião das servidões de águas nascidas fora do baldios e com assento sobre os baldios[185].

1.3.2. Vimos qual o regime das águas existentes nos baldios, no domínio do Cód. Civil de 1867, do Decreto n.° 5.767iiii e do Cód. Civil de 1966, até à publicação do Dec.-Lei n.° 39/76.

Antes de encerrarmos este capítulo convém ver qual o regime de tais águas, antes da entrada em vigor do aludido Cód. Civil de 1867.

Temos como assente que estas águas eram prescritíveis, conforme atrás dissemos[186].

Só que, se aderirmos à solução preconizada no n.° anterior, a invocação da usucapião anterior a tal código, não tem hoje qualquer interesse.

Efectivamente, hoje é, praticamente, impossível fazer qualquer prova directa dos actos de exploração e aproveitamento de tais águas em data anterior ao dito Código. Por isso, sempre, as obras de exploração e aproveitamento serão remetidas para o domínio do dito Cód. Civil, até porque é mais fácil fazer a prova dos elementos integradores da "usucapião" do que a "preocupação" no domínio das Ordenações e das leis gerais, como o alvará de 27 de Novembro de 1804 e a resolução de 17 de Agosto de 1775, o direito consuetudinário, o direito romano, os Códigos das nações cultas e algumas leis especiais sobre águas[187].

Se não aderirmos à solução proposta, ter-se-á de alegar e provar a sua aquisição nos termos do § único do art. 348.° do Cód. Civ. de 1867 ou, então, então se as considerarmos "públicas", ter-se-á de alegar e provar os factos suficientes para que se verifique a "preocupação" ou "concessão", como se deixa dito.

Resumindo: as águas dos baldios mantêm a natureza destes, e, por isso, quando os mesmos eram "prescritíveis", também tais águas o eram.

4.3. Após a publicação dos Decs.-Lei n.°s 39 e 40/76 e da Lei n.° 68/93 que colocaram "fora do comércio jurídico" os baldios, podem levantar-se algumas dúvidas sobre a manutenção em vigor do art. 30.° do Decreto n.° 5.787 iiii.

---

[185] Vide abaixo o comentário ao n.° 3 do art. 39.°, pág. 220.
[186] Neste sentido o Ac. Rel. Porto de 3/11/81, in *"Colect. Jurisp."*, Ano VI, Tomo 5, pág. 243.
[187] Vide Prof. Pires de Lima, Op. cit., pág. 136.

96   *Comentário à Nova Lei dos Baldios*

Quanto à aquisição por usucapião destas águas, não temos dúvida que tal forma originária de adquirir deixou de funcionar, desde logo, porque os baldios são insusceptíveis da posse que leve à usucapião e, por força do art. 4.º n.º 1 da presente Lei, os actos de posse privada sobre os baldios são nulos.

A questão pode colocar-se é quanto à possibilidade de tal água se poder adquirir, por "licença", nos termos do art. 30.º do Decreto n.º 5.787iiii.

Obviamente que tal licença, após o Dec.-Lei n.º 39/76 que devolveu os bens aos seus compartes e o n.º 1 do art. 1.º da presente Lei que se integra no art. 82.º, n.º 4, al. b) da CRP, só poderá ser passada pelos representantes das "comunidades locais", isto é, pela Assembleia de Compartes ou Conselho Directivo, conforme dispõe o n.º 1 do art. 11.º supra citado, pois é a estes a quem "a administração dos terrenos pertence", de acordo com o art. 30.º da Lei das Águas.

Se tal "licença" implicar um acto de alienação ou de disposição de qualquer parte integrante do baldio, é, em princípio nula por força do mesmo n.º 1 do art. 4.º e face à natureza jurídica dos baldios: *"bens comunitários fora do comércio jurídico"*.

Se se reduzir a um mero acto de administração ou gestão, então caberá dentro das competências das Assembleias de Compartes através dos Conselhos Directivos (art. 11.º, n.ºs 1 e 2 da presente Lei).

Ora, nos termos do art. 31.º do Decreto n.º 5.767iiii, *"as águas subterrâneas que tiverem sido exploradas mediante a competente licença entram no domínio particular, ficando o benefício que delas resulta perpetuamente incorporado nos prédios a que se destinam"*.

Quer dizer: as águas saem do domínio da "comunidade local" a quem o baldio pertence, passando o seu benefício a ser *" incorporado perpetuamente nos prédios a que se destina"*.

Isto basta para concluirmos que tal "licença" implica um acto de disposição de tais águas, pelo que por força do n.º 1 do art. 4, será nula.

Em contrário, porém, poder-se-á argumentar com o facto de tal licença se aplicar, também, aos "terrenos públicos" e estes estarem igualmente "fora do comércio jurídico" (art. 202.º, n.º 2 do Cód. Civil).

Só que, em relação aos baldios, para além do principio geral, há uma disposição legal que declara nulo tal acto (o supra dito art. 4.º, n.º 1) e a passagem de tal "licença" não cabe nas competências da Assembleia de Compartes, enumeradas no art. 15.º e 21.º da presente Lei.

A verdade, porém, é que no domínio do Dec.-Lei n.º 39/76, competia às Assembleias de Compartes resolver, sob proposta do Conselho Directivo, várias questões que abaixo se analisarão, entre as quais as que diziam respeito *"à utilização e captação de água"*.

Supomos ser ponto assente, até pelas razões históricas da publicação da presente Lei, que o Dec.-Lei n.º 39/76 era muito mais "restritivo" que a Lei actual, no que toca à "alienação" dos baldios.

Daí não se compreender que no domínio de legislação mais restritiva, tal matéria estivesse na disposição das Assembleias de Compartes, enquanto que, no domínio da legislação actual, mais permissiva, tal competência lhes não pertença.

Conforme veremos abaixo, quando fizermos a análise das competências das Assembleias de Compartes, a enumeração do art. 15.º não é taxativa e nelas cabem, por força de outras disposições, outras matérias não expressamente previstas.

Em todo o caso, aceitamos que a questão da águas nos baldios seja uma situação altamente controversa, na aplicação da "Lei dos Baldios"[188].

2. Servidões Sobre os Baldios

Conforme vimos atrás, antes da publicação do Dec.-Lei n.º 39/76, os baldios eram prescritíveis, até por força do único do art. 388.º do Cód. Adm.[189].

Desta sorte muitos terrenos baldios passaram a particulares por força da usucapião e alguns maninhos particulares terão passado a baldios, pela mesma razão.

Acontece, porém, que muitas vezes, as situações de posse particular sobre os baldios não abrangia a propriedade plena destes, mas tão somente, algumas utilidades em benefício de prédios seus.

Assim, antes da publicação do Dec.-Lei n.º 39/76, existiam nos baldios presas de água (poças ou tanques) destinadas a armazenar águas utilizadas em terrenos particulares; fazia-se, também, sobre os baldios caminho ou acesso a prédios particulares (urbanos e rústicos); viravam directamente sobre os baldios portas, janelas, eirados, terraços e varandas; sobre os baldios muitos prédios urbanos gotejavam as águas pluviais que eles caiam e para os mesmos baldios se fazia esgoto de águas sobrantes existentes em prédios superiores.

Se estas situações se mantiveram durante mais de vinte ou trinta anos à data em que o Dec.-Lei n.º 39/76 entrou em vigor, verificando-se todos os requisitos para que a usucapião tivesse funcionado, devem considerar-se constituídas as respectivas servidões sobre os ditos baldios, por esta razão.

Na verdade, se os particulares podiam adquirir *o mais* (a propriedade plena ou perfeita) sobre os baldios, por maioria de razão podiam adquirir *o menos* (a propriedade imperfeita, ou as servidões de presa, de trânsito, de vistas, de estelicídio, de esgoto, etc.)

De resto, hoje em dia, a constituição de servidões sobre terrenos baldios, nos termos gerais de direito, estão previstas no art. 30.º da presente Lei, com a

---

[188] Sobre a utilização das águas dos baldios para gastos domésticos, por mais de 5 anos, ver o Ac. da Rel. do Porto de 10/05/84, in *"Colect. de Jurisp."*, Ano IX, 1984, Tomo 3, pág. 262.

[189] Vide pág. 50.

98   *Comentário à Nova Lei dos Baldios*

redacção que lhe foi dada pela Lei n.° 89/97 de 30/6, conforme melhor veremos no comentário a este art.

3. OUTRAS QUESTÕES SOBRE BALDIOS

1. Questões relativas à delimitação dos baldios

1.1. Primeiro que tudo, há que assinalar deste já que os limites dos baldios nada têm a ver com os limites das autarquias locais.

Efectivamente, conforme vimos na análise histórica dos baldios, estes resultam da colonização do País e da distribuição das populações pelo território. Cada aglomerado populacional vivia sobre si, retirando o seu sustento da área cultivada e do incultos vizinhos que forneciam pastagens, estrumes, lenhas, madeiras, barro, pedra, etc., necessários à sua sobrevivência.

Destes incultos, alguns estavam ou foram estando individualmente apropriados e outros pertenciam à comunidade em "mão comum". Eram os baldios.

Acontece que a fixação das populações não se fazia de acordo com a divisão administrativa do País, nem mesmo religiosa.

Estas é que se faziam ou procuravam ajustar em função daquela.

Só que, ao estabelecer-se a divisão administrativas, particularmente a divisão das Freguesias através da Lei de 26 de Junho de 1830, não se respeitou a forma como as populações distribuíam as suas propriedades individuais e colectivas.

E, assim, é que aconteceu que estas propriedades se distribuíram, às vezes, por mais do que uma freguesia ou até concelho.

De resto esta pulverização na distribuição dos terrenos, por mais do que uma freguesia ou concelho passou a ser mais comum com a criação de novos concelhos e freguesias.

Isto é um facto notório, mas sobre ele já existem decisões judiciais e nós podemos indicar alguns exemplos que nos passaram pelas mãos: na A.O. n.° 51/ /89, que correu seus termos pelo Tribunal de Tondela, foi reconhecido à nova ferguesia de Tourigo, um baldio dentro da freguesia "mãe" de Santiago de Besteiros); na A.O. n.° 56/91 que correu seus termos pelo mesmo tribunal foi reconhecido um baldio de povoações da freguesia de S. João do Monte, dentro da freguesia vizinha de Mosteirinho (Ac. do STJ de 9/07/98 – Revista n.° 338/98 do STJ).

A verdade é que, apesar desta evidência, ainda hoje há quem decida que *"estendendo-se os baldios por mais do que uma freguesia, os habitantes ou moradores de cada uma delas só podem fruir comunitariamente **a parte do baldio situado na área da freguesia de que são moradores"***[190].

Entendemos que esta decisão nega a própria evidência: os limites do baldios nada têm a ver com os limites das freguesia. Esses baldios se são "comuns" aos habitantes de povoações de mais do que uma freguesia, tal significa que, quando

---

[190] Vide Ac. do STJ de 15/12/92, in BMJ 422, 309.

Disposições Gerais 99

o baldio se instituiu, satisfazia, desde logo, as necessidades de mais do que uma aldeia ou povoado que formavam uma "comunidade" espelhada por mais do que uma freguesia, ou que se veio a espalhar por mais da que uma freguesia em razão da divisão da freguesia, a partir da freguesia "mãe"[191].

De resto, com a entrada em vigor da presente Lei, tal questão está perfeitamente ultrapassada com o n.° 2 do art. 22.°, onde, expressamente, se reconhece que "as áreas dos baldios" se podem "situarem nos limites territoriais de mais de uma freguesia".[192]

1.2. O tribunal competente para conhecer e definir os limites do baldios é o Tribunal comum da comarca e nunca o Tribunal Administrativo conforme decidiu o STJ no seu Ac. de 28/01/75, in BMJ, 243, 227.

Hoje a questão encontra-se, expressamente, resolvida no art. 32.°, n.° 1 da presente lei.

2. Como se faz a demarcação

2.1. A demarcação deverá ser feita nos termos do art. 1.354.° do Cód. Civil, aplicado por analogia.

A propósito de tal demarcação, pode pôr-se o problema de saber se ela poder ser feita por acordo as partes, face à natureza dos baldios como bens "fora do comércio jurídico.

A solução mais correcta, dentro do puro jogo dos conceitos, sería a de não admitir tal acordo por se tratar de matéria que não está na livre disponibilidade das partes.

Contudo, a verdade é que, em certas circunstâncias, a A. de Compartes pode deliberar sobre a alienação dos baldios e, até, sobre a sua extinção – (als. *j)* e *p)* do art. 15.° da presente Lei) e poder-se-á argumentar com este facto para que a mesma Assembleia delibera sobre a rectificação de estremas, com o voto qualificado do n.° 2 do mesmo artigo.

Certo é que tal interpretação extensiva pode ir de encontro ao princípio geral da inalienabilidade dos baldios.

Mas a verdade é que do ponto de vista prático, se os Conselhos Directivos procederem, extra judicialmente, à rectificação de tais estremas e esta rectificação

---

[191] E esta situação pode resultar, desde logo, do facto de, apesar de separadas pela divisão administrativa, tais populações estarem unidas no aproveitamento de certos montados vizinhos, ou, então, uma ou várias povoações, lugares, povoados ou casais se terem formado a partir de uma povoação maior (mãe) que tendo atingido os limites do seu crescimento, obrigou alguns do seus habitantes, (muitas vezes, só um casal) a sair da "casa mãe" e a instalarem-se noutro local, com mais condições de sobrevivência, situado nas proximidades do mesmo baldio, o qual continuaram, naturalmente, a possuir, conjuntamente com os seus "maiores".

[192] Vide abaixo o comentário ao art. 22.°, n.° 2, pág. 169.

100 Comentário à Nova Lei dos Baldios

for ratificada pela A. de Compartes, não restam dúvidas que tais estremas é que serão, na prática, as respeitadas.

Depois, e como último argumento, quem melhor que a A. de Compartes se pode pronunciar sobre as estremas dos seus baldios?

Se a questão tiver de ser decidida em tribunal, serão, sempre os compartes mais velhos quem vai dizer ao juiz por onde eram tais estremas e, com base em tais depoimentos e nos documentos que as mesmas Assembleias trouxerem a juízo, é que o juiz decidirá.

Sendo assim, do ponto de vista dos interesses em jogo, porque razão não serem as Assembleias, que são constituídas por "esses" e outros compartes e têm em seu poder os eventuais documentos, a decidir as estremas dos seus baldios?

Quem melhor do que elas os pode defender.

Por todas estas razões nos inclinamos para a admissão transacção sobre os limites dos baldios, desde que os seus termos tenham sido aprovados em Assembleia de Compartes, nos termos do n.º 2 do art. 15.

De resto, no domínio do Dec-Lei n.º 39/76, obviamente mais "defensivo" que a actual Lei, tal matéria pertencia à AC – al. k) do art. 6.º.

Esta alínea foi eliminada na actual Lei, por se tornar desnecessária, como veremos adiante, quando fizermos o comentário às "competências das Assembleias de Compartes".

Na lógica da presente Lei esta matéria pertence, igualmente, à Assembleia de Compartes, por maioria de razão em realça à Lei anterior.

Resumindo : do ponto de vista da jurisprudência dos conceitos, os baldios, porque estão "fora do comércio jurídico", escapam à livre disponibilidade dos seus titulares. Assim sendo, não poderão estes transigir sobre os limites dos mesmos.

Se, porém, considerarmos que mais importante que o jogo mecânico dos "conceitos" é o jogo dos interesses que a norma pretende proteger[193], então, tal transacção nos parece permissível, já que são os "compartes" quem melhor conhece os seus baldios e maior interesse têm em defendê-los e, depois, sempre será sobre os seus depoimentos que os juizes acabarão, em última análise, por decidir.

Este ponto de vista tem, ainda, a seu favor os princípios processuais da economia e da celeridade processual.

3. Ocupação dos Baldios em Razão de Aproveitamentos Hidráulicos

As questões ligadas à ocupação dos baldios, em razão de aproveitamentos hidráulicos, dizem respeito, normalmente, à existência de minas, poços ou presas, açudes e levadas, regos, canos e talhadoiros, utilizados na exploração, armazena-

---

[193] Vide Prof. Manuel de Andrade, in *"Da Interpretação das Leis"*, ed. pág.

Disposições Gerais 101

mento, derivação e aproveitamento de águas existentes em tais baldios, ou que pelos baldios correm ou transitam (passam).

Quer dizer: num baldio pode haver águas subterrâneas por explorar; águas superficiais que brotaram, naturalmente ou por obra do homem, à superfície; águas pluviais que no baldio caiem e formam ou não torrentes ou enxurradas; águas de rios, ribeiras ou corgos que atravessam os baldios, vindas de outros limites; águas exploradas e captadas nesses terrenos ou no baldio e atravessam este por rego a céu aberto ou encanadas.

Toda este problemática contende com a natureza de tais águas e do seu título aquisitivo.

Sobre esse tema já nos debruçámos, com alguma demora, atrás no ponto que trata do **"Direito às águas existentes nos baldios"** para onde remetemos os leitor[194]. Sobre aquelas que não sendo águas do baldios, por sobre eles transitam ou escorrem remetemos o leitor para o Prof. Guilherme Moreira, in "Op. cit." pág. 329 e segs. e Prof. Pires de Lima, in "Op. cit.", pág. 109 e segs.

Aqui queremos, apenas, acrescentar que, se as águas em questão foram adquiridas por quem a elas se arroga, por preocupação, concessão, licença ou usucapião, nada impede que as servidões relativas aos benefícios constantes deste ponto se não tenham adquirido por usucapião, até à entrada em vigor do Dec.-Lei n.° 39/40 de 19/01/76.

A partir de tal data e, dado que os baldios se tornaram imprescritíveis, conforme dispunha o art. 2.° deste decreto-lei, a usucapião deixou de funcionar.

Até à entrada em vigor da Lei n.° 68/93, as servidões sobre os baldios só se poderiam adquirir conjuntamente com a licença a que o art. 30.° do Decreto n.° 5.787iiii se refere, passada pelo CD, com a autorização da AC, se se entender que o CD tinha competência para passar tais licenças, conforme vimos atrás no já referido ponto do **"Direito às águas existentes nos baldios"**.

Efectivamente, se entender que se a AC, através do seu CD tinha competência para o "mais" (exploração da água) também a tinha para o menos: constituição de servidões para a sua utilização.

De resto, esta competência vinha-lhe, expressamente, consignada na al. *k)* do art. 6.° do Dec-Lei n.° 39/76.

A referida competência estendia-se às águas exploradas fora dos baldios, pois a supra dita al. *k)* não fazia qualquer destinção entre umas e outras águas.

Na vigência da presente Lei, a questão está resolvida pelo art. 30.° com a redacção que lhe foi dada pela Lei n.° 89/97 de 30/06, segundo o qual *"podem constituir-se servidões sobre terrenos baldios, nos termos gerais de direito"*.

---

[194] Pág. 84 e segs..

102   *Comentário à Nova Lei dos Baldios*

4. Questões relativas à existência de propriedade privada encravada nos baldios

Este ponto vinha expressamente previsto na al. *k)* do art. 6.° do Dec-Lei n.° 39/76, sendo a resolução das questões emergentes da existência da propriedade privada dentro dos baldios da competência das Assembleias de Compartes.

A presente Lei não reproduziu esta alínea, pelos motivos referidos no ponto anterior.

Pelas razões aí invocadas, entendemos que continua a pertencer às mesmas assembleias tal competência

Ora uma das principais questões que surgem a tal respeito é a definição dos limites entre os baldios e os particulares.

Há, pois toda a vantagem em se demarcar os baldios.

Esta demarcação se for feita de acordo com o parecer da Assembleia de Compartes será em princípio a correcta, já que aí estarão todos os utentes, designadamente os mais velhos, que poderão fornecer elementos preciosos para tal delimitação.

Depois, se houver recurso a juízo, serão esses mesmos compartes que irão servir de testemunhas.

No tocante às servidões resultantes do encrave da propriedade privada já dissemos o que nos parecia essencial no n.° anterior.

5. Questões relativas à propriedade de árvores em terrenos baldios

Uma das formas mais comuns de florestar os baldios, no regime anterior à instituição do Regime Florestal, consistia na autorização que os particulares tinham de plantar árvores nos baldios: castanheiros, carvalhas, sobreiros, oliveiras e outras, continuando o terreno baldio, mas sendo as árvores de quem as plantava, dispor delas livremente.

As Ordenações Filipinas recomendavam e incentivavam, mesmo, tal plantação no Livro I, Título 58, § 46 e Título 66, § 26.

O Cód. Civil de 1867 veio acolher este entendimento no art. 2.308.°, reconhecendo que as árvores plantadas num "prédio" podem pertencer a dono diferente.

Na designação "prédio", segundo o entendimento da época, os baldios.

Por isso, os tratadistas e os tribunais sempre entenderam que este art.° se aplicava, também, às árvores plantadas nos baldios[195].

Este direito às árvores (direito de *implante* ou de *superfície*, como então se dizia) nos baldios foi confirmado pelo Dec.-Lei n.° 47.943 de 15 de Setembro de 1967, no seu art. 4.°.

---

[195] Neste sentido, vide: Oliveira Ascensão, in *"Estudos Sobre a Superfície e Acessão"*, pág. 11; Cunha Gonçalves, in *"Tratado"*, Vol. XI, págs. 295 e 307; Arminho Ribeiro Mendes, in *"Revista da Ordem do Advogados"*, 1.072, pág. 31 e Ac. do STJ de 4/05/34, citado por Cunha Gonçalves, op. cit..

Disposições Gerais

Hoje, o direito de superfície é reconhecido pelo art. 1.524.º do Cod. Civil actual.

Com a publicação do Dec.-Lei n.º 39/76, porque os baldios ficaram "fora do comércio jurídico", tal situação deixou de ser possível.

No domínio da presente Lei, embora os baldios continuem "fora do comércio jurídico", tal implantação voltou a ser possível nos termos do art. 10.º, como a seu tempo veremos.

Esta questão relativamente às árvores que vêm do passado, tem, ainda hoje, algum interesse. Na verdade, apesar de grande parte do terrenos baldios onde se implantaram árvores ter passado a propriedade particular com o decorrer dos tempos pelas razões que apontámos na análise histórica dos baldios, a verdade e que continuam a existir nos baldios árvores particulares, plantadas ao abrigo das velhas leis, algumas centenárias[196].

Difícil, às vezes, é provar que são particulares, principalmente quando não dão "fruto" que se veja (castanhas e cortiça) apanhado e retirado pelos donos, ao longo dos tempos.

Para evitar confusões e quezílias, há toda a vantagem em que as Assembleias de Compartes adquiram estas árvores e a integrem no baldio[197].

6. Questões relativas à exploração de pedra, saibros, minérios e pedras ornamentais

1. *Exploração de Pedreiras*: Esta actividade poderá ser uma boa fonte de rendimentos para a "comunidade local" à qual os baldios pertencem, ou para a entidade que, em seu nome, os administra.

Na verdade, em quase todos os baldios do norte e centro do País há grandes afloramentos rochosos, partir do qual se podem desenvolver inesgotáveis pedreiras que produzem todo o tipo de rochas não só usadas na construção civil e outro tipo de obras, como, também, na decoração e mobiliário.

A regulamentação desta actividade tem vindo a ser regulada pelo Decreto n.º 13.642 de 1927 e, posteriormente, pela Lei n.º 1.940 de 23/03/40, alterada pelo Dec.-Lei n.º 392/76 de 25/05. Toda esta legislação foi reformulada pelo Dec.-Lei n.º 227/82 de 14/06, regulamentada pelo Dec. Regulamentar n.º 71/82 de 26/10 e pelo Dec.-Lei n.º 18/85 de 15/01.

Esta legislação deu particular ênfase às "massa minerais" ou "rocha ornamentais e industriais".

A exploração destas "rochas ornamentais" atingiu grande relevo depois da publicação do Dec.-Lei n.º 39/76.

---

[196] No lugar de Freixo, freguesia de Serrazes, S. Pedro do Sul, em grande parte dos baldios existentes, as árvores são ainda particulares.

[197] Neste sentido, o Parecer da Procuradoria Geral da República n.º 108/84, de 10 de Janeiro de 1985, in BMJ 345, 129.

104   *Comentário à Nova Lei dos Baldios*

Na verdade, *"constituem uma riqueza que tem vindo crescentemente a pesar no PIB, não só pelo valor obtido na sua extracção, mas também elo valor acrescentado pelas indústrias a jusante que elas alimentam.*

No conjunto da indústria extractiva, estas rocha ocupam um lugar de relevo, sendo que, (já) em 1982,representaram 58% do seu total e, em termos de exportação, cerca de 71% do total do sector"[198].

A estas rochas ornamentais e industriais deu o citado Dec.-Lei n.° 227/82, no seu art. 1.°, alínea a), a designação genérica de *"massas minerais"*.

O Dec.-Lei n.° 89/90 de 16/03 estabeleceu o novo regime jurídico a que ficou sujeito o ***"aproveitamento das massas minerais"*** e o Dec.-Lei n.° 90/90 da mesma data dispõe que *"é permitida a expropriação por utilidade pública dos terrenos necessários à exploração de massas minerais ou de águas de nascente quando nisso se reconheça existir interesse relevante para a economia nacional ou regional"* (art. 34.°, n.° 1).

2. *A Exploração de Areias e Saibreiras*: tem hoje menos importância que no passado, dado que a indústria extractiva de tais "inertes" prefere fazê-lo, hoje das areias dos rios e das dunas marinhas.

Acontece que a extracção das dunas marinhas que se encontrem dentro de terreno baldios (v.g. Praia de Mira, Quiaios e outras zonas costeiras) poderão ser exploradas pelas entidades que detenham a sua administração.

Quanto aos saibros, propriamente ditos, deixaram de ter, hoje, aplicação ma construção covil, embora continuem a sê-lo na pavimentação de caminhos, ruas, largos e praças.

3. No tocante à *Exploração Mineira*, há que esclarecer, desde logo que se *"integram no domínio público do Estado os recurso geológicos que no presente diploma são designados por: a) Depósitos minerais; b) Recurso hidrológicos e c) Recursos hidrotérmicos"* (art. 1.° do Dec.-Lei n.° 90/90 de 16/03).

O direito de pesquisa de tais "depósitos" e "recursos" está sujeito a "contrato administrativo" (art. 14.° do mesmo diploma) e o aproveitamento dos mesmos "depósitos" e "recursos" só pode ser feito através de contrato de concessão, a celebrar com o próprio Estado, nos termos do art. 21.° e 22.° do mesmo Dec.-Lei.

"Os proprietários dos terrenos cuja ocupação se mostre necessária à execução de trabalhos de prospecção e pesquisa e exploração não podem opor-se a essa ocupação, mas têm direito ao recebimento de uma retribuição adequada e que lhes seja prestada caução destinada a cobrir eventuais prejuízos dali decorrentes" (art. 32.° do mesmo diploma).

A legislação mineira é muito dispersa e tem por base o citado Dec.-Lei n.° 18.713, alterado pelo Dec.-Lei n.° 28.852 de 13/06/38; pelo Dec.-Lei n.° 29.725 de 28/06/39; pelo Dec.-Lei n.° 31.636 de 12/11/41; pelo Dec.-Lei

---

[198] Do relatório do Dec.-Lei n.° 227/82, de 14/06.

Disposições Gerais   105

n.º 37.027 de 24/08/48; pelo Dec.-Lei n.º 42.305 de 7/04/59 e pela Rectificação de 29/01/69 e ultimamente do Dec.-Lei n.º 90/90 de 16/03 que veio substituir e unificar grande parte da legislação anterior

Dado que grande parte das concessões mineiras se situam em terrenos baldios, fácil é calcular o interesse que para as "comunidades locais" ("proprietárias" dos mesmos baldios) esta matéria contém.

A questão de saber-se se o contratos de prospecção e pesquisa e de exploração das massas minerais e dos "depósitos" e "recursos" concessionáveis são permitidos no domínio da presente Lei, parece-nos ultrapassada pelo disposto no art. 32.º do Dec.-Lei n.º 90/90 que é posterior à mesma Lei e sujeita os respectivos proprietários a uma espécie de "servidão legal obrigatória" cujo exercício depende, apenas da vontade do Estado, ou "limitação ao direito de propriedade".

Quanto à exploração de saibreiras e pedreiras, parece-nos que a tais actividades deve ser aplicável, por extensão, o disposto no art. 10.º da presente Lei.

7. Questões relativas ao pastoreio

O pastoreio era um do destinos clássico do baldios.

Ainda na décadas de 30 e 40 do século XX esse seria o uso mais alargado nas zonas montanhosas do Norte e Centro do País.

Vindo de trás, das aldeias comunitárias, subsistiam, ainda em muitas delas, grandes rebanhos colectivos.

A estes rebanhos se chamava o *"gado da vigia"*, na Serras da Gralheira e Montemuro. Eram guardados por pastores ou pegureiros que cada "casa" mandava de acordo com o "giro" e o número de reses que integravam o rebanho.

Estes grandes rebanhos cobriam os baldios e, até, os terrenos particulares que, embora tapados, eram "baldios ao gado", por força de uma tradição várias vezes centenária e que só foi abolida pelo Cód. Civil de 1867 (art. 2.265.º) mas que se manteve, de facto, muito tempo depois da sua abolição[199].

Ainda por volta de 1940 se dava a transumância dos rebanhos da Serra da Estrela para a Serra do Montemuro, fugindo aos rigores do inverno.

Com a submissão dos baldios ao Regime Florestal (fim da década de 50) estes rebanhos, que eram a maior riqueza da serra, foram desaparecendo.

Pode assim pensar-se que, hoje, já pouco haverá a regular a este respeito.

Acontece, porém, que tal não é verdade. Efectivamente, as alterações políticas, económicas e sociais emergentes da Revolução de Abril e os Decs.-Lei

---

[199] Estes "tapados" ou "tapadas", como eram conhecidas em alguma zonas do Distrito de Viseu (serras de S. Pedro do Sul) são antigos terras ou terrenos baldios apropriados e vedados ("tapados/as") no Século XIX por força da Lei de 26 de Junho de 1.850. Estas terras ou terrenos são hoje particulares por via da usucapião. O facto de terem sido "baldias/baldios" impôs-lhe um onus de o continuarem a ser aos "gados", sem prejuízo de serem particulares.

n.ºs 39 e 40/6 fizeram renascer nos serranos a consciência de que a serra voltava a ser deles. A este factor acresceu a pressão demográfica do retorno dos emigrantes a partir do fim da década de 70, que voltaram ao pastoreio.

E foi assim que em algumas zonas (distritos de Vila Real e Viseu) as serras voltaram a ficar cobertas de rebanhos, como antigamente.

Só que a pressão e faltas de perspectivas que sobre as populações serranas se voltaram a exercer nas décadas seguintes (80 e 90) fez com que , de novo a serra se voltasse a despovoar, gerando hoje fenómenos de desertificação humana preocupantes.

Urge "redescobrir" a serra.

Tal passa, também, por uma nova política de aproveitamento dos solos, das florestas, das águas e de prevenção contra os fogos.

Na verdade, a florestação caótica levada a cabo pelo Estado e particulares, a partir da década de 50, a que se juntou a proibição dos rebanhos imposta pelos Serviços Florestais, deu o resultado que hoje temos: de verão as serras arderem para desespero das populações e lucro de meia dúzia.

Para quem conhecia minimamente a serra este resultado era inevitável.

Por isso é que nós, em 1973, através da revista "Agro-Pecuária" e do jornal "Comércio do Porto"[200] lançámos o alerta, chamando a atenção do País para o facto de que a política florestal implantada levaria, inevitavelmente à ruína dos serranos, pois o seu "habitat" se tornaria em breve um matagal impenetrável: tojo e mato, silvas e arbustos.

Quando isto acontecesse o aparecimento dos trágicos incêndios seria inevitável. E foi o que se sabe, a partir de 1975!

Propúnhamos, então, que o gado voltasse à serra: primeiro as cabras, depois as ovelhas e, mais tarde, as vacas nos locais de melhor pasto e mais abrigados.

Por pressão das circunstâncias, isto foi acontecendo, anarquicamente e sem qualquer plano, a partir dos fins de 70, como atrás vimos.

Só que a falta de política integradora de toda esta actividade levou à calamidade em que hoje vivemos, cá nas serras: aldeias desertas, escolas que se fecham, lobos e javalis que crescem para gáudio dos senhores caçadores da cidade e desespero dos velhos serranos que já nem força têm para lhes fazer frente.

Como fixar a juventude nas nossas serras e campos?

Os baldios, como parte integrante de uma "reforma agrária" que ainda se não fez, têm uma palavra a dizer.

Dever-se-á criar condições financeiras para que, com o apoio das Assembleias de Compartes e dos seus Conselhos Directivos, ou das Juntas de Freguesia, nos casos em que tais assembleias estejam por constituir, se avance no sentido de os grandes rebanhos voltarem às serras para transformarem o "restolho" m carne de qualidade e certificada.

---

[200] (Revista) III série, ano 1, Janeiro de 73 e (Jornal) de 24/12/71.

Ao mesmo tempo, deve o Estado tomar a peito a limpeza das Serras. Muito do mato cortado poderá, de novo, transformar-se em estrume natural que substituam os adubos químicos.

E, finalmente, os produtos serranos: carne, leite, lenha, madeira, estrumes, caça, turismo, desporto e lazer poderão ser o embrião de uma nova forma de estar na Serra.

8. Possibilidade de novas utilizações dos baldios

Há quem acuse a legislação pós 25 de Abril de 1974 de ser demasiado inflexível na passagem dos baldios a propriedade privada e de impedir que lhes sejam dadas novas utilizações que ultrapassam as utilidades tradicionais (pastorícia, estrumes, lenhas e culturas sazonais) respondendo às novas necessidades colectivas.

Esta crítica era ferozmente feita aos Decs.-Lei n.° 39 e 40/76, argumentando-se que os baldios eram uma "realidade medieval" que não se ajustam ao tipo de relações económicas actuais.

Este argumento é falacioso. Efectivamente, não é pelo facto de os baldios terem atingido toda a sua importância na Idade Média que eles deixaram de responder às necessidades colectivas dos seus compartes, ao longo dos tempos. Também as feiras são uma "realidade medieval" e ninguém contestará que exercem, ainda hoje, um relevante papel na dinamização das trocas comerciais.

Conforme já dissemos atrás, com a presente Lei pretendeu-se dar uma resposta às críticas dos que queriam os baldios, sim, mas de outra maneira, e, procurando "tapar-lhes a boca", abriu-se as portas à constituição de servidões (art. 20.°), à extinção dos próprios baldios (art. 26.°), à sua alienação (art. 31.°) e à sua aquisição por efeito da acessão imobiliária (art. 39.°, com a redacção que lhe foi dada pela Lei n.° 89/97 de 30/

Só que os tais *"vizinhos"* e *"amigos"* queriam mais! E os argumentos utilizados contra a nova legislação, com cobertura do "progresso social", encobre as dificuldades que tal legislação veio trazer aos que durante séculos fizeram dos baldios moeda de troca para os seus *"favores políticos"*.

Por isso há que ter cuidado com as "aberturas" que a presente Lei permite, de modo a serem usados com todo o cuidado e parcimónia, não vá ter-se criado com as excepções previstas o "buraco" por onde escoa a malha.

Em todo o caso, também se deve ter presente que os baldios sempre exerceram uma função económica e social ao logo dos séculos, satisfazendo as necessidades mais urgentes e concretas das populações a que estavam ligados.

Ora, as necessidades de hoje não são, efectivamente, as mesmas de ontem (de há cinquenta, cem ou duzentos anos).

De qualquer maneira, continuam a existir necessidades colectivas e urgentes das mesmas populações ("comunidades") que podem ser satisfeitas pelos baldios, sem que estes percam a sua natureza.

108 *Comentário à Nova Lei dos Baldios*

Como realidade dinâmica que sempre foram, os baldios vão-se adaptando às novas circunstâncias históricas, tanto mais que a sua "devolução aos compartes" (art. 3.° do Dec.-Lei n.° 39/76) visou "*integrá-los no quadro da política da Reforma Agrária orientada para objectivos sociais precisos*" (Preâmbulo do Dec.-Lei n.° 39/76).

Ora um dos objectivos sociais precisos era dar "*apoio aos pequenos agricultores e operários agrícolas*" (vide mesmo Preâmbulo).

Não é pelo facto de a Reforma Agrária (sonhada) ter falhado que os grandes objectivos de apoio "*aos pequenos agricultores e operários agrícolas*" se tenham esfumado, também.

Continuam a ser valores a atingir com a Nova República (vide Preâmbulo da CRP).

De resto, as novas utilizações, sempre cabem dentro do conceito de "logradouro" cujo uso competia à AC regular de acordo com o art. 6.°, al. *k*) do Dec.--Lei n.° 39/76.

Efectivamente, de acordo com as utilizações tradicionais dos baldios, os "logradouros" clássicos eram os terrenos baldios dentro ou próximos da povoações que se destinavam a *feiras, arrais, estendais (de roupa ou linho) recreio e diversão*, etc.

Na verdade, os terrenos de que a "comunidade" podia tirar, conjuntamente, vantagens colectivas e que estavam na sua administração ou gestão, não eram, tão somente, aqueles donde se retiravam pastagens, lenha, madeira e estrumes, senão que, também, "*a utilização desses terrenos por qualquer meio compatível com a sua natureza, uma vez que não envolva a apropriação de qualquer parcela dos mesmos, ou fruição que não seja em proveito comum dos ditos moradores*", como referia o § único do art. 1.° do Dec.-Lei n.° 7.933 de 10/12/21[201].

Hoje os logradouros destinados à satisfação das necessidades desportivas, de lazer e de assistência tendem a alargar-se, através da criação de campos de jogos, parques, circuitos de manutenção, parques de campismo, parques de estacionamento, parques de merendas, centros sociais, sedes de colectividades, etc.

---

[201] Por isso, nos parece manifestamente infeliz o Ac. do Tribunal da Relação do Porto de 4/06/81, in Colect. Jurisp., Ano VI, tomo 3, pág. 139, onde se decidiu ser insuficiente para classificar como baldio "um terreno onde os moradores de certa freguesia, desde tempos imemoriais vêm a utilizar como lavadouro, lavagem e secagem de roupas", por tal utilização ser insuficiente para o caracterizar como baldio. Na verdade, de acordo com o que se deixa escrito no texto, tal utilização é suficiente para definir como "logradouro" tal terreno. E os "logradouros dos povos" foram, sempre, considerados como baldios. Sucede, até, que era com este nome de "logradouros" que os baldios começaram por ser conhecidos nas "Ordenações". A sua utilização dependia da própria natureza do terreno e das necessidades dos utentes ("compartes"). Assim, se o terreno, pela sua localização, natureza e tamanho era apto para satisfazer tais necessidades "comuns", a "utilização" para a sua satisfação dessas necessidades suficiente para o classificar como baldio.

Sendo assim, todas as utilizações que não impliquem a alienação do baldio, nem a sua utilização exclusiva de qualquer comparte e obedeçam ao disposto no art. 5.º desta Lei, são permitidas e devem ser estimuladas, respeitando-se a criatividade dos "compartes".

Desta sorte, é assim que as ACs e CDs mais dinâmicos têm actuado com inteiro acordo e satisfação das populações que constituem as "comunidades" detentoras de tais baldios.

9. Os Baldios e o Regime Florestal

1. O Regime Florestal foi criado no século XIX, tendo vindo, ao longo do século XX, particularmente, até ao fim da década de 50 a entender-se na florestação dos baldios, de acordo com a directiva do art. 403.º do C. Adm. que rezava assim:

"Os baldios arborizados ficarão sujeitos ao regime florestal.

§ único. Continuará a ser permitido aos compartes o aproveitamento de lenhas, matos e combustível dos baldios arborizados, nos termos das posturas municipais e paroquiais elaboradas de acordo com as autoridades dos serviços florestais e em conformidade com as leis e regulamentos da polícia florestal".

Esta preceito é muito importante para enquadrarmos os actos de fruição dos baldios por parte dos compartes, até à entrada em vigor do DL n. 39/76 de 19 de Janeiro, altura em que foi revogado com a aplicação do art. 3.º (devolução dos baldios aos compartes) a partir do qual os serviços florestais passaram a ser um serviço de acompanhamento técnico (como sempre deveriam ter sido e não instrumento de pressão política em que, na prática, se tornaram[202]).

A nova função de "acompanhamento" dos órgãos encarregados da gestão dos baldios está implícita no art. 9.º e, principalmente, dos arts. 13.º, al. *b)* e 15.º do mesmo decreto.

2. De acordo com o dito art. 403.º do C.Adm., os compartes tinham de obedecer às posturas municipais e paroquias, elaborada d acordo com os SFs, só relativamente "ao aproveitamento de lenhas, matos e combustível" que implicavam, directamente com o aproveitamento das matas.

No tocante às "pastagens e recolha de estrumes", ou outra qualquer utilidade que não implicasse o aproveitamento das matas, os compartes tinham, apenas que obedecer aos usos e costumes, pois tal matéria escapava da competência dos SFs.

Na prática, foi assim que os povos procuraram actuar, até à entrada em vigor do DL 39/76. Acontece, porém que, muitas vezes, os SFs e entidades

---

[202] Vide *"Quando os Lobos Uivam"*, de Aquilino Ribeiro, já atrás citado.

administrativas, extrapolando e abusando dos seus poderes, dentro do clima autoritário em que se moviam, muitas vezes, até na recolha dessas actividades intervinham.

Porque eram abusivas, não podem ser levadas em consideração, quando tais entidades, designadamente as juntas de freguesia e câmaras municipais, se arrogam direitos de propriedade sobre os ditos baldios, com base nesses factos.

CAPÍTULO II
Uso e Fruição

ARTIGO 5.º
Regra geral

1. O uso e fruição dos baldios efectiva-se de acordo com as deliberações dos órgãos competentes do compartes ou, na sua falta de acordo com os usos e costumes, sem prejuízo do disposto nos artigos seguintes.

2. Aos compartes é assegurada a igualdade de gozo e exercício dos direitos de uso e fruição do respectivo baldio

Fonte: art. 5.º do Dec.-Lei n.º 39/76.

Comentário:

1. Comparando o presente art.º com aquele que lhe serviu de fonte, verifica-se que a anterior legislação não se debruçava sobre a matéria que actualmente constitui o n.º 1 do actual art. 1.º.

A matéria do actual n.º 2 vinha prevista no n.º 1 do anterior art. 5.º.

Por outro lado, o n.º 2 do anterior art.º 5.º que se reportava à colaboração do Ministério da Agricultura e Pescas com as ACs, na elaboração de projectos de regulamentação de uso e fruição adaptadas às características próprias dos vários tipos de baldios que serviriam de base de trabalho às assembleias de compartes, nos termos da alínea *a*) do art.º seguinte, onde se atribuía às ditas assembleias a competência de *"Regular e disciplinar o uso e fruição do baldio"*, não passou para a actual legislação, apesar de tal competência continuar a pertencer às ACs – art. 15.º, alínea *d*).

Com esta alteração pretendeu-se autonomizar, ainda mais, as ACs e seus CDs da administração central, uma vez que a administração dos baldios deixou de se fazer em associação com o Estado, como resulta da revogação do arts. 9.º e 12.º do Dec.-Lei n.º 39/76, conforme adiante melhor veremos, no comentário ao art. 11.º da presente Lei.

Comentário à Nova Lei dos Baldios

2. Com o n.º 1 do actual art. 5.º pretendeu-se significar, também, que o uso e fruição dos baldios se efectiva, em primeira mão, de acordo com as deliberações dos órgãos competentes, contrariamente ao que, antes, se entendia, por força do art. 1.º e se § único do Dec.-Lei n.º 7.933 de 10/12/21, onde o primeiro critério se reportava aos usos e costumes tradicionais e só depois se fazia referência a outras utilizações.

Quer dizer: a partir da entrada em vigor da presente Lei, o "uso e fruição" dos baldios passaram a ser usados e fruídos de acordo com a deliberação de AC, sob proposta do CD e só na sua falta, de acordo com os usos e costumes, sem prejuízo do vai disposto imperativamente na presente Lei.

Sobre a expressão "uso e fruição" que vem do art. 3.º do Dec.-Lei n.º 39/76, a propósito da devolução dos baldios aos seus compartes há que dizer o seguinte:

Tal expressão parece-nos redundante, pois, de acordo com os dicionários, e no ponto que ora nos interessa, *"usar"* significa *"servir-se de"*, enquanto que *"fruir"* significa *"gozar, desfrutar, usufruir"*.

O sentido é tão próximo que utilizadas as duas expressões uma a seguir à outra só pode significar que uma reforça a outra e ambas querem dizer: "usar" e "fruir", isto é, *"usufruir"*.

3. Quanto ao n.º 2: (" *aos compartes é assegurada a igualdade de gozo e exercício dos direitos de uso e fruição do respectivo baldio"*) deve notar-se que tal disposição vem na sequência do n.º 1, onde *"o uso e fruição se efectivam de acordo com as deliberações dos órgãos competentes dos compartes"*.

Por isso, o n.º 2 significa que, de acordo com as formas de utilização que os órgão competentes entenderem por bem darem aos baldios, em concreto, todos os compartes têm direito a usufrui-los em pé de igualdade.

ARTIGO 6.º
Plano de utilização

1. O uso e fruição dos baldios obedece, salvo costume ou deliberação em contrário dos compartes, nomeadamente nos baldios de pequena dimensão, a planos de utilização aprovados e actualizados nos termos da presente lei.

2. Os planos de utilização devem ser elaborados em estreita cooperação com as entidades administrativas que superintendem no ordenamento do território e na defesa do ambiente, às quais essa cooperação é cometida com dever juridicamente vinculante, nos termos da lei.

Fonte: art. 5.º, n.º 2 do Dec.-Lei n.º 39/76.

Comentário:

1. Contrariando a ordem do n.° 1 do art.° anterior, o n.° 1 deste artigo indica em primeiro lugar os *"usos e costumes"* no que tange aos "planos de utilização", enquanto que naquele se indica, em primeiro lugar, "as deliberações dos órgãos competentes dos compartes", no tocante ao seu uso e fruição.

Tal circunstância não nos deve impressionar demasiado, já que tal "descoordenação" é mais aparente que real.

Efectivamente, no n.° 1 do art. 5.° faz-se referência ao *"uso e fruição dos baldios"*, enquanto que no comando sob análise se faz referência aos *"planos de utilização"*. São duas realidades distintas que poderão merecer tratamento diferenciado.

Depois, as duas formulações, embora idênticas, não são coincidentes. Assim, no n.° 1 do art. 5.° ordena-se que o *"uso e fruição dos baldios efectiva-se de acordo com as deliberações dos órgão competentes dos compartes"* e, só na sua falta, *"de acordo com os usos e costumes"*, enquanto que no n.° 1 deste art. 6.° se diz que o uso e fruição dos baldios obedece aos ditos *"planos de utilização"*, salvo *"costume __ou__ deliberação em contrário"*.

O *"costume"* está em pé de igualdade com a *"deliberação"*, daí a dijuntiva "ou".

De qualquer forma não é crível que o legislador queira contrariar num art.° o que no art.° anterior dispusera.

Trata-se, portanto de uma "infelicidade" de redacção em que os nossos legisladores são férteis, como é público e notório no meio forense.

2. Com maior relevância está a questão de saber para que tipo de baldios (grandes, pequenos ou médios) se exige os *"planos de utilização"*.

É que no preceito em análise se faz, pelo menos, uma restrição quanto aos *"baldios de pequena dimensão"*.

Simplesmente, tal restrição não é exclusiva, pois a lei, quando se refere a estes, fá-los preceder, do advérbio exemplificativo: *"nomeadamente"*.

Isto significa que os "baldios de pequena dimensão" só estão indicados a título de exemplo.

Assim sendo, quais os outros?

A Lei não o diz e o intérprete dispõe de poucos elementos para avançar uma resposta por via interpretativa.

Isto quer dizer que estamos no "reino da arbitrariedade" onde quem manda é o mais forte, isto é, *"as entidades administrativas que superintendem no ordenamento do território e na defesa do ambiente"*.

3. Segundo o n.° 2 do art.° em análise, os *"planos de utilização" devem ser elaborados em estreita cooperação com as entidades administrativas que superintendem no ordenamento do território e na defesa do ambiente às quais essa cooperação é cometida como dever juridicamente relevante"*.

114   *Comentário à Nova Lei dos Baldios*

Este preceito é mais um caso exemplar da falta de cuidado na redacção dos textos legais, por parte dos nossos legisladores.

Efectivamente, que é que se quis dizer quando se escreveu "*é cometida* (ás entidades administrativas) a cooperação estreita com os CDs, na elaboração dos planos *como dever juridicamente relevante*"?

Escapa-se-nos o sentido deste "*dever juridicamente relevante*". É que um dever jurídico é sempre "relevante". Na verdade se não releva, juridicamente, deixa de ser um "jurídico", caindo fora do campo do Direito, passando para o campo da moral, da cortesia, etc.

Quererá tal expressão significar que, se as "*entidades administrativas*" não cooperarem estreitamente com os CDs lhes pode ser atribuída a responsabilidade civil, pela falta de cumprimento deste "*dever juridicamente relevante*"?

Não vemos que outro sentido possa ter tal expressão, pois se os CDs não cooperarem com tais entidades, a responsabilidade recai sobre eles e esta "responsabilidade" é meramente "política", pois poderão os membros dos CDs ser demitidos pela AC, ou não serem reeleitos, como veremos quando analisarmos os arts. 11.º e 21.º.

Daqui resulta que o "sentido útil" do n.º 2 do art. 6.º se reduz ao seguinte: "*os planos de utilização devem ser elaborados em estreita cooperação com as entidades administrativas que superintendem no ordenamento do território e na defesa do ambiente*".

O resto parece-nos redundante.

2. Sobre A elaboração dos "*planos de utilização*", ver o ANEXO II ao Dec.-Lei n.º 205/99 de 9/06/99, do qual consta o "**Conteúdo dos planos tipo de utilização dos baldios**) que abaixo se transcreve e que, juntamente com o Dec.-Lei n.º 204/99 de 9/6, parece ter revogado o cap. II da presente Lei, ou, pelo menos os arts. 5.º a 9.º.

ARTIGO 7.º
Objectivo e âmbito

1. Constituem objectivos do planos de utilização a programação da utilização racional dos recursos efectivos e potenciais do baldio com sujeição a critérios de coordenação e valia sócio-económica e ambiental, a nível local e nacional.

2. Os planos de utilização podem dizer respeito apenas a um baldio ou a grupos de baldios, próximos ou afins, susceptíveis de constituir unidades de ordenamento, nomeadamente por exigência da dimensão requerida por objectivos de uso múltiplo ou integrado, por infra-estruturas só justificadas a nível superior ao de

Uso e Fruição

um só baldio ou por economias de escala na aquisição e utilização de equipamentos.

3. No caso previsto no número anterior o regime de gestão sofre as adaptações necessárias, nomeadamente por recurso à figura de gestão conjunta.

Fonte: preceito novo.

Comentário:

Esta matéria foi regulada em profundidade pelos Decs.-Lei n.ºs 204/99 de 9/6 e 205/99 da mesma data que abaixo se transcrevem.

O primeiro destes Decs.-Lei propôs-se estabelecer "*os princípios orientadores da política florestal definida na Lei n.º 33/96 de 17 de Agosto (lei de Bases da Política Florestal), nomeadamente os relativos ao aumento da produção florestal e à conservação e dos recursos naturais associados (que) implicam, entre outras medidas de política, a adopção de planos regionais de ordenamento florestal (PROF), promovendo a produção sustentada de bens e serviços por eles fornecidos e definindo zonas de intervenção prioritária para os diversos agentes*", conforme se diz no seu relatório inicial.

O Dec.-Lei referido pretende estabelecer a disciplina dos planos regionais de ordenamento territorial (PROF[203]) "*definindo zonas de intervenção prioritária para os diversos agentes **públicos e privados**"*; o mesmo diploma "*visa garantir uma efectiva e profícua cooperação **entre o Estado e os proprietários privados**"*, como se diz no preâmbulo e é ratificado nos arts. 3.º, 5.º n.º 3 e n.º 5 III do Anexo I.

Ora os baldios são "bens comunitários", como vimos atrás, que não se confundem nem com a "propriedade pública" , nem com a "propriedade privada".

Assim, parece, à primeira vista, que tal diploma legal se não aplica aos baldios.

A verdade, porém, é que assim não é.

Efectivamente, ambos os diplomas legais parecem ter sido elaborados por quem pode perceber alguma coisa de florestas, mas de direito e técnica legislativa é que deixa muito a desejar, como verificará quem tiver de os ler e interpretar.

Assim é que, apesar do que ficou escrito no citado relatório inicial e Anexo I, logo no art. 9.º, n.º 3, al. *h*) se faz expressa referência aos "*órgãos de adminis-*

---

[203] Em boa verdade, quer o Dec.-Lei n.º 204/99, quer o Dec.-Lei n.º 205/99 foram elaborados de costas para a "Lei dos Baldios" que é, pura e simplesmente, esquecida, como se a área baldia, não fosse, ainda hoje, muito superior às "matas nacionais" (do Estado).

Depois, a redacção destes textos legais, como abaixo melhor se verá na sua transcrição, é barroca e "redonda", toda cheia de conceitos juridicamente vagos, apelando, constantemente, a uma visão tecnocrática que se compadece pouco com o rigor do Direito.

São os legisladores que temos...

tração dos baldios" na formação da *"comissão mista de acompanhamento"* existente em cada direcção regional de agricultura.

Depois, os planos regionais de ordenamento territorial (PROF) que são instrumentos de política florestal que incidem exclusivamente sobre os espaços florestais (art. 5.°) são integrados pelos planos de gestão florestal (PGF), conforme se diz no art. 1.° do Dec.-Lei, n.° 205/99.

Ora, por força deste diploma legal, *"são obrigatoriamente submetidas a PGF as matas nacionais e comunitárias"* (art. 3.° ,n.° 1).

Na sequência, o Anexo II ao Dec.-Lei n.° 205/99, refere-se expressamente ao *"Conteúdo dos planos tipo de utilização dos baldios".*

Assim sendo, os dois diplomas, que estão profundamente interligados, aplicam-se aos baldios e os *"planos de utilização"* a que se faz alusão no n.° 1 do art. em análise (art. 7.°) e do n.° 2 do art. precedente, passaram a chamar-se *"planos de gestão florestal"*.

Dito isto, parece legítimo concluir que os dois diplomas legais citados, se não revogaram o Capítulo II da presente Lei, alterarem-na profundamente, de tal sorte que, livres dos *"planos de gestão florestal"* ou *"planos de utilização"* ficarão, apenas, os *"baldios de pequena dimensão"* a que se refere o n.° 2 do art. 6.° desta Lei e os *"logradouros"* (feiras, campos de jogos, eiras, estendais, etc.) que, pela sua natureza ou destinação se não compadeçam com a exploração florestal.

De qualquer forma e para uma melhor leitura e integração do Capítulo II da presente Lei, passa-se a transcrever os diplomas legais sura citados.

DECRETO LEI n.° 204/99
de 9 de Junho

Os princípio orientadores da política florestal definida na Lei n.° 33/96 de 17 de Agosto (Lei de Base da Política Florestal), nomeadamente os relativos ao aumento de produção florestal e à conservação florestal e à conservação da floresta e dos recursos naturais associados, implicam, entre outras medidas de política, a adopção de planos regionais de ordenamento florestal (PROF), promovendo a produção sustentada de bens e serviços por eles fornecidos e definindo zonas de intervenção prioritária para os diversos agentes público e privados.

Para além dos objectivos gerais de a curto prazo acima descritos, no futuro, a adopção destes instrumentos de ordenamento e planeamento florestal permitirá igualmente a aplicação regional não só de directivas estratégicas nacionais mas também a monitorização da gestão florestal sustentável, de acordo com critérios actualmente em discussão em diversos fóruns nacionais e estrangeiros.

Como instrumentos sectoriais de gestão territorial, os PROF deverão compatibilizar-se com os instrumentos de desenvolvimento e planeamento territorial e assegurar a contribuição do sector florestal para a sua elaboração e alteração, no que respeita especificamente à ocupação, uso e transformação

Uso e Fruição

dos solos nos espaços florestais, através da integração nesses planos de acção das acções e medidas propostas.

Importa igualmente ter presente que, com a introdução inovadora do ordenamento florestal regional na legislação, se visa garantir uma efectiva e profícua cooperação entre o Estado e os proprietários florestais privados, responsáveis pela gestão da maior parte do património florestal, num processo de planeamento que se pretende contínuo, de carácter decididamente operacional e eficazmente suportado por diversos instrumentos técnicos e financeiros, já hoje dispostos ou previstos na Lei de Bases da Política Florestal.

Foram ouvidos os órgãos dos governos próprios das Regiões Autónomas.

Assim:

No desenvolvimento do regime jurídico estabelecido pela n. 33/96 de 17 se Agosto, e nos termos da alínea c) do n.º 1 do Constituição, o Governo decreta o seguinte:

SECÇÃO I
Disposições Gerais

ARTIGO 1.º
Objecto

O presente diploma regula o processo de elaboração, de execução e de alteração dos planos regionais de ordenamento florestal a aplicar nos espaços florestais, nos termos do artigo 5.º da Lei n.º 33/96 de 17 de Agosto (Lei de Bases de Política Florestal).

ARTIGO 2.º
Organização dos espaços florestais

A organização dos espaços florestais faz-se em cada região através de planos de ordenamento na óptica do desenvolvimento sustentado e de forma articulada com os restantes instrumentos de gestão florestal e designados por planos regionais de ordenamento florestal (PROF).

ARTIGO 3.º
Princípio de cooperação

As relações entre os instrumentos de planeamento e a sua execução e desenvolvimento obedece a um princípio de cooperação entre entidades públicas e privadas envolvidas, nomeadamente os municípios.

ARTIGO 4.º
Definições

Para efeito do presente diploma entende-se por:

a) Áreas críticas – áreas que, do ponto de vista do risco d e incêndio, da sensibilidade à erosão e da importância ecológica, oscila e cultural, impõem normas especiais de intervenção;

118   *Comentário à Nova Lei dos Baldios*

b) Espaços florestais – terrenos ocupados com arvoredos florestais, com uso silvo pastoril ou os incultos de longa duração;

c) Estratos – conjunto de parcelas que têm em comum um determinado atributo, designadamente a utilização do solo, a espécie florestal ou a classe de idade;

d) Exploração florestal e agro-florestal – prédio ou conjunto de prédios ocupados total ou parcialmente por arvoredos florestai, pertencentes a um ou mais proprietários e que estão submetidos ou não a uma gestão conjunta;

e) Operações silvícolas mínimas – intervenções tendentes a impedir que elevem a nível críticos o risco de ocorrência de incêndio, bem como aquelas que visem impedir a disseminação de pragas e doenças;

f) Ordenamento florestal – conjunto de normas que regulam as intervenções no espaço florestal com vista a garantir, de forma sustentada, o fluxo regular de bens e serviços por eles proporcionados;

g) Produção sustentada – oferta regular e contínua de bens e serviços.

SECÇÃO II

ARTIGO 5.º
Planos regionais d ordenamento florestal

1. Os PROF são instrumentos de política sectorial que incidem exclusivamente sobre os espaços florestais, como tal definidos pela alínea b) do artigo 4.º do presente diploma, e estabelecem normas específicas de intervenção sobre a ocupação e utilização florestal destes espaços, de modo a promover e garantir a produção sustentada do conjunto de bens e serviços a eles associados na salvaguarda de objectivos da política florestal nacional.

2. Em caso de sobreposição de áreas abrangidas pelos PROF e por planos especiais de ordenamento do território, os PROF integrarão as disposições neles contidas relativamente à ocupação e utilização florestal de faixas e áreas de protecção especial.

3. As normas constantes dos PROF vinculam directamente todas as entidades públicas e enquadram todos os projectos e acções a desenvolver nos espaços públicos e privados.

4. Os planos directores municipais relativos à área abrangida pelos PROF devem integrar, na primeira alteração a que são sujeitos, as normas constantes dos PROF.

ARTIGO 6.º
Âmbito geográfico

Os PROF têm como base territorial de referência as unidades de nível III da nomenclatura das unidades territoriais para fins estatísticos (NUTS), aprovadas pelo decreto-lei n.º 46/46/89 de 15 de Fevereiro.

ARTIGO 7.º
Conteúdo

1. Os PROF são compostos por um regulamento e pela respectiva cartografia anexa, devendo conter obrigatoriamente os seguintes elementos:

a) Caracterização biofísica e sócio-económica da região;

b) Definição de objectivos gerais de protecção, conservação e fomento da floresta e outros recursos naturais associados e dos objectivos específicos a atingir nas diversas de utilização demarcada nos espaços florestais objectos do PROF;

c) Identificação dos modelos gerais de silvicultura e de gestão dos recursos florestais mais adequados;

d) Definição das áreas críticas;

e) Definição das prioridades de intervenção florestal quanto à sua natureza e repartição no tempo e no território;

f) Dimensão a partir da qual as explorações florestais privadas são sujeitas a um PGE.

2. O conteúdo das alíneas anteriores consta do anexo ao presente diploma, que dele faz parte integrante.

3. Os elementos constantes das alíneas do n.º 1, com excepção da alínea a), constituem o regulamento do PROF, que, juntamente com a cartografia anexa será publicada no *Diário da República*.

ARTIGO 8.º
Elaboração

1. A elaboração dos PROF compete às direcções regionais de agricultura.

2. A elaboração do PROF é determinada por resolução do Conselho de Ministros, da qual devem, nomeadamente, constar:

a) O âmbito territorial do PROF, com menção expressa das autarquias locais envolvidas;

b) O prazo de elaboração;

c) A composição da comissão mista de acompanhamento prevista no artigo 9.º.

ARTIGO 9.º
Acompanhamento

1. Em cada direcção regional de agricultura é criada um comissão mista com as funções de acompanhamento da elaboração dos PROF.

2. O acompanhamento mencionado no número anterior deve ser assíduo e continuado, devendo no parecer escrito e assinado pelos representantes das entidades envolvidas, com menção expressa da orientação defendida.

3. A comissão mista de acompanhamento integra, obrigatoriamente, os seguintes elementos:

a) Um representante da direcção regional de agricultura da área a que respeita o PROF, que preside;

b) Um representante da Direcção-Geral das Florestas;

c) Um representante do Instituto de Conservação da Natureza, quando este for territorialmente competente, ou, nos restantes casos, um representante da direcção regional do ambiente da área a que respeita o PROF;

d) Um representante da comissão de coordenação regional da área a que respeita o PROF;

e) Um representante de cada um dos municípios da área abrangida pelo PROF;

f) Um representante do Serviço Nacional de Protecção Civil;

g) Três representantes das organizações de proprietários florestais da área abrangida pelo PROF;

h) Um a três representantes a eleger pelos órgãos de administração dos baldios existentes na área de incidência de cada PROF;

i) Um a três representantes das organizações de indústrias florestais com maior representatividade na área abrangida pelo PROF.

ARTIGO 10.º

Coordenação

1. Compete à autoridade nacional florestal nacional coordenar a elaboração dos PROF com vista a assegurar a sua harmonização.

2. Para efeito do disposto no número anterior é criado na Direcção-Geral das Florestas um gabinete técnico que reveste a natureza de um grupo de projecto e funciona até à integral cobertura do território nacional através dos PROF.

ARTIGO 11.º

Concertação

1. Concluída a elaboração do PROF, a direcção regional de agricultura remete o mesmo parecer às entidades que, no âmbito da comissão mista de acompanhamento, hajam formalmente discordado das orientações neles expressas e outras entidades públicas e privadas com interesses relevantes nos espaços florestais.

2. Os pareceres referidos no número anterior devem ser emitidos no prazo de 30 dias, interpretando-se a sua falta de resposta dentro desse prazo como parecer favorável.

3. Recebidos os pareceres, a direcção regional de agricultura promove a realização de reuniões com as entidades que s tenham emitido, tendo em vista obter uma solução concertada que permita ultrapassar as objecções formuladas, nos 30 dias subsequentes.

ARTIGO 12.º

Participação

1. A Proposta de PROF, acompanhada dos pareceres das entidades consultadas e da comissão mista de acompanhamento, é submetida a discussão pública, que consiste na recolha de observações e sugestões sobre as soluções da proposta de PROF.

2. O período de discussão pública é aberto através de editais nos locais de estilo e mediante aviso publicado em dois ornais mais lidos na área da intervenção do plano, um dos quais de âmbito nacional, devendo os avisos e editais indicar o período de duração da discussão, os locais onde se encontram expostos os planos e a forma como os interessados devem apresentar as observações ou sugestões.

3. Os períodos de discussão pública e de exposição dos planos na direcção regional da agricultura e nos municípios incluídos nos respectivo âmbito de aplicação tem a duração de 30 dias e deve ser anunciado com a antecedência mínima de 8 dias.

4. Findo o período de discussão pública, a direcção regional de agricultura pondera os respectivos resultados e elabora a versão final da proposta do PROF para aprovação.

ARTIGO 13.º
Aprovação registo e publicidade

1. Os PROF são enviados à autoridade florestal nacional que emite parecer no prazo de 30 dias e os submete ao Ministro da Agricultura, do Desenvolvimento Rural e das Pescas, para efeitos da sua aprovação em Conselho de Ministros.

2. Os PROF revestem a forma de decreto regulamentar e são registados na Direcção-Geral das Florestas e na Direcção-Geral do Ordenamento do Território e do Desenvolvimento Urbano.

3. Os PROF são publicados no *Diário da República* nos termos previstos no n.º 3 do artigo 7.º, e em dois jornais mais lidos na área da intervenção do plano, um dos quais de âmbito nacional.

ARTIGO 14.º
Monitorização

Compete às direcções regionais de agricultura o acompanhamento da aplicação dos PROF e a elaboração de relatório anual da sua execução.

ARTIGO 15.º
Validade e alteração

1. Os PROF têm um período máximo de vigência de 20 anos, contados a partir da data da sua publicação.

2. Os PROF podem ser sujeitos a alterações periódicas, de cinco em cinco anos, tendo em consideração os relatórios anuais previstos no artigo 14.º do presente diploma, ou alterações intermédias, sempre que ocorra qualquer facto relevante que o justifique.

3. A alteração de um PROF segue o processo definido no presente diploma para a sua elaboração e aprovação.

SECÇÃO III
Disposições finais e transitórias

ARTIGO 16.°
Prazo de elaboração

A total cobertura do país por PROF deve estar concluída no prazo de dois anos a contar da data da entrada em vigor do presente diploma.

ARTIGO 17.°
Operações de arborização ou rearborização

A partir da publicação de cada PROF, as acções previstas no n.° 1 do artigo 1.° do Decreto-Lei n.° 139/89, de 28 de Abril, decorreentes de operações de arborização ou rearborização e realizadas na área por ele abrangiada, consideram-se sujeitas a regiem legal específico, para efeitos do n.° 1 do artigo 2.° do refrido decreto-lei.

ARTIGO 18.°
Regiões Autónomas

Nas Regiões Autónomas dos Açores e da Madeira a execução administrativa de presente diploma cabe aos órgãos competentes das respectivas administrações regionais.

ARTIGO 19.°
Norma revogatória

São revogados:
a) Os Decretos-Lei n.°s 439-E/77, de 25 de Outubro, e 79/78, de 27 de Abril;
b) O artigo 1.° do Decreto-Lei n.° 334/90, de 29 de Outubro.

ARTIGO 20.°
Entrada em vigor

O presente diploma entra em vigor 30 dias após a sua publicação.

Visto e aprovado em Conselho de Ministros de 1 de Abril de 1999 – *António Manuel de Oliveira Guterres – Jorge Paulo Sacadura Almeida Coelho – João Cardona Gomes Cravinho – Elisa Maria de Sousa Guimarães Ferreira.*

Promulgado em 20 de Maio de 1999.

Publique-se.

O Presidente da República: JORGE SAMPAIO.

Referendado em 27 de Maio de 1999.

O Primeiro Ministro: *António Manuel de Oliveira Guterres*

Uso e Fruição 123

ANEXO I
Conteúdo dos planos regionais de ordenamento florestal

I. **Caracterização biofísica e sócio-económica da região;**
   1. Elaboração da cartografia temática na escala de 1:25.000 o, nalgumas situações específicas, recorrendo as escalas superiores, abordando:
   a) **A utilização predominante do solo;**
   b) **A caracterização geomorfológica;**
   c) **A rede hidrográfica e correspondentes bacias.**
   2. Classificação do espaço florestal objecto de PROF segundo estratos resultantes de sobreposições dos três tipos de cartografia anteriormente referidos e caracterizados por:
   a) **Composição dos povoamentos e grau de coberto;**
   b) **Acessibilidade interna e externa do espaço florestal;**
   c) **Graus de risco do ponto de vista de conservação do solo e da água;**
   d) **Regime jurídico da propriedade onde se situam;**
   e) **Ecossistemas sensíveis a conservar;**
   f) **Fragilidade face ao risco e perigo de incêndios;**
   g) **Intensidade de utilização m actividades de recreio.**
   3. Caracterização sócio-económica da região, identificando:
   a) **Estrutura fundiárias e regime jurídico das propriedades;**
   b) **Relação entre o espaço florestal e os espaços agrícolas;**
   c) **Relação entre as florestas e as populações rurais;**
   d) **Relação entre a floresta e as populações urbanas;**
   e) **Relação entre a floresta e as indústrias florestais.**
   4. Identificação e demarcação das áreas florestais objecto de financiamento público.
   5. Identificação e demarcação das restrições de utilidade pública e servidões administrativas.

II. **Definição de objectivos gerais de protecção, conservação e fomento da floresta e outro recursos naturais e dos objectivos específicos a atingir nas áreas demarcadas – definição dos principais objectivos do PROF de acordo com os diversos interesses privados e públicos envolvidos.**

III. **Identificação dos modelos gerais de silvicultura e de gestão de recursos florestais e associados mais adequados:**
   1. Definição dos procedimentos a adoptar com vista à concretização dos objectivos dos planos, considerando vários cenários alternativos na harmonização dos diferentes interesses dos utilizadores florestais:
   1.1. Quanto à silvicultura (natureza, dimensão e peso dos cortes);
   1.2. Quanto à alteração do uso do espaço florestal:
   a) **Redução da área florestal;**
   b) **Expansão da área florestal.**
   1.3. Quanto à alteração da composição da floresta existente;
   1.4. Quanto à adopção de medidas especiais relativamente à protecção de algumas espécies;

124   *Comentário à Nova Lei dos Baldios*

    1.5. Quanto à definição de espaços mais favoráveis ao fomento da fauna e das actividades cinegéticas e Aquícolas;
    1.6. Quanto às acções que permitam o fomento da exploração de outros r cursos florestais, nomeadamente,
    1.7. a apicultura, a produção de frutos e cogumelos e o recreio.

IV. Definição das áreas críticas, nomeadamente do ponto de risco de incêndio, da sensibilidade à erosão, e da importância ecológica, social e cultural, bem como das normas de silvicultura e de utilização sustentada de recursos a aplicar nestes espaços.

V. Definição das prioridades de intervenção quanto 'sua natureza e repartição no tempo e no território:
    1. Organização regional da prevenção e combate dos incêndios florestais em articulação com os PMIF eventualmente em vigor.
    2. Intervenções silvícolas específicas;
    3. Acções de correcção torrencial.

VI. Dimensão a partir da qual as explorações florestais privadas são sujeitas a um PGF.

DECRETO-LEI N.º 205/99
de 9 de Junho

    Os principais orientadores da política floresta definida na Lei n.º 33/96 de 17 de Agosto (Lei de Bases da Política Florestal), nomeadamente os relativos ao reconhecimento d floresta como um recurso natural renovável, à necessidade de o uso e a gestão da floresta serem levados a cabo de acordo com a política e prioridades de desenvolvimento nacionais articuladas com as políticas sectoriais de âmbito agrícola, ambiental e de ordenamento do território e ainda de os recursos da floresta e dos sistemas naturais associados serem geridos num quadro de desenvolvimento rural integrado, determinam a necessidade da adopção e aplicação de planos de gestão florestal (PGF) que estabelecem normas específicas de intervenção sobre a ocupação e utilização dos espaços florestais, promovendo a produção sustentada de bens e serviços por eles fornecidos.
    Por outro lado e ainda de acordo com a Lei de Bases da Política Florestal cabe ao Estado definir normas de reguladoras da fruição dos recursos naturais e são definidos os planos de gestão florestal como instrumento básico de ordenamento florestal das explorações num quadro de regulamentação das intervenções de natureza cultural ou de exploração.
    Foram ouvidos os órgãos de governos próprios das Regiões Autónomas.
    Assim:
    No desenvolvimento do regime jurídico estabelecido pela Lei n.º 33796 de 17 de Agosto, e nos termos da alínea c) do número 1 do artigo 198.º da Constituição, o Governo decreta o seguinte:

SECÇÃO I
Disposições gerais

ARTIGO 1.º
Objecto

O presente diploma regula o processo d elaboração, aprovação, execução alteração dos planos de gestão florestal (PGF) a aplicar nos espaços florestais, nos termos dos artigos 6.º e 7.º da Lei n.º 33/96, de 17 de Agosto (Lei de Bases da Política Florestal).

ARTIGO 2.º
Definição

2. Os PGF são instrumentos de ordenamento florestal das explorações que regulam, no tempo e no espaço, com subordinação aos planos regionais de ordenamento territorial (PROFF) da região onde se localizam os respectivos prédios e às prescrições constantes da legislação florestal, as intervenções de natureza cultural e ou de exploração e visam produção sustentada dos bens ou serviços originados e espaços florestais, determinada por condições de natureza económica, social ou ecológica.

3. As opções de natureza económica contidas nos PGF são livremente estabelecidas pelos titulares das áreas abrangidas.

ARTIGO 3.º
Âmbito de aplicação

1. São obrigatoriamente submetidas a PGF as matas nacionais e comunitárias.

2. Os prédios da explorações florestais e agro-florestais privadas que, isolados ou contínuos, tenham uma área igual ou superior à que vier a ser definida em cada PROF devem ser submetidos a PGF.

3. Sem prejuízo do disposto no número anterior, os proprietários de explorações florestais e gro-florestais privadas podem voluntariamente submeter as mesmas a PGF.

ARTIGO 14.º
Conteúdo

1. Os PGF devem conter obrigatoriamente os seguintes elementos mínimos:
   a) Caracterização do coberto florestal e dos recursos associados;
   b) Definição dos objectivos predominantes da exploração;
   c) Métodos de regulação, avaliação e acompanhamento da produção.

2. As peças que constam do PGF devem orientar-se pelos anexos I e II ao presente diploma, do qual fazem parte integrante.

Comentário à Nova Lei dos Baldios

ARTIGO 5.º
Elaboração

1. Após a publicação dos PROF, as direcções regionais de agricultura informam os detentores das áreas que, pela sua dimensão, devam ser sujeitas a PGF, nos termos do n.º 2 do artigo 6.º da Lei n.º 33/96, de 17 de Agosto, para procederem à sua elaboração.

2. A partir da data da publicação de cada PROF na sua área de incidência, todos os PGF devem estar concluídos no prazo máximo de 3 anos.

3. No caso das matas nacionais e comunitárias, a elaboração dos PGF compete à entidade responsável pela sua gestão, devendo o mesmo, no caso dos baldios, integrar os elementos referidos no anexo II ao presente diploma, que dele faz parte integrante, constituindo o plano de utilização tipo previsto no artigo 8.º da Lei n.º 68/93, de 4 de Setembro.

4. Sempre que a exploração florestal ou agro-florestal esteja abrangida por mais de um PROF, o PGF correspondente deve observar os princípios e orientações constantes daquele que integra a maior parte da área da exploração.

ARTIGO 6.º
Análise e aprovação

1. Após a elaboração, o PGF é apresentado nas direcções regionais de agricultura que emitem parecer fundamentado no prazo de 30 dias.

2. Os PGF, acompanhados dos respectivos pareceres, são enviados à autoridade florestal nacional, a quem compete proceder à sua análise e aprovação no prazo de 30 dias.

3. No caso dos PGF não reunirem condições de aprovação, a autoridade florestal nacional deve, antes de tomara a sua decisão final, devolvê-los às respectivas direcções regionais de agricultura para que os detentores da área florestal, no prazo de 30 dias, procedam à sua reformulação.

4. As decisões finais da autoridade florestal nacional sobre a aprovação ou a recusa de aprovação dos PGF são notificadas aos detentores das áreas florestais abrangidas e comunicadas às direcções regionais de agricultura competentes.

5. A aprovação de PGF elaborados ao abrigo do disposto do n.º 3 do artigo 3.º é da competência da autoridade florestal nacional, com base em parecer da direcção regional de agricultura competente.

6. Das decisões que recusam a aprovação dos PGF cabe recurso facultativo a interpor para a Comissão de Recursos e Análise de Projectos, criada pelo Decreto-Lei n.º 224/98, de 17 de Julho.

ARTIGO 7.º
Validade e alteração

1. Os PGF acompanham a valide dos PROF, podendo, por iniciativa dos detentores da área abrangida, ser alterados a qualquer momento.

2. Os proprietários ou detentores devem ter os PGF actualizados, com registo das alterações introduzidas, devendo estes elementos ser disponibili-

Uso e Fruição 127

zados, sempre que solicitados, pelos serviços do Ministério da Agricultura, do Desenvolvimento Rural e das Pescas.

3. Ao Ministério da Agricultura, do Desenvolvimento Rural e das Pescas cabe garantir, através das direcções regionais de agricultura, a elaboração, de cinco em cinco anos, de um relatório de acompanhamento das operações previstas nos PGF referidos no n.°s 1 e 2 do artigo 3.°.

ARTIGO 8.°

Operações silvícolas mínimas

1. Os proprietários e outros detentores das áreas florestais submetidas a um PGF estão obrigados a efectuar as operações silvícolas mínimas prevista no respectivo PGF.

2. Em caso de incumprimento do disposto no número anterior, as direcções regionais de agricultura notificam os proprietários ou detentores para a sua execução, fixando prazo adequado para o efeito.

3. Decorrido o prazo a que se refere o número anterior sem que se mostrem realizadas as operações silvícolas mínimas previstas no PGF, as direcções regionais de agricultura competentes procedem à sua execução, após o que notificam os proprietários ou detentores para no prazo de 60 dias, procederem ao pagamento dos custos correspondentes.

4. Decorrido o prazo referido no número anterior sem que se tenha verificado efectiva cobrança, esta decorrerá por processo de execução fiscal.

SECÇÃO II

Fiscalização e regime contra-ordenacional

ARTIGO 9.°

Contra-ordenações

1. As infracções ao disposto no presente diploma constituem contra ordenação punível com as seguintes coimas:

a) Por infracção ao disposto no n.° 2 do artigo 5.°, coima de 50.000$ a 750.000$.

b) Por infracção ao disposto no n.° 1 do artigo 8.°, coima de 25.000$ a 750.000$.

2. O limite máximo das coimas previstas no número anterior é elevado a dez vezes o seu valor sempre que a contra-ordenação seja praticada por pessoas colectiva.

3. A negligência e a tentativa são sempre puníveis.

4. Como sanção acessória, o Ministro da Agricultura, do Desenvolvimento Rural e das Pescas pode declarar a privação do direito a subsídio ou benefício outorgado por entidades ou serviços públicos.

128   *Comentário à Nova Lei dos Baldios*

ARTIGO 10.º
Fiscalização

1. A fiscalização do cumprimento das normas dos PGF é da competência da Direcção-Geral das Florestas, designadamente, através do Corpo Nacional da Guarda Florestal.
2. A instrução dos processos das Contra-ordenações previstas no presente diploma é da competência das direcções regionais de agricultura.
3. Finda a instrução, os processos são remetidos ao director-geral das Florestas, a quem compete a aplicação das coimas e a proposta de sanções acessórias.
4. O produto das coimas é repartido nas seguintes percentagens:
a) 60% para o Estado,
b) 40% para o fundo florestal a que se refere o artigo 18.º da Lei n.º 33/96, de 17 de Agosto.

SECÇÃO III
Disposições finais e transitórias

ARTIGO 11.º
Apoios à execução dos PGF

Os proprietários das explorações florestais submetidas a PGF e aqueles que voluntariamente sujeitem as suas explorações a estes planos podem ter acesso a apoios e incentivos financeiros, designadamente os previstos no artigo 18.º da Lei n.º 33/96, de 17 de Agosto, em termos a regulamentar, para a execução de acções nele compreendidas.

ARTIGO 12.º
Propriedades sujeitas ao regime
florestal facultativo e de simples polícia

Nas propriedades privadas submetidas a regime florestal facultativo e de simples polícia que, nos termos do n.º 2 do artigo 3.º, estejam sujeitas a PGF, os planos de arborização e exploração a que se refere o artigo 29.º do Decreto de 24 de Dezembro de 1901 e demais legislação complementar são substituídos por esses instrumentos.

ARTIGO 13.º
Regulamentação

O disposto nos n.ºs 2 e 3 do artigo 7.º da Lei n.º 33/96, de 17 de Agosto, é objecto de regulamentação própria, a aprovar por decreto-lei.

ARTIGO 14.º
Regiões Autónomas

Na Regiões Autónomas dos Açores e da Madeira a execução administra-

Uso e Fruição

tiva do presente diploma cabe aos órgãos competentes das respectivas administrações regionais.

ARTIGO 15.º

Entrada em vigor

O presente diploma entra em vigor 30 dias após a sua publicação.

Visto e aprovado em Conselho de Ministros de 1 de Abril de 1999. – *António Manuel de Oliveira Guterres – Jorge Paulo Sacadura Almeida Coelho – João Cardona Gomes Cravinho – Luís Manuel Capoulas Santos – Elisa Maria da Costa Guimarães Ferreira.*

Promulgado em 20 de Maio de 1999.

Publique-se.

O Presidente da República, JORGE SAMPAIO.

Referendado em 27 de Maio de 1999. O Primeiro-Ministro, *António Manuel de Oliveira Guterres.*

ANEXO I

Conteúdo dos planos de gestão florestal

1. Os planos de gestão florestal devem abordar os seguintes assuntos:

1.1. Avaliação geral dos recursos da unidade de gestão florestal e evolução histórica do seu aproveitamento;

1.2. Compartimentação da mata para efeitos de gestão (rede divisional ou Compartimentação natural);

1.3. Definição e delimitação das parcelas;

1.4. Avaliação das áreas, descrição e caracterização das parcelas quanto à composição, à geomorfologia e natureza dos solos, sub-bosque e flora dominante;

1.5. A Composição, os regime cultural e modo de tratamento, a idade ou fase de desenvolvimento, a caracterização da ocupação da estação, a densidade, a lotação, o grau de coberto e existência;

1.6. Avaliação da qualidade do arvoredo (estado vegetativo e sanitário);

1.7. Definição das operações silvícolas mínimas.

2. No caso de utilização económica dos povoamentos florestais para produção lenhosa, deverá ser elaborado um plano geral da exploração e planos de intervenção a médio prazo, contemplando:

2.1. A definição dos principais objectivos da exploração e sua justificação;

2.2. A selecção dos modelos de silvicultura, tipos de explorabilidade e métodos de regulação da produção.

3. Os documentos escritos deverão ser acompanhados de cartografia na escala de 1:10 000 ou mesmo na escala de 1:5 000; quando se justifique.

130   *Comentário à Nova Lei dos Baldios*

ANEXO II

Conteúdo dos planos tipo de utilização dos baldios

Os planos tipo de utilização dos baldios devem conter as seguintes peças:

1. Enquadramento geral:

1.1. Avaliação dos recursos do baldio e evolução histórica do seu aproveitamento;

1.2. Caracterização da situação actual do baldio no que respeita ao uso e fruição por parte das comunidades locais;

1.3. Cartografia geral dos espaços e infra-estruturas existentes segundo a sua utilização actual.

2. Abordagens específicas para as componentes florestal, silvo-pastoril e de aproveitamento de outros recursos, garantindo a sua mútua compatibilidade:

2.1. No que respeita à componente florestal, o plano deverá seguir a estrutura apresentada no anexo II (?), nomeadamente no que se refere aos sub-pontos n.ºs 1.2 a 1.6, ponto 2 e ponto 3;

2.2. No que respeita à componente silvo-pastoril, o plano tratará:

2.2.1. A definição da áreas susceptíveis de aproveitamento pastoril;

2.2.2. A sua potencialidade forrageira;

2.2.3. O levantamento e caracterização do efectivo pecuário existente;

2.2.4. Definição dos grandes objectivos relativamente à produção pecuária;

2.2.5. Definição dos modelos de ordenamento silvo-pastoril e elaboração de planos de curto e médio prazos;

2.3. No que respeita aos restantes recursos, deverá ser planeada a sua utilização, nomeadamente para:

2.3.1. As actividades cinegéticas, Aquícolas e apícolas;

2.3.2. O aproveitamento de outros recursos silvestres;

2.3.3. As actividades turísticas e de recreio;

2.3.4. O aproveitamento de outros recursos existentes.

ARTIGO 8.º

Plano tipo de utilização

1. Os serviços competentes da administração pública, sem prejuízo do dever de cooperação previsto no n.º 2 do artigo 6.º, elaborarão projectos de planos-tipo de utilização adequados a situações específicas.

2. Na elaboração dos planos-tipo previstos no número anterior tem-se em consideração os conhecimentos técnicos dos serviços e a experiência dos órgãos representativos dos compartes.

Fonte: Disposição nova.

Comentário:

Os planos-tipo que se faz referência no texto legal são aqueles cujo "conteúdo" vem definido no Anexo II ao Dec.-Lei n.º 205/99 de 9 de Junho.

Da leitura de tal Anexo não se vislumbra onde e como é que em tais "planos-tipo" se introduz " *experiência dos órgãos representativos dos compartes*" a que se faz alusão no n.º 2 do presente comando legal.

Na verdade, quer o Dec.-Lei n.º 204/99, quer o Dec.-Lei n.º 205/99 enfermam de uma visão tecnicista e centralista, parecendo esquecer que a maior parte das matas e florestas a que se aplicam são, no Norte e Centro do País, os baldios que se regem por legislação especial: a presente Lei.

Ora, como a "Lei dos Baldios" é uma *lei especial* que pretende regular e disciplinar todas as questões emergentes dessa classe de "*bens comunitários*" e os Decs.-Lei n.ºs 205/99 e 205/99 são *leis gerais* pretendem aplicar-se a todas matas e florestas (particulares, públicas e "comunitárias") temos que por força do art. 7.º, n.º 3 do Cód. Civil não revogam a Lei especial, excepto se outra fosse a intenção inequívoca do legislador.

Que assim não foi é, para nós evidente, até pela simples circunstância de o legislador "quase" se ter esquecido do baldios, como acima dissemos.

Desta sorte, em caso de choque, deverá prevalecer o que nesta Lei se dispõe, pelo que é ilegal a imposição feita pelos Serviços Florestais dos seus critérios meramente tecnicistas, sem levarem em consideração a "*experiência dos órgãos representativos dos compartes*".

ARTIGO 9.º
Cooperação com serviços públicos

Sempre que a execução dos planos de utilização implique ou aconselhe formas continuadas de cooperação entre os serviços públicos especializados e comunidades locais, devem os mesmos planos contemplar as regras disciplinadoras dessa cooperação.

Fonte: Preceito novo.

Comentário:

A única dúvida que este preceito suscita é a de saber quem é que tem autoridade para decidir que "*a execução dos planos de utilização implica ou aconselha formas continuadas de cooperação com os serviços públicos*".

A lei não o diz e não nos parece curial que sejam os próprios "serviços" a decidi-lo.

De qualquer forma e por força do n.º 3 do art. 5.º do Dec.-Lei n.º 205/99 de 9 de Junho, "*no caso das matas nacionais e comunitárias a elaboração dos PGF compete à entidade responsável pela sua gestão*".

132   *Comentário à Nova Lei dos Baldios*

Ora, a entidade encarregada e gerir os baldios é a Assembleia de Compartes, através do seu Conselho Directivo ou as Juntas de Freguesia, nos casos do n.° 1 do art.° 36.° da "Lei dos Baldios".

Assim, sempre estas entidades terão uma palavra importante a dizer no que tange à matéria do preceito em análise.

ARTIGO 10.°
Cessão da exploração do baldios

1. Os baldios podem ser objecto, no todo ou em parte, de cessão de exploração, nomeadamente para efeitos de povoamento ou exploração florestal, salvo nas partes do baldio com aptidão para aproveitamento agrícola.

2. Pode ainda a assembleia de compartes deliberar a cessão de exploração de partes limitadas do respectivo baldio, para fins de exploração agrícola, aos respectivos compartes, sem prejuízo do princípio da igualdade de tratamento dos propostos cessionários.

3. A cessão de exploração deve efectivar-se, tanto quanto possível, sem prejuízo da tradicional utilização do baldio pelos compartes, e tendo em conta o seu previsível impacte ambiental.

4. A cessão de exploração, nos termos dos números anteriores, pode efectivar-se por períodos até 20 anos, sucessivamente prorrogáveis por períodos até igual tempo.

Fonte: Preceito novo

Comentário:

1. Sobre o conceito " *cessão de exploração*", ver os artigos 1.085.° do C. Civil e, hoje, o art. 111.° do R.A.U.

Destes preceitos resulta que a "*cessão de exploração*" pressupõe a existência de um estabelecimento comercial cuja exploração se cede "temporariamente", porque se for com caracter definitivo, é "trespasse"[204].

Com o preceito em análise, o legislador quis estender o dito conceito à "exploração" dos baldios, procurando, assim afastar a ideia de que tal cedência poderia ser entendida como "arrendamento".

_____

[204] Neste sentido, ver entre outros, o Ac. da Rel. do Porto de 69/10/94, in *"Colect. Jurisp."*, Ano XIX, 1994, Tomo IV, 267); Vaz Serra, in *"Revist. de Leg. e Jurisp."*, Ano 100, pág. 262 e 263; Antunes Varela (ibidem, 266 a 270 e *"Das Obrigações em Geral"*, 3ª. Ed. p. 242). Veja-se ainda o Ac. STJ de 28/10/75, in BMJ, 250, 159.

Uso e Fruição 133

Não vislumbramos que é que se ganhou com isso, particularmente, tendo em consideração o disposto no art. 35.°, onde os arrendamentos são equiparados à cessão de exploração.

Um ou outro negócio integram sempre o um acto de "administração", pelo que quer um quer outro nunca estariam abrangidos pela nulidade do art. 4.°.

2. Este contrato de "cessão de exploração" abrange todas e quaisquer utilidades fornecidas pelos baldios (exploração de águas, parques eólicos, etc. e, *"nomeadamente (...) exploração florestal"*).

É óbvio que tal exploração não pode pôr em causa a utilização ou "fruição" dos mesmos baldios pelos seus compartes, segundo os usos e costumes.

3. Quanto à forma de tal contrato, entendemos que, a partir da entrada em vigor do Dec.-Lei n.° 64-A/2000, de 22/4 que revogou a al. *l*) do art. 80.° do Cod. Not., o qual, na sequência do art. 7.°, n. 2, al. *b*) do RAU exigia escritura pública para a celebração de tal contrato, este deverá ser reduzido a escrito particular, face ao que dispõe o art. 7.° n.° 1 do RAU, tudo aplicado por analogia.

Antes da entrada em vigor do citado Dec.-Lei 64-A/94, tal contrato deveria ser reduzido a escritura pública, por força dos mesmos artigos, também aplicados por analogia.

4. No que tange à cessão de exploração dos terrenos com aptidão agrícola, aos respectivos compartes, prevista no n.° 2, dever-se-á ter em consideração que tal cessão só poderá ser feita, *"sem prejuízo da igualdade de tratamento dos propostos cessionários"*.

Quer dizer: as parcelas a ceder deverão ser sujeitas a hasta pública, só entre os compartes, e entregues a quem apresentar melhor oferta.

Só assim se respeitará o "princípio da igualdade" e os interesses da colectividade.

5. Quanto ao disposto no n.° 4, entendemos que a "tradicional utilização dos baldios" (estrumes, lenhas e pastorícia) vai perdendo, dia a dia a importância que antes tinha.

De qualquer forma deverá ser respeitada, nos casos em que tal utilização ainda se mostre significativa.

Quanto ao impacto ambiental, terão os serviços do Ministério do Ambiente de se pronunciar, havendo, sempre recurso quando esta decisão for desfavorável ao entendimento da AC.

6. O prazo de 20 anos referido no n.° 4 é sempre o máximo. Poderá ser reduzido quer no contrato inicial, quer nas prorrogações que não são automáticas, valendo, assim, a livre disponibilidade das partes, quer na fixação do prazo, quer nas prorrogações.

CAPÍTULO III
Gestão

ARTIGO 11.º
A Administração dos baldios

1. Os baldios são administrados, por direito próprio, pelos respectivos compartes, nos termos dos usos e costumes aplicáveis ou, na falta deles, através de órgão ou órgãos democraticamente eleitos.
2. As comunidades locais organizam-se, para o exercício dos actos de representação, disposição, gestão e fiscalização relativos aos correspondentes baldios, através de uma assembleia de compartes, um conselho directivo e uma comissão de fiscalização.
3. Os membros da mesa da assembleia de compartes, bem como do conselho directivo e da comissão de fiscalização, são eleitos por períodos de dois anos, renováveis, e mantido-se em exercício de funções enquanto não forem substituídos.

Fontes: arts. 3.º, 6.º, 9.º e 10.º n.º 2 e 18.º do DL n.º 39/76 de 19/1.

Comentário:

1. **A entrega dos baldios aos compartes depende da sua organização em assembleia de compartes**

1. Na base deste art.º está o art. 6.º do Dec.-Lei n.º 39/76 de 19 de Janeiro, o qual tornava a entrega ou devolução dos baldios aos seus compartes, ordenada no art.º 3.º, dependente da sua organização prévia em assembleia de compartes.

Efectivamente, de acordo com o n.º 1 do preceito em análise, *"os baldios são administrados pelos respectivos compartes, nos termos dos usos e costumes aplicáveis ou, na falta deles, através de órgãos democraticamente eleitos"*.

Com após a publicação do C. Adm. de 1940, até à publicação do Dec.-Lei n.º 39/76 de 19 de Janeiro, os baldios sempre foram administrados pelas juntas de freguesia ou câmaras, conforme se tratasse de *baldios paroquiais* ou *baldios*

136 Comentário à Nova Lei dos Baldios

municipais (*vide* arts. 253.°, n.°s 3, 4 e 5; 255.°, n.° 2; 389.° e 398.° – quanto às juntas – e 44.°, n.° 1; 45.°, n.° 1; 51.°, n.°s 4 e 6, e 394.° – quanto às câmaras – do C. Adm) e após a publicação daquele Dec.-Lei, pelas assembleias de compartes, conforme dispunham os seus arts. 3.° e 6.°[205], temos que quaisquer eventuais *"usos e costumes"*, no que toca à administração dos baldios só podem os *"usos e costumes"* medievais comunitários dos *"seis da fala"* e outros a que se refere Rocha Peixoto in *"Formas de Vida Comunalista"*, nas "Notas sobre Portugal", há muito caducaram"[206].

Aos compartes ou "utentes" restava, apenas, o direito de retirar dos baldios as utilidades tradicionais, segundo o *"direito consuetudinário"* a que se referia o art. 394.° do C. Adm.e que consistiam na recolha de estrume verde, lenhas, pastagens e pouco mais[207-208].

Assim só resta uma forma legal de fazer a administração dos baldios: *é através dos órgãos democraticamente eleitos"*.

E compreende-se que assim seja, uma vez que a administração dos baldios só poderá ser *"devolvida"* aos compartes (como se dizia no art. 3.° do SL n.° 39/76 e, hoje, por outras palavras se diz no n.° 2 do preceito em análise) se estes se ***organizarem*** para o exercício dos actos de representação, disposição e fiscalização, *"através de uma assembleia de compartes, um conselho directivo e uma assembleia de compartes"*.

2. Refere-se, ainda, o mesmo n.° 1 a *"órgão ou órgãos democraticamente eleitos"*.

Não vislumbramos onde é que a lei foi "descobrir" aquele *"órgão"* no singular, pois de acordo com o n.° 2 do mesmo artigo, as *"comunidades locais"*, titulares dos baldios[209], têm, obrigatoriamente, que se organizar nos termos de tal preceito e aí não se prevê qualquer "órgão" isolado, mas, sempre, três: a assembleia de compartes, o conselho directivo e a comissão de fiscalização.

---

[205] De referir, também, que para efeitos de da *"entrega de receitas no período transitório"* – enquanto não fossem organizadas as assembleias de compartes, o art. 19.° do DL n.° 39/76 fazia a entrega dessas receitas às "autarquias locais", que, naturalmente, mantinham, quanto a elas uma competência administrativa residual (*vide* n/ *"Comentário à(s) Lei(s) dos Baldios"*, pág. 137).

[206] Citado por Joaquim e Manuel de Barros Mouro, in *"Reforma Agrária"*, pág. 126.

[207] Em algumas regiões: Montalegre, Castro Daire e outras, também se utilizavam algumas áreas mais produtivas de baldios, para certas culturas agrícolas: batatas, centeio, etc. Noutras retirava-se, também, pedra e saibro.

[208] Deve anotar-se os *"usos e costumes* "na administração dos baldios pelos compartes não se confundem com os *"usos e costumes"* na fruição dos baldios que sempre existirem e são factor decisivo para a "afectação" dos baldios, como vimos atrás no cap. *"Os baldios instituem-se por afectação"*. Pág. 59.

[209] Ver o art. 82.°, n.° 4, al. *b*) da CRP.

Gestão

3. Contrariamente ao que acontecia no domínio do Dec-Lei n.º 39/76 de 19 de Janeiro, os membros dos três órgãos da Assembleia de Compartes (AC) são, agora eleitos, apenas, por dois anos, renováveis.

No domínio da lei anterior, eram eleitos por três anos, mas não podiam ser reeleitos (ver art. 10.º, n.º 2, quanto ao CD, nada se dizendo quanto aos membros da mesa da AC. Não havia, então, Comissão de Fiscalização).

4. Antes da entrada em vigor do DL n.º 39/76 de 19/1, a administração, polícia e, até, disposição (em certos casos) dos baldios pertencia às juntas de freguesia e câmaras municipais, conforme se tratasse de baldios paroquiais ou municipais (arts. 44.º n.º 1; 51.º, n.ºs 4 e 5; 253.º, n.ºs 3, 4 e 5; 255.º, 389.º e 398.º do C. Administrativo).

Os poderes que estes entidades detinham sobre os baldios eram tão amplos que havia quem considerasse que tais terrenos eram propriedade privada das mesmas entidades administrativas[210].

Nesta base, tais terrenos eram inscritos na matriz predial em nome de tais entidades e na mesma base, hoje em dia, muitas câmaras e juntas de freguesia outorgam em escrituras notariais de justificação, onde tais terrenos são atribuídos, em propriedade particular, às referidas entidades, esquecendo-se as outorgantes e os srs. Notários de que nem a câmara municipal, nem a junta de freguesia, como meros órgãos executivos que são, não detêm, sequer, personalidade, nem capacidade jurídica, nos termos dos art. 239.º n.º 1; 244.º, 246.º e 250.º da CRP.

2. **Possibilidade de se formar nova assembleia de compartes dentro da área da anterior**

Quando uma assembleia de compartes existente abrange várias "comunidades" reunidas numa só, é possível autonomizar cada comunidade, formando cada uma a respectiva assembleia.

Esta prática tem sido corrente, relativamente às primeiras assembleias que se formaram, as quais, ainda sob a influência da administração conjunta dos baldios pelas juntas de freguesia, formaram assembleias de compartes, abrangendo os baldios de toda a freguesia.

E nada havia na Lei, como hoje ainda não há, que proibisse tal associação.

Verificou-se, depois, com o decorrer do tempo, que a existência de uma única assembleia abria as portas aos vícios da administração paroquial exercida, anteriormente, pelas juntas de freguesia, isto é, os "povos" mais pequenos e afastados do "centro" (que normalmente detinham a maior área de baldio) eram postergados, nas receitas, pelos "povos" mais centrais e com maior população, os quais, normalmente, já haviam, até, disposto dos seus baldios.

---

[210] Neste sentido ver: Rogério H. Soares, *"Op. e pág. cits."* e Ac. STJ de 27/06/61, ponto IV, in BMJ 108, 291.

Para evitar sérios conflitos que muitas vezes se perfilaram, os povos prejudicados têm optado por abandonar a primitiva assembleia, formando outra que só lhes diga respeito.

Esta prática afigura-se-nos perfeitamente legal e cumpre, até, melhor o espírito da al. *b)* do n.° 4 da CRP do art. 11.° da Lei n.° 68/93 e, antes de todos, do art. 3.° do Dec.-Lei n.° 39/76 de 19 de Janeiro, segundo os quais os baldios pertencem às "comunidades" que os utilizam, em separado, ou em comum.

Com a devolução do uso, fruição e gestão dos baldios aos respectivos compartes pretendeu-se, exactamente, aproximar a respectiva administração dos seus utilizadores, apaziguando os "povos".

Além disso, de acordo como n.° 2 do art. 11.°, em análise, *"as comunidades locais se organizam para o exercício dos actos de representação, disposição, gestão e fiscalização relativas aos correspondentes baldios, através de uma assembleia de compartes, um conselho directivo e uma comissão de fiscalização"*, pelo que a autonomização de cada "comunidade" é, ao fim e ao cabo, o cumprimento rigoroso deste comando.

A constituição de uma assembleia de compartes, abrangendo mais do que uma comunidade é que foi (é) uma distorção deste princípio

Depois, se as "comunidades" se puderam associar para a exploração dos seus baldios, porque nada na Lei o proibia, a verdade é que, também, nada na Lei proíbe que, a todo o tempo, se autonomizem.

Nos casos em que tal desmembramento seja causa de prejuízos directos para a anterior assembleia de compartes, deverá a nova pagar tais prejuízos.

2. O que acontece se não se proceder a novas eleições no prazo de 2 anos?

1. Diz o n.° 3 que os membros da assembleia de compartes, bem como o conselho directivo e comissão de fiscalização são eleitos pelo prazo de dois anos.

Sucede, porém que, muitas vezes, se verifica que, findo tal prazo, não se procede a novas eleições, quer por inércia do presidente da mesa, ou deficiente funcionamento dos demais órgãos.

Quid júris, nessa hipótese?

Entendemos que os órgãos que estão em exercício, continuarão *"em funções enquanto não forem substituídos"*, como reza a parte final do dito n.° 3 do art.° em análise.

Se nenhum órgão tomar a iniciativa de fazer funcionar a Assembleia de Compares, para o efeito, poderá, então, um número correspondente a 5% dos compartes inscritos, solicitar ao presidente da mesa a convocação de Assembleia de Compartes (n.° 2 do art. 18.°) e se este não fizer tal convocação no prazo de 15 dias, a contar da recepção de tal pedido, podem os solicitantes fazer directamente a convocação (n.° 3 do mesmo art.°).

Só nesta hipótese é que a assembleia pode ser convocada, directamente pelos compartes.

4. Qual a natureza jurídica das assembleias de compartes

As Assembleias de Compartes (AC) são pessoas colectivas .

Sobre esse ponto, parece que não restam dúvidas. A questão põe-se é no seu enquadramento jurídico.

Na verdade, segundo refere o Prof. Manuel Domingues de Andrade[211] *"são de direito público as pessoas colectivas que desfrutam, em maior ou menor extensão, o chamado "jus imperii", correspondendo-lhes portanto quaisquer direitos de poder público, quaisquer funções próprias da autoridade estadual, são de direito privado todas as outras"*.

Para atingir tal conclusão, o referido Mestre, seguiu como critério orientador o *"escopo"* ou *"finalidade"* das diversas pessoas colectivas[212].

E assim, têm como escopo ou finalidade participar do "jus imperii" com vista a coadjuvar o Estado nas grandes tarefas da administração públicas e na obtenção dos grandes objectivos.

Às pessoas colectivas privadas caberiam finalidades mais modestas na satisfação dos interesses privados.

Só que as Assembleias de Compartes nem participam do "jus imperii" das pessoas colectivas públicas, nem se limitam à satisfação de necessidades privadas, meramente individuais.

Conforme vimos, quando tratamos da "Natureza Jurídica dos Baldios" estes não se integram no sector público da propriedade, nem no sector privado. Integram, sim, o **sector social** que é um *"tértium genus"* entre os dois anteriores sectores (art. 82.º, n.º 4, al. b) da CRP), constituindo os ***"bens comunitários"***, pertencentes às respectivas comunidades locais e que têm como "escopo" primordial ou "finalidade" a satisfação das necessidades primárias e colectivas dos habitantes que integram tais comunidades[213].

Daí que as Assembleias de Compartes cujo objectivo é o *"exercício de actos de representação, disposição, gestão e fiscalização relativos aos respectivos baldios"* (vide n.º 2) não se encaixe na dicotomia estabelecida por Domingues de Andrade que parte da realidade jurídica, então em vigor que, apenas reconhecia dois sectores de propriedade: o das "coisas públicas" e "privadas", uma vez que o sector das "coisas comuns" do Cód. Civ. de 1867, foi extinto com a publicação do Cód. Civ. de 1966.

Assim sendo, temos que as Assembleias de Compartes são pessoas morais de caracter social, face à natureza jurídica dos baldios e ao "escopo".

---

[211] In *"Teoria Geral da Relação Jurídica"*, Vol. I, 1974, pág. 72.

[212] Op. cit. pág. 71. No mesmo sentido, Prof. Marcelo Caetano, *op. cit.*, 9ª ed. págs. 178 e 189.

[213] Vide atrás pág. 50 e segs.; ver, ainda, o Ac. do TC (Plenário), n.º 325/89, de 4 de Abril de 1989, in BMJ 386, 129).

140 Comentário à Nova Lei dos Baldios

Depois, embora seja da competência dos tribunais comuns conhecer dos litígios que directa ou indirectamente tenham por objecto terrenos baldios (art. 32.°, n.° 1) o certo é que todas as questões da Administração que dizem respeito ao cumprimento das obrigações e direitos que relativamente aos baldios, são da competência dos Tribunais administrativos[214].

De resto, antes do Dec-Lei n.° 39/76 de 19 de Janeiro, a regulamentação dos baldios era toda ela feita no Cód. Administrativo (art. 388.° e segs.).

5. As assembleias de compartes e o fisco

a) Abrangência quanto ao IRC

De acordo com o art. 2.°, n.° 1, al. *a*) do Código de Impostos Sobre o Rendimento das Pessoas Colectivas, "*são sujeitos passivos do IRC as sociedade comerciais ou civis sob a forma comercial, as cooperativas, as empresas públicas e as demais pessoas colectivas de direito público ou privado com sede ou direcção efectiva em território português*".

Daqui resulta que não fala a lei em "*pessoas colectivas sociais*" que nem são de direito público, nem de direito privado, mas um "*tertium genus*", entre umas e outras.

Ora o Código de Impostos Sobre Rendimento das Pessoas Colectivas é matéria de "*reserva de Lei da Assembleia da República*" (art. 165.°, al. *i*).

Assim sendo , ter-se-á de se entender que estas não estão abrangidas como sujeitos passivos de IRC, até porque "*as lacunas resultantes de normas tributárias abrangidas na reserva de leis da Assembleia da República não são susceptíveis de integração analógica*" (n. 4 do art. 11.° da Lei Geral Tributária).

E porque entre interpretação analógica e interpretação extensiva "*não existe uma diferença qualitativa, mas sim quantitativa*"[215] entendemos que, também, tal interpretação não é admissível no caso em apreço[216].

Acresce que, quando o Código do Imposto Sobre os Rendimentos das Pessoas Colectivas foi publicado (30/11/88) já as Assembleias de Compartes existiam (desde 19 de Janeiro de 1976 – data da publicação do Dec-Lei n.° 39/76 que as instituiu).

Por isso, se a Lei as não abrangeu, foi porque não quis que fossem abrangidas.

E compreende-se tal "não abrangência"[217]. É que os baldios, pela sua própria natureza, destinam-se a satisfazer as necessidades colectivas primárias de

---

[214] Vide Ac. do STJ (Secção Contenciosa Administrativa) de 30/5/89. In BMJ, 387, 387.

[215] Vide Diogo Leite de Campos e outros, in "*Lei Geral Tributária*", 2ª ed. pág. 71.

[216] Neste sentido ver Alberto Xavier, in *O Negócio Jurídico Indirecto em Direito Fiscal*, in Ciência Técnica Fiscal, n.° 147 (1971) pág. 45 e segs..

[217] Ter em atenção de não estamos perante um caso de "isenção" de imposto, mas de "não sujeição" à matéria colectável.

Gestão 141

sobrevivência das populações que deles desfrutam, pelo que seria uma violência tributar a satisfação de tais necessidades.

Por esta mesma razão deixou de ser obrigatória a sua inscrição na matriz, como abaixo veremos.

Esta circunstância é mais um argumento a favor da não sujeição das AC ao IRC.

Na verdade, se a inscrição na matriz dos baldios deixa de ser obrigatória, como abaixo veremos, tal significa que estes deixam de ser objecto de "contribuição autárquica", por falta de base de incidência.

Assim sendo seria "aberrante" que não gerando os baldios rendimento susceptível de "contribuição autárquica", gerassem rendimentos sujeitos a IRC.

Haveria um desequilíbrio. Entretanto o sistema torna-se muito mais harmónico.

Porque não é devido qualquer IRC, deverão as "comunidades locais" pedir a restituição do que indevidamente pagaram e deverão recusar-se a apagar o que lhes for pedido a este respeito, apresentando na respectiva Repartição de Finanças a competente reclamação, a fim de receberem o que pagaram e evitar a repetição do erro.

Se a Rep. de Finanças não atender a reclamação, deverão recorrer ao Tribunal Tributário, a fim deste declarar que tal imposto não existe e que o Estado deverá "repetir o indevido".

Sobre a forma de as ACs se oporem à execução da presumida dívida de tal imposto, ver abaixo a oposição possível na dívida do imposto autárquico.

b) *Imposto autárquico:*

1. *"A contribuição autárquica é um imposto municipal que incide sobre o valor tributável dos prédios situados no território de cada município, dividindo- -se, de harmonia com a classificação dos prédios em rústicos e urbanos"* – diz o art. 1.º Código da Contribuição Autárquica (C.C.A.).

Por outro lado, o art. 2.º do mesmo Código dispõe: *"Para o efeito deste Código, prédio é toda a fracção de território, abrangendo as águas, plantações, edifícios e construções de qualquer natureza nela incorporados ou assentes com caracter de permanência, desde que faça parte do património de uma pessoa singular ou colectiva e, em circunstâncias normais, tenha valor económico"* (...).

Verifica-se, assim, que é essencial à classificação de "prédio", para efeitos tributários, que a "fracção de território" faça parte do património de uma pessoa singular ou colectiva (de *"direito público ou privado"*), como se diz no art. 2.º, n.º 1, al. *a*) do C.I. S.R. P. C. atrás citado, a propósito do IRC.

Conforme aí vimos, as "comunidades locais" são pessoas colectivas de *"direito social"*, não abrangidas na classificação anterior (*"direito público ou privado"*).

Para além disso, o baldio não constitui um património no sentido de que os seus titulares deles possam dispor com maior ou menor facilidade, como acontece com as coisas públicas ou privadas.

Os baldios estão fora do comércio jurídico (art. 4.°, n.° 1 da presente lei, na esteira do art. 2.° do DL n.° 39/76) e, embora em certos casos possam ser alienados, tal possibilidade é uma apertada excepção e os baldios continuam "fora do comércio jurídico", como vimos atrás no comentário ao n.° 1 do art. 4.°.

Resumindo: *"é requisito jurídico de patrimonialidade, que afasta o conceito de prédio, as coisas públicas ou comuns que se encontram no domínio público do Estado e autarquias, e também os bens dominiais ou comunais que não podem ser objecto de direitos privados. É o caso das estradas, caminhos de ferro, ruas, praças, jardins, águas fluviais, monumentos, cemitérios, **baldios**, etc."* – como escrevem F. Pinto Fernandes e J. Cardoso dos Santos no seu *"Código da Contribuição Autárquica Anotado"*, pág. 34.

Daqui resulta que os baldios, não estão, também sujeitos à contribuição autárquica.

Assim, se as "comunidades locais" têm pago este imposto deverão pedir a sua restituição por não ser devido e deverão recusar-se a pagar o que lhes for pedido, apresentando reclamação nesse sentido, junto das Repartições de Finanças respectivas e Tribunal Tributário, se for preciso, tal como se deixa dito no comentário ao IRC.

2. Independentemente de tal dívida não existir, quem aparece como devedora é a entidade em nome de quem os terrenos ("prédios") aparecem inscritos na matriz.

Como vimos no comentário ao art. 1.° (a quem pertencia administração dos baldios sob o regime do C. Adm. de 1940) eram as juntas de freguesia e as câmaras municipais que estavam na sua administração, antes da entrada em vigor do DL n.° 39/76 de 19/1. Ora é em nome de tais entidades que os ditos terrenos estavam e estão inscritos, conforme se tratasse de baldios paroquiais ou municipais, a não ser que alguma AC tenha já promovido a sua inscrição em seu nome.

No caso de os baldios ainda estarem inscritos em nome de qualquer uma das entidades administrativas atrás referidas, são elas as responsáveis pelo pagamento do Imposto autárquico do IRC provenientes dos mesmo impostos.

Só que, nos termos do art. 9.° do C.C.A, até 1998, tais organismos não estavam sujeitos a contribuição autárquica e depois e 1998, passaram a estar isentos.

Não há imposto para esses organismos.

Isto quer dizer que se tais impostos aparecem em nome da "comunidade local" ou de qualquer um dos seu órgãos é porque houve um comportamento ilícito por parte dos Serviços da Finanças.

Efectivamente, nunca, legalmente, um baldio pode ser inscrito na matriz em nome de qualquer "comunidade local" ou de um seu órgão e isto porque, conforme abaixo se verá, no comentário que se segue, os baldios são, actualmente, insusceptíveis de inscrição matricial.

Assim sendo, deve qualquer imposto cuja razão de ser seja os rendimentos dos baldios, ser atacado por ilegalidade, já que os mesmos baldios não estão

Gestão 143

sujeitos a imposto autárquico, nem a *"comunidade local"* que os encabeça é passível de IRC.

Tal ataque deverá ser feito através de embargos de 3.º, nos termos do art. 237.º[218]; ou deve ser impugnado nos termos do art. 99.º, ou contra ele deduzir-se oposição nos termos do art. 204.º, tudo do C.P.P. Trib.

Estes meio de defesa poderão basear-se, também, na circunstância de os baldios não poderem <u>nunca</u> ser alienados para garantia de qualquer pseudo imposto, uma vez que, por força do n.º 1 do art. 4.º, estão *"fora do comércio jurídico"*[219].

c) *Matriz*

1. Como já deixamos dito atrás, deixou de ser obrigatória a inscrição na matriz predial rústica dos terrenos baldios, por força do disposto no art. 2.º do Cód. de Contrib. Autárquica.

E compreende-se que assim seja.

Na verdade, antes da entrada em vigor do Dec-Lei n.º 39/76 de 19 de Janeiro e da Lei n.º 68/93, os baldios eram administrados pelas Juntas de Freguesia e/ou Câmaras Municipais, por força do art. 394.º do Cód. Administrativo.

De resto, como vimos atrás, segundo a Doutrina e a Jurisprudência, depois da publicação do Cód. Civ. de 1966, os baldios *"eram* (mesmo*) considerados propriedade particular dos corpos administrativos encarregados da sua administração, sujeitas a uma afectação especial"*[220].

Assim se compreende que estivessem inscritos na matriz em nome das respectivas Juntas de Freguesia e/ou Câmaras Municipais que os administravam nos termos da lei então em vigor (arts. 44.º n.º 1; 51.º , n.ºs 4 e 5; 253.º, n.ºs 3 e 5; 255.º n.º 2; 389.º e 398.º do C. Adm.).

Simplesmente, depois da publicação do Dec-Lei n.º 39/76, da Constituição da República de 1976 e da Lei n.º 68/93, os baldios passaram à categoria de ***"bens (ou meios de produção) comunitários fora do comércio jurídico"*** (vide arts. 1.º

---

[218] É muito duvidoso, para nós, que a *"posse"* sobre os baldios seja passível de defesa em termos de embargo de terceiro, dada a sua natureza de *"posse útil"* que nunca desemboca na usucapião, como vimos atrás no comentário sobre a natureza dos baldios – **"A posse útil"**.

De qualquer maneira, o art. 4.º, n.º 3 fala em *"restituição de posse"* dos baldios e os Tribunais têm entendido que a posse sobre os baldios é defensável através da antiga "acção possessória" (que hoje se confunde com o processo comum) – vide Ac. STJ de 11/04/2000 – Revista n.º 129/00, na Acção Possessória n.º 117/96 que correu seus termos pelo Trib. Judicial de Vouzela.

[219] Sobre a situação dos baldios em relação ao *"comércio jurídico"*, ver o comentário ao art. 4.º, pág. 75 e segs..

[220] Vide atrás o título: *"Da Natureza Jurídica dos Baldios"*, pág. 48 e segs..

144   *Comentário à Nova Lei dos Baldios*

e 2.º do DL n.º 39/76; 1.º e 4.º da Lei n.º 68/93 e art. 82.º, n.º 4, al. b) da CRP, revisão de 1999).

Estando fora do comércio jurídico, tais terrenos deixaram de ser "prédios" para o efeito do referido art. 2.º do Cód. de Contrib. Autárquica, pelo que não têm que estar inscritos na matriz[221].

2. Não estando sujeitos a inscrição na matriz, poderão as Assembleias de Compartes, através dos seus Conselhos Directivos requerer que aqueles que já estão inscritos na matriz em nome das Juntas de Freguesia e das Câmaras sejam eliminados?

Entendemos que sim.

Na verdade, a sua inscrição em nome das juntas de freguesia e/ou das Câmaras só pode servir de pretexto para aqueles organismos "assaltarem" a "propriedade comunitária", pois utilizam tais inscrições para lavrarem "escrituras de justificação", passando tais terrenos a figurar no Registo Predial como propriedade da freguesia ou município, conforme tem acontecido em dezenas, senão em centenas de casos por todo o país, base para os reivindicar, os mesmos e retirando às Assembleias de Compartes os seus rendimentos, administração ou gestão.

Por tudo isto têm as Assembleias de Compartes, através dos seus Conselhos Directivos, todo o interesse a legitimidade, para requererem a eliminação de tais terrenos da matriz, conforme é de lei.

Nem se diga que o Chefe da Repartição de Finanças, apenas, pode proceder a tal eliminação nos casos dos arts. 352.º do Cód. Tributário e 218.º do Cód. da Contrib. Predial .

Não é verdade. Tal normativo refere-se á eliminação oficiosa. Nada impede que a tal eliminação também se proceda a requerimento de algum interessado.

E neste casos os "interessados" são aqueles referidos no n.º 2.º do art. 4.º da presente Lei que se deve aplicar por analogia ou, até, por extensão.

Na verdade, com o referido art. 4.º, pretende a lei impedir que se proceda à alienação de baldios ou partes deles. Ora, a eliminação dos arts. matriciais onde os baldios estão inscritos é um acto que só por si impede ou em muito dificulta tal alienação.

Com efeito, a prática da vida tem-nos ensinado que o mecanismo de alienação dos baldios, por parte das juntas de freguesia e/ou câmaras, passa, <u>sempre</u>, por uma escritura de justificação, através das quais tais órgãos declaram que o dito terreno baldio, ou parte dele, lhes pertence em propriedade privada.

Para poderem lavrar tal escritura, a junta ou câmara têm de juntar certidão do art.º matricial respectivo (vide art. 98.º, al. *b*) do Cód. Notariado) porque tal inscrição funciona como "presunção" da sua titularidade.

Ora, se o terreno estiver omisso, não se pode cumprir essa exigência legal

---

[221] Neste sentido se pronunciaram, também, F. Pinto Fernandes e J. Cardoso Santos, *"Código da Contribuição Autárquica"*, 2ª ed. pág. 34.

e as ditas entidades ficam impedidas de proceder ao "acto preparatório" indispensável para, depois poderem proceder à sua alienação.

Até porque tais entidades não poderão nunca utilizara a "escapatória" do art.º 31.º da presente Lei, porque, tal como veremos, este só funciona se a assembleia de compartes estiver constituída. Até aí está "bloqueado", e bem, pois nenhuma das supraditas entidades têm poder de "disposição" dos baldios, mas tão somente de "administração" (n.º 1 do art. 36.º).

Finalmente: a manutenção do baldios na matriz em nome de tais entidades é aberrante, particularmente se as Assembleias de Compartes (verdadeiras representantes das "comunidades" titulares de tais baldios) já se encontram constituídas[222-223].

3. Na hipótese do chefe da Repartição de Finanças se recusar a proceder à eliminação de tais terrenos baldios da matriz, dever-se-á recorrer hierarquicamente, se os argumentos invocados forem meramente fiscais.

No caso de os argumentos utilizados na recusa contenderem com a natureza do terreno e da sua titularidade, deverão os "interessados" prosseguir-se judicialmente, contra quem se opuser a tal eliminação e contra o Estado, a fim de a decisão a obter constituir "caso julgado" contra todos os intervenientes.

6. Extinção das assemleias de compartes

Combinando o art. 11.º com o art. 34, n.º 1 (que a seu tempo analisaremos) e tendo em consideração os arts. 6.º e 18.º do Dec-Lei n.º 39/76 de 19 de Janeiro, à sombra dos quais se constituíram muitas assembleias de compartes, temos que os baldios para serem devolvidos aos ditos compartes, estes tinham e têm, obrigatoriamente, de constituir em Assembleia de Compartes.

A questão que se pode pôr é a seguinte: constituída tal assembleia, poderá esta extinguir-se?

Entendemos que não.

Efectivamente, a assembleia de compartes é a organização da "comunidade" a quem o baldio ou baldios pertencem (arts. 1.º, n.º 1 e 11.º, n.º 2 da Lei n.º 68/93 e art. 82, n.º 4, al. b) da CRP)[224].

---

[222] Vide supra o título *"Titularidade dos Baldios"*, pág. 63.

[223] Relativamente aos baldios onde as Assembleias de Compartes ainda se não encontrem constituídas, porque, nos termos do n.º 1 do art. 36.º, as juntas de freguesia e câmaras continuam na sua administração "de facto", deverão ser estas entidades, se estiverem na sua administração de "boa fé", a requererem tal eliminação.

Tanto quanto a nossa experiência nos dita, supomos que, nunca ou raras vezes tal acontecerá…

[224] Sobre esta matéria ver acima os pontos: "Conceito dc Baldio" e "Titularidade dos Baldios", págs. 50 e 63.

146   *Comentário à Nova Lei dos Baldios*

Tal significa que, mesmo antes de se organizarem as assembleias de compartes, os baldios existem e pertencem às ditas "comunidades". As assembleias são, apenas, o pressuposto indispensável (obrigatório) da *"devolução"* dos baldios *"ao uso, fruição e administração" "dos respectivos compartes"*, como se dizia nos arts. 3.° e 6.° do DL n.° 39/76 de 19 de Janeiro e resulta do art. 11, n.° 2.

Daqui parece poder-se concluir afoitamente que, pós a devolução dos baldios ao seus compartes, não é mais possível "anular" tal devolução, nem "extinguir" a assembleia de compartes que se constituiu para que tal devolução se pudesse operar.

O facto de a assembleia não funcionar, porque o seu órgão executivo – Conselho Directivo – se tornou inoperacional, ou por qualquer outra razão, não significa que a mesma assembleia se extinguiu, mas tão somente, que está inactiva, podendo ser activada em qualquer momento, logo que convocada e posta a funcionar nos termos legais.

Se a administração dos baldios for prejudicada com tal inactividade (e normalmente é), resta aos compartes, nos termos do art. 18.°, requerem a convocação da mesma assembleia, a fim de se elegerem novos corpos sociais, ou a assembleia deliberar entregar a administração dos seus baldios à junta de freguesia ou câmara municipal (art. 36.°, por analogia).

Esta entrega poderá ser revogada, a todo o tempo, ficando qualquer uma destas entidades obrigada a prestar contas, nos termos do dito preceito (art. 36.°).

Do exposto resulta que as assembleias de compartes só se extinguem, quando os baldios da "comunidade" que representam se extinguirem também (arts. 26.° a 31.°).

Quer dizer: só por falta do objecto que foi a razão da sua instituição, as assembleias de compartes deixam de existir, porque as razões que as fizeram nascer desapareceram.

ARTIGO 12.°
Reuniões

1. Salvo nos casos especialmente previstos na lei, os órgãos das comunidades locais reúnem validamente com a presença da maioria dos seus membros e deliberam validamente por maioria simples dos membros presentes, tendo o respectivo presidente voto de qualidade.

2. Às reuniões dos órgãos podem assistir oficiosamente e sem direito a voto representantes do órgãos autárquicos em cuja área territorial o baldio se situe ou, quando se trate de baldio em cuja exploração florestal superintenda a Direcção-Geral das Florestas, um representante desta com direito a expor os pontos de vista dos respectivos órgãos, nomeadamente sobre matérias de interesse geral da respectiva população local constantes da ordem de trabalho.

Fontes: Portaria n.º 117/76 de 1 de Março e art. 175.º do Cód. Civil.

Comentário:

1. *"Salvo nos casos especialmente previstos na lei"* (art. 19.º), para que os *"órgãos das comunidades"* possam funcionar, é preciso que estejam presentes metade mais um (*"maioria"* ou *"quorum"*), isto é: na assembleia de compartes, metade mais um dos inscritos no recenseamento,; nas reuniões dos conselhos directivos e comissão de fiscalização, metade mais um dos seus membros.

As deliberações são tomadas por maioria simples (metade mais um) do presentes.

Em caso de empate, o presidente do respectivo órgão tem voto de qualidade. Quer dizer: o seu voto vale por dois.

2. Diz a lei que a estas reuniões podem assistir, oficiosamente e sem direito a voto, representantes dos órgãos autárquicos e, em certas circunstâncias, um representante da Direcção-Geral das Florestas.

Parece-nos que a letra da lei, abrangendo todos os *"órgãos (das comunidades)* vai além do seu espírito.

Efectivamente, compreende-se que do legislador tenha querido que, no que toca às assembleias de compartes, tais elementos estranhos possam participar para prestarem informações e ficarem ao corrente da vontade colectiva das ditas "comunidades", mas já nos parece excessivo que, nas reuniões que dizem respeito ao exercício quotidiano de administração e gestão do conselho directivo (art. 21.º) ou, até mesmo, no acompanhamento das contas, e demais tarefas referidas no art. 25.º, a presença de tais membros estranhos, mais do que beneficiar tais desempenhos, só pode prejudicar o exercício de tais tarefas ou competências.

Na verdade, é sabido que o êxito de muitas medidas de administração, independentemente da sua transparência, para serem eficazes têm de ser decididas e tomadas com algum secretismo, sob pena de os seus objectivos se gorarem, se se tornarem públicas a partir da sua própria gestação e discussão.

O mesmo se diga no que toca à actividade da comissão de fiscalização que, dando-se conta de alguma "irregularidade" sempre pode comunicá-la ao órgão que a cometeu, a fim de que a corrija, sem necessidade que tal "falha" seja, desde logo, alardeada em público.

Resumindo: se a lei quis, com tais intervenções, que as entidades aí referidas tomassem, apenas, conhecimento da grandes linhas que definem a actividade das "Assembleias de Compartes", como entidades gestoras dos baldios e prestassem, por ventura, algum esclarecimento, como parece resultar das suas capacidades interventivas definidas neste n.º 2, tornando, assim, mais transparentes, seguras e eficazes as decisões do órgãos das comunidades. Tal objectivo perde-se ou poder-se-á perder com a intervenção dos ditos estranhos nas reuniões dos conselhos directivos e comissões de fiscalização.

148   *Comentário à Nova Lei dos Baldios*

Principalmente quando as relações entre os órgãos dos compartes e tais entidades são conflituosas, como normalmente sucede...

Assim, entendemos que se deve fazer uma interpretação restritiva do n.° 2 do art. 12.°, no sentido de que a presença de tais estranhos se deve confinar à sua participação nas assembleias de compartes, sendo que nas reuniões dos CDs e CFs, poderão ser convidados, se estes órgãos considerarem útil a sua presença.

3. A presença do "representantes dos órgãos autárquicos" (juntas e/ou assembleias de freguesia, câmaras e/ou assembleias municipais municipais – arts. 239.°, 244.° e 250.° da CRP) tem, apenas, como objectivo tomar conhecimento da "grandes linhas" da actividade das assembleias de compartes, como atrás se disse.

Na verdade, os representantes dos órgãos autárquicos não têm direito a voto e o representante da Direcção-Geral das Florestas tem, apenas, *"direito a expor os pontos de vista dos respectivos órgãos"* (da dita Direcção-Geral que representam).

A intervenção deste representante terá de recair sobre *"matéria de interesse geral da respectiva população local e constem da ordem de trabalhos"*.

ARTIGO 13.°

Actas

1. Das reuniões dos órgãos das comunidades locais são elaboradas actas, que, depois de lidas e aprovadas, são assinadas pela respectiva mesa, no que se refere à assembleia de compartes, e pelos respectivos membros, quanto aos restantes órgãos.

2. Em caso de urgência, devidamente justificada, os órgãos podem delegar a aprovação da acta.

3. Só a acta pode certificar validamente as discussões havidas, as deliberações tomadas e o mais que nas reuniões tiver ocorrido.

4. As actas referidas nos números anteriores podem ser livremente consultadas por quem nisso tiver interesse.

Fonte: Este preceito é novo

Comentário:

1. O Dec-Lei n.° 39/76 de 19 de Janeiro, não fazia qualquer alusão às actas.

Tal não significava que tais actas não fossem necessárias. Na verdade, sendo os órgãos das comunidades locais, órgãos colegiais, a sua vontade só se podia manifestar *normativamente*, pelo que a sua prova só poderia ser feita através de uma forma *solene*, isto é, através de um escrito ou *acta*[225].

Assim, à falta de texto expresso, a este respeito, no Dec.-Lei n.º 39/76, aplicava-se o art. 355.º do Cód. Adm. por analogia e, depois, os arts. 105.º e 106.º da Lei n.º 79/77 de 25 de Outubro, da mesma forma.

2. Em princípio, quem elabora as actas é o secretário do órgão a que dizem respeito.

O facto de, porém, ter sido outra pessoa, a seu pedido, não invalida tal acta que deve *"ser lida e aprovada"* pela assembleia outro pelo ou órgão a que diz respeito e, só depois, assinada *"pela respectiva mesa, no que se refere à assembleia de compartes, e pelos respectivos membros, quanto aos restantes órgãos"*.

Tal não significa que se as actas forem, também, assinadas pelos compartes presentes que o queiram fazer, como é de uma certa praxe, em algumas assembleias de compartes, estas assinaturas inutilizem tais actas. As actas continuam válidas por aplicação do princípio *"quod abundat non noscet"*. Para além disso, reforçam a sua força e credibilidade, através da *"participação"* dos interessados.

3. Cada acta deve ser aprovada pelo órgão a que respeita,

Esta aprovação pode ser feita de duas maneiras: ou através do voto de confiança à mesa para elaborar a acta (voto que deve constar da mesma acta): *"se delega na mesa"*, como diz o n.º 2, ou se remete a sua aprovação para reunião seguinte.

Se algum membro desse órgão tiver qualquer reparo ou emenda ou se opuser deve declará-lo em acta a fim de livrar a sua responsabilidade futura sobre o que ficar aprovado.

4. A "delegação" a que se refere o n.º 2 deste artigo é um pouco estranha.

Que em caso de urgência, as assembleias aprovem a minuta da acta ou dêem um voto de confiança à mesa para que elabore a acta e a assine, compreende-se e é prática corrente nas outras pessoas colectivas de direito público e privado; agora que *"delegue a aprovação da acta"!*

A acta sempre terá de sempre aprovada pelo órgão a que diz respeito e a *"delegação"* só pode significar *"voto de confiança"* para que a acta seja elaborada e assinada pela "mesa".

5. Que só a acta pode certificar a vontade e a formação da mesma nos órgãos das comunidades locais, resulta da natureza colegial de tais órgãos, como atrás se disse, e da forma como a sua vontade se forma e expressa: por votação[226].

Só através da acta se pode fixar para o apuramento de eventuais responsabilidades, a forma como tais reuniões decorreram e os resultados se obtiveram.

---

[225] Vide Prof. Marcelo Caetano, op. cit. 4ª ed. pág. 232.
[226] A este respeito ver o Prof. Marcelo Caetano citado na nota anterior.

150   *Comentário à Nova Lei dos Baldios*

6. A "livre consulta" a que se refere o n.º 4 deve ser entendida em termos hábeis.

Ela significa que qualquer "interessado" pode ter acesso às actas.

Primeiro é preciso definir o que se entende por "interessado". Supomos que em tal expressão cabem os "interessados" referidos no n.º 2 do art. 4, ou os seus mandatários forenses (e apenas a estes por força do n.º 1 art. 63.º do EOA, aplicado por analogia).

Parece-nos, também, óbvio que tal consulta só se pode fazer na sede da Assembleia de Compartes, ou no local onde os livros esteja guardados, devendo o responsável por tais livros assistir a tais consultas, até para que se evite, qualquer acto depredatório sobre os mesmos livros, por parte de algum consulente.

SECÇÃO II
Assembleia de Compartes

ARTIGO 14.º
Composição

A assembleia de compartes é constituída por todos os compartes.

Fonte: Preceito novo.

Comentário:

Na anterior Lei (Dec.-Lei n.º 39/76) não havia nenhuma disposição onde expressamente se referisse qual a composição da Assembleia. Certamente, porque o legislador de 76 considerou desnecessária tal referência, por ser óbvia.

Sobre o que se entende por "compartes" ver o art. 1.º, n.º 3 e respectivo comentário.

ARTIGO 15.º
Competência

1. Compete à assembleia de compartes:

***a)* Eleger a respectiva mesa;**

***b)* Eleger e destituir, em caso de responsabilidade apurada com todas as garantias de defesa, os membros do conselho directivo e os membros da comissão de fiscalização;**

***c)* Deliberara sobre as actualizações do recenseamento dos compartes;**

d) Regulamentar e disciplinar o exercício pelos compartes do uso e fruição do baldio, sob proposta do conselho directivo;

e) Discutir e aprovar o plano de utilização dos recursos do baldio e respectivas actualizações, sob proposta do conselho directivo;

f) Deliberar sobre o recurso ao crédito e fixar o limite até ao qual o conselho directivo pode obtê-lo sem necessidade de sua autorização.

g) Estabelecer os condicionamentos que tiver por necessários à comercialização, pelo conselho directivo, dos frutos e produtos do baldio;

h) Discutir e votar, eventualmente com alterações, o relatório e as contas de cada exercício propostos pelo conselho directivo;

i) Discutir e votar, com direito à sua modificação, a aplicação das receitas propostas pelo conselho directivo;

j) Deliberar sobre a alienação ou cessão de exploração de direitos sobre baldios, nos termos do disposto na presente lei;

l) Deliberar sobre a delegação de poderes de administração prevista nos artigos 22.° e 23.°;

m) Fiscalizar em última instância a actividade do conselho directivo e das entidades em que tiverem sido delegados os poderes de administração e endereçar a um e a outras directivas sobre matéria da sua competência, sem prejuízo da competência própria da comissão de fiscalização;

n) Deliberar sobre a matéria de recurso para si interpostos dos actos do conselho directivo;

o) Ratificar o recurso a juízo pelo conselho directivo, bem como a respectiva representação judicial, para a defesa de direitos ou legítimos interesses da comunidade relativos ao correspondente baldio, nomeadamente para a defesa do respectivos domínio, posse e fruição contra actos de ocupação, demarcação e aproveitamento ilegais ou contrários aos usos e costumes por que o baldio se rege;

p) Deliberar sobre a extinção do correspondente baldio, nos termos d presente lei, ouvido o conselho directivo;

q) Deliberar sobre todos os demais assuntos do interesse da comunidade relativos ao correspondente baldio que não seja da competência própria do conselho directivo;

r) Exercer as demais competências decorrentes da lei, uso e costume ou contrato.

2. A eficácia das deliberações da assembleia de compartes relativas às alíneas *f), l) e p)* do número anterior depende da sua votação por maioria qualificada de dois terços dos membros presentes.

152   Comentário à Nova Lei dos Baldios

3. Quando não exista conselho directivo, a assembleia de compartes assume a plenitude da representação e gestão do baldio, regulamentando a forma de suprimento das competências daquele.
4.

Fonte: o art. 6.° do Dec.-Lei n.° 39/76 de 19 de Janeiro.

Comentário:

1. **Para que se verifique a devolução dos baldios à administração e gestão dos compartes é necessário que se constitua a respectiva assembleia.**

1. A devolução dos baldios à administração, fruição e gestão do compartes não era automática, no domino da legislação anterior. Tal devolução prevista no art. 3.° do Dec.-Lei n.° 39/76 só se operava após a constituição da respectiva assembleia de compartes.

Esta conclusão era óbvia na vigência do referido Decreto que, no seu art. 6.°, dispunha expressamente: *"os compartes constituir-se-ão, obrigatoriamente, em assembleia"*.

Na presente lei não há qualquer disposição onde tal *"obrigatoriedade"* se afirma de maneira expressa.

Mas ela resulta clara do art. 11.°, n.° 2, onde se diz que *"as comunidades" organizam-se, para o exercício dos actos de representação disposição, gestão e fiscalização (...) através de uma assembleia de compartes, um conselho directivo e uma comissão de fiscalização"*.

Estas assembleias são o que ficou das *"organizações populares de base territorial"* a que faziam referência os arts. 264.° e 268.° da CRP (versão 1976) e 263.° e 264.° (Revisão de 1982) e hoje se denominam *"organizações de moradores e outra formas de representação democrática"* (art. 267.°, n.° 1 da Revisão de 1999).

Conforme dispõe o art. 11.°, n.° 4.°, são estas assembleias, conjuntamente com os conselhos directivos e comissões de fiscalização, quem detém todos o poderes de administração, fiscalização e gestão dos baldios.

A constituição das assembleias de compartes, deverá constar de acta, nos termos do art. 13.°, n.° 1.

2. Na vigência da anterior lei (art. 18.° do Dec.-Lei n.° 39/76) as ditas assembleias só se consideravam constituídas a partir da recepção da cópia autêntica da acta, no Ministério da Agricultura.

Com a entrada em vigor da presente lei, deixou de ser obrigatório o envio de tal acta para o dito Ministério, pelo que, a partir de então, as assembleias de compartes se consideram constituídas, a partir da data em que a assembleia constituinte se realizou.

O facto de não ser obrigatório o envio de cópia autêntica da acta para o Ministério da Agricultura, não significa, porém, que se deixe de enviar cópia

Gestão

simples para o mesmo Ministério, a fim de os serviços dele dependentes (entre os quais, o Serviços Florestais) passem a ter conhecimento da existência das ditas assembleias de compartes e com elas passem a contactar em tudo que diga respeito aos baldios a que dizem respeito.

3. As assembleias de compartes podem abranger toda um freguesia ou parte dela, como podem, também, abranger povos de mais do que uma freguesia e/ou concelho, mas que, historicamente, formam uma "comunidade", para efeito da usufruição e gestão de determinada o baldio ou baldios[227].

É que, conforme se deixa dito atrás, os limites dos baldios não coincidem, historicamente, com os limites das freguesias e ou concelhos, embora tendam a respeitá-los.

Efectivamente, quando as freguesias foram criadas (1830)[228] já a maior parte dos baldios existia e a posse dos "povos" continuou como até aí, respeitando os limites dos baldios, sem atender aos limites posteriores das freguesias; no tocante aos concelhos, embora os medievais, fossem mais ou menos contemporâneos ou até anteriores ao aparecimento de alguns "povos", o certo é que a posse conjunta de mais do que um "povo" pertencente a concelhos distintos, mas próximos uns dos outros, era prática corrente[229].

Também se verificou, em alguns casos, que os pequenos concelhos rurais, extintos pelo Decreto de 19 de Julho de 1842, se transformaram e freguesias maiores que os anteriores concelhos.

Nesta hipótese, aconteceu que o baldio dos povos do anterior concelho ficaram a pertencer, apenas, a estes e não a todos os povos que passaram a formar a nova freguesia[230].

2. Funções das Assembleias de Compartes:

2.1. *Funções Eleitorais:*

1. Compete às ACs eleger a respectiva mesa (al. *a*); eleger e destituir o CD (al. *b*) e a Comissão de Fiscalização, embora tal se não diga em nenhuma das alíneas deste art.°.

---

[227] Como exemplo das várias hipóteses previstas no texto, podem indicar-se os seguintes casos concretos: na freguesias de Ribeiradio, Oliveira de Frades e Praia de Mira. Há, em cada uma delas, uma assembleia de compartes para toda a freguesia.

Na freguesia de Arcozelo das Maias, Oliveira de Fades, há, pelo menos, duas assembleias de compartes: uma do lugar de Fornelo e outra do lugar da sede da freguesia (Arcozelo das Maias).

No concelho de Tondela há uma assembleia de compartes que abrange povoações de duas freguesias: Mosteirinho (povoação de Freimoninho) e S. João do Monte (Quinta de Demandéres e Quinta do Pomar).

[228] Decreto de 26 de Novembro.

[229] A este respeito ver atrás o *"Desenvolvimento histórico dos baldios"*, pág. 12 e segs..

[230] "A Questão de Reriz" atrás citada pág. 38.

Mas di-lo, expressamente, o n.º 1 de art. 24.º.

2. Deve notar-se que não fala a Lei em destituir a mesa, nem a Comissão de Fiscalização, como o faz para o CD.

Quanto à mesa da AC, supomos que tal se deverá ao facto de um CD inoperante ou que ou mau gestor ofender muito mais os interesses da "comunidade" que uma mesa que não compareça às reuniões ou as não convoque.

Para a hipótese de presidente da mesa não convocar as reuniões da AC, existe, sempre, a escapatória dos n.ºs 2 e 3 do art. 18.º (convocatória por 5% dos compartes).

Para a hipótese dos seus membros faltarem às reuniões da AC, sempre a mesa poderá ser substitui-los, no todo, ou em parte, por qualquer comparte nomeado "ad hoc" pela mesma Assembleia, como resulta dos princípios gerais do funcionamento de qualquer assembleia.

Quanto que ao CD não existem tais soluções e a sua falta pode bloquear o funcionamento de todos os corpos sociais.

No tocante à destituição das Comissões de Fiscalização, entendemos que a AC o poderá fazer, nas mesmas circunstâncias em que pode destituir o CD.

Razões: se a AC tem competência para eleger, por igualdade de razões deve ter competência para destituir quem elege.

Como da lei nada consta a respeito desta destituição, deveremos aplicar a este caso, por analogia, o processo de destituição dos CDs, por serem dois casos perfeitamente paralelos.

3. A eleição dos corpos directivos dever-se-á fazer por listas completas, com indicação: Mesa da Assembleia:........; Conselho Directivo:...... e Comissão de Fiscalização:......

A votação poderá ser por voto secreto ou de braço no ar, conforme for dividido pela Assembleia.

Tudo isto deve constar da acta, pois a falta de menção destas circunstâncias, pode trazer sérios problemas de prova.

2.2. *Funções Deliberação e de Aprovação*

As Assembleias de Compartes (ACs) são os órgãos deliberativos dos compartes e através delas que a sua vontade se manifesta sobre tudo o que diga respeito ao uso, fruição, defesa, manutenção e alienação dos baldios.

Os Conselhos Directivos (CDs) são os órgãos executivos das ACs e as Comissões de Fiscalização (CF) são os órgãos encarregados de fiscalizar a aplicação dos dinheiros provenientes ou destinados a serem utilizados nos baldios.

Dentro desta competência se encaixam as alíneas *c), e) a i), l), p), q) e r)* do art. 15.º.

Gestão

155

2.3. *Funções de Regulamentação e Fiscalização.*

De acordo com a alínea *d)*, compete à AC *"regulamentar e disciplinar o exercício pelos compartes do uso e fruição dos baldios, sob proposta do conselho directivo"*.

Para além disso, por força da alínea *m)*, compete às ACs fiscalizar, em última instância, a actividade dos CDs e das entidades em que tiverem sido delgados poderes de administração.

Também, por força da mesma alínea, compete às ACs endereçar ao CD e às outras entidades, linhas de orientação sobre a forma de actuar, da sua competência própria e da competência da comissão de fiscalização (CF).

Este poder de regulamentação e fiscalização, estende-se, também, à fixação e funcionamento dos *"planos-tipo de utilização"* a que se refere o art. 8.º e à *"cessão de exploração de baldios"*, a que alude o art. 10.º e legislação complementar[231].

2.4. *Funções de Disposição.*

No domínio dos anteriores diplomas regulamentadores dos baldios (Decs.--Lei n.º 39/76 e 40/76 de 19 de Janeiro) as assembleias de compartes não tinham qualquer poder de disposição sobre os baldios, até porque estes estavam *"fora do comércio jurídico"* (art. 2.º do DL n.º 39/76).

Acontece que de acordo com a presente Lei, tais competências passaram a pertencer às ACs, conforme resulta das alíneas *f) e p)* do art. em análise.

De resto, esta possibilidade de alienação e extinção dos baldios só funciona em casos muito contados (arts. 26.º a 31.º da presente Lei, como mais detalhadamente veremos na análise a estes preceitos legais).

2.5. *Funções de Recurso:*

A estas funções se refere a alínea *n)*.

De notar que, de acordo com tal alínea, só há recurso para a AC das actos do CD. A Comissão de Fiscalização (CF) está acima da própria AC.; dos seus pareceres não há recurso. E compreende-se, pois são pareceres de natureza técnica que só os tribunais ou os organismos competentes do Estado, com competência para o efeito, poderão alterar.

2.6. *Funções de Autorização e Ratificação*

1. As competências que abrangem tais funções estão previstas na alínea *o)*.

No que toca a autorização para se intentar qualquer acção judicial ela não é obrigatória, desde o início.

---

[231] Vide Decs. n.ºs 204/99 e 205/99 de 9 de Junho, págs. 116 e 124.

O Conselho Directivo, dentro das suas competências próprias (al. *h)* do art. 21.º) pode intentar tais acções.

Por força da al. *o),* deverá a AC, nos termos da alínea *h)* do art. 21.º, ratificar o recurso a juízo, bem como a respectiva representação.

A questão que se põe é a de saber se tal ratificação expressa é, sempre, necessária (mesmo nos processos em que ela nunca tenha sido solicitada) ou se ela só ela se deve considerar, tacitamente, concedida, se nenhuma das partes a suscitar.

A prática corrente, nos tribunais (tanto quanto julgamos saber) é de se considerar ratificado o recurso a juízo e a respectiva representação, se tal formalidade não for suscitada pela parte contrária.

Em todo o caso e, até por uma questão de cautela, deverá o Conselho Directivo pedir ao Presidente da mesa da AC, a convocação desta, a fim de proceder a tais ratificações, ou que tal matéria conste da "ordem de trabalhos" da próxima reunião. Depois deve juntá-las aos autos.

Se tal não for feito, o Conselho Directivo poderá vir a ser considerado parte ilegítima, por carecer de tais ratificações.

Para obviar a estes inconvenientes, temos na nossa prática forense, solicitado ao CD que, antes de propor a cçãao, requeira a reunião da AC e esta decida, por si, recorrer a juízo, indicando logo o seu advogado ou advogados e dando ordens ao CD que assim proceda.

No que toca à escolha advogado, afigura-se-nos que é legítimo a AC encarregar o CD que essa escolha, se não quiser fazer, ou não dispuser de elementos para o que o faça imediatamente.

3. Deve aqui alertar-se para o facto de que as competências das ACs se referem às acções "*para defesa do domínio, posse e fruição contra actos de ocupação, demarcação e aproveitamento ilegais ou contrários aos usos e costumes por que o baldio se rege".*

3. Plenitude da representação e gestão

No tocante às alíneas *j), l) e p),* ter, sempre, bem presente o que consta do n.º 1.

O conselho Directivo é uma emanação da Assembleia de Compartes: o seu órgão executivo (ver art. 21.º).

Por isso se compreende que, nos termos do n.º 3, "*quando não exista conselho directivo, a assembleia de compartes assuma a plenitude da representação e gestão do baldio, regulamentando a forma de suprimento das competências daquele".*

Porque a falta de um conselho directivo é altamente perturbadora da boa gestão e fiscalização dos baldios, entendemos que a assembleia de compartes, pode proceder à eleição de novo conselho directivo, para cumprimento do resto do mandato.

4. Quando é que o Conselho Directivo falta?

1. Não diz a lei quando é que o Conselho Directivo (CD) deixa de existir, a fim de que a assembleia de compartes (CA) possa assumir a plenitude da representação e gestão do baldio.

Entendemos que o CD só deixa de existir em três casos:

1.º. Quando os eleitos não aceitam a eleição e, nem sequer, tomam posse;

2.º. Quando os eleitos se demitam de modo a que deixe de haver "quorum" que garanta o funcionamento do órgão;

3.º. Quando deixe de haver "quorum" por os eleitos deixarem de fazer parte da "comunidade" à qual o baldio pertence, quer por morte, quer porque mudaram de residência.

As razões parecem-nos óbvias.

Na verdade, a simples eleição não basta para que qualquer comparte eleito, passe a fazer parte, automaticamente, do órgão para que foi escolhido.

Em parte alguma da Lei se diz que é obrigatória a aceitação de qualquer cargo para que se é eleito.

De resto, a não aceitação, pode resultar de incapacidade temporária ou permanente para se exercer os cargo, de qualquer outra indisponibilidade, ou desacordo como a linha de actuação traçada pela lista vencedora.

A aceitação é indispensável para que o "contrato" de representação se torne efectivo (vide art. 1.157.º do CC, por analogia).

Só através do acto de posse, se verifica tal aceitação salvo se ela foi feita antecipadamente, com a apresentação da lista na assembleia, feita pelos próprios.

A demissão do cargo é um direito de qualquer eleito. Se com tal demissão deixar de haver maioria como exige o n.º 1 do art. 12.º, o órgão não pode funcionar, pelo que deixa de existir.

O mesmo se diga no que tange à morte ou mudança de residência dos compartes eleitos.

Se morrerem ou mudam de residência deixam de ser "compartes" (art. 1.º n.º 3).

2. Um olhar menos atento poderá levar-nos a pensar que o atraso na eleição dos novos corpos directivos (art. 11.º, n.º 3) poderá levar, também à inexistência dos órgãos em exercício.

Conforme dissemos na análise a este preceito, tal situação leva, apenas à prorrogação dos respectivos mandatos, até que se efectue a nova eleição[232].

---

[232] Vide pág. 138 e segs..

ARTIGO 16.º
Composição da mesa

1. A mesa da assembleia de compartes é constituída por um presidente, um vice presidente e dois secretários.

2. O presidente representa a assembleia de compartes, preside às reuniões e dirige os trabalhos.

Fontes: Art.º 7.º do Dec.-Lei n.º 39/76 de 19 de Janeiro.

Comentário:

A composição da mesa foi alterada, em relação ao art. 7.º do DL 39/76. Neste diploma não se previa a figura do vice-presidente.

Por outro lado, o presidente (ou o vice, nas sua falta) passaram a ter outras competências, pois para além de lhe competir a "direcção dos trabalhos", passou a representar a Assembleia de Compartes.

ARTIGO 17.º
Periodicidade das assembleias

A assembleia de compartes reúne ordinariamente uma vez por ano, até 31 de Março, para apreciação, sempre que seja caso disso, das matérias a que se referem as alíneas *a), b), c), h) e i)* do n.º 1 do artigo 15.º e extraordinariamente sempre que seja convocada.

Fonte: não havia na legislação anterior um preceito explícito equivalente ao art. 17.º, embora tal fosse a prática corrente, por aplicação analógica das assembleias, em geral.

Comentário:

Há duas espécies de assembleias: as ordinárias e as extraordinárias.

A periodicidade das sua reuniões segue a prática corrente para todas as assembleias.

ARTIGO 18.º
Convocação

1. A assembleia de compartes é convocada nos termos consuetudinariamente estabelecidos e, na falta de usos e costume, por editais

afixados nos locais do estilo, e eventual publicação no órgão de imprensa local ou regional mais lido na área do respectivo baldio ou pela rádio local mais ouvida.

2. As reuniões das assembleias de compartes pelo presidente da respectiva mesa, por iniciativa própria, a solicitação do conselho directivo ou da comissão de fiscalização, ou ainda por 5% do número dos respectivos compartes.

3. Se, para o efeito solicitado, o presidente não efectuar a convocação dentro do prazo de quinze dais a contar da recepção do respectivo pedido, podem os solicitantes fazer directamente a convocação.

4. O aviso convocatório deve em qualquer caso mencionar o dia, a hora, o local da reunião e a respectiva ordem de trabalhos e ser tornado público com a antecedência mínima de oito dias.

5. A assembleia de compartes pode delegar no conselho directivo, com sujeição a ulterior ratificação, a resolução de assuntos constantes da ordem de trabalhos que não impliquem o julgamento ou a fiscalização de actos deste órgão ou a aprovação de propostas que dele tenham promanado, por razões de urgência e falta de tempo para sobre os mesmos eficazmente se debruçar.

Fonte: O art. 8.° do DL n.° 39/76 de 19 de Janeiro

Comentário:

1. Fala o n.° 1 em convocatória nos termos *"consuetudinariamente estabelecidos"*.

Não temos conhecimento de que haja, relativamente a algum baldio ou baldios, formas costumeiras de convocar a chamada hoje "assembleia de compartes".

Será possível que em algum lugar remoto de cariz mais medieval e economia comunitária, existam formas de convocação de caracter consuetudinário.

Mas, se existem, não têm qualquer relevância prática.

Entendemos que esta evocação dos velhos costumes é mais uma forma de marcar o caracter ancestral do baldios e a sua ligação à agricultura e exploração silvo pastoril primitivas.

No tocante à afixação dos editais nos locais do estilo, toda a gente compreende que é nos locais onde, habitualmente, se afixam os editais públicos.

Fala, ainda, o mesmo n.° na publicação dos editais no jornal "mais lido" e na pela rádio local "mais ouvida".

Consideramos esta formulação infeliz, pois muitas vezes, é difícil saber qual é o órgão da imprensa local *mais lido* ou a rádio *mais ouvida*.

160   *Comentário à Nova Lei dos Baldios*

Parece-nos que seria muito mais curial falar em *"um dos órgãos da imprensa local mais lidos"* ou *"uma das rádios laçais mais ouvidas"*, conforme dispõem os arts. 248.°, n.° 3 e 890.°, n.° 3 do CPC (para os jornais).

Entendemos que é este o pensamento da lei que foi, literalmente, mal expressa.

2. Note-se que a forma de convocar a assembleia de compartes varia, conforme se trate da primeira (constituinte) ou da demais.

Para a convocação da "assembleia constituinte", bastam 10 membros (art. 33.°, n.° 7); para a convocação. Nas demais é necessária, sempre, a intervenção do presidente da mesa ou de 5% dos do número dos respectivos compartes.

Conforme veremos, ao fazer o comentário ao art. 33.°, justifica-se esta dualidade de critérios: no primeiro caso, não há qualquer estrutura e é preciso criá-la; no segundo caso já há estrutura – é preciso que funcione, com a válvula de segurança do 5%.

3. Deve notar-se que de acordo com o art. 8.° do DL 39/76, também, então, o conselho directivo podia convocar a assembleia de compartes. Hoje não. Pode, apenas, solicitar ao presidente da mesa a sua convocação, assim como tal faculdade é concedida à comissão de fiscalização.

Para a hipótese de o presidente da mesa não fazer tal convocação no prazo de 15 dias a contar da recepção do pedido, *"podem os solicitantes fazer directamente tal convocação"* (n.° 3).

Por uma questão de cautela, a carta solicitando a convocação ao presidente da mesa deve ser registada com AR, para se poder fazer facilmente a prova da *"data da recepção do respectivo pedido"*.

4. As indicações que devem constar da convocatória e o prazo mínimo da sua afixação são óbvias: só se pode deliberar sobre matéria que constar da "ordem de trabalhos" ou "ordem do dia" (arts. 376.°, n.° 1, al. *c* ; 377.°, n.° 5, al. *e* e 378.°, n.° 1 do CSC, aplicados por analogia) e os oito dias são o mínimo para que a assembleia possa ser preparada.

5. A assembleia só pode delegar no conselho directivo se verificarem, cumulativamente, duas condições:

1.ª: Que a *resolução dos assuntos delegados constantes da ordem de trabalhos não impliquem o julgamento ou a aprovação de actos deste órgão ou a aprovação de propostas que dele tenham promanado* e

2.ª Que *por razões de urgência e falta de tempo para sobre o mesmos eficazmente se não possa debruçar*.

Quando á razão da primeira ela é óbvia: não pode ser o conselho directivo a pronunciar-se sobre os próprios actos, nem quem aprova o que ele próprio propôs.

Quanto à razão da segunda condição, também se compreende: a lei pretendeu que assuntos de urgência fiquem suspensos, com prejuízo para os compartes, por a assembleia se não poder debruçar sobre os mesmos com eficácia.

Cumpridas estas duas condições, as soluções que o conselho directivo obtiver, ficam sujeitas a ulterior ratificação da AC.

Por razões de lógica segurança, tais decisões só se tornam definitivas e executórias, após tal ratificação.

ARTIGO 19.º
Funcionamento

1. A assembleia de compartes reúne validamente na hora e local marcados no aviso convocatório, desde que se mostre verificada a presença da maioria dos respectivos compartes:

2. Uma hora após a marcada no aviso convocatório a assembleia de compartes reúne validamente desde que se mostre verificada a presença de um quinto dos respectivos compartes.

3. Caso não se verifique o quorum de funcionamento previsto no número precedente, o presidente da mesa convocará de imediato uma nova reunião para um dos 5 a 14 dias seguintes, a qual funcionará com qualquer número de compartes presentes

Fonte: O n.º 4 do art. 18.º do DL n.º 39/76 de 19 de Janeiro.

Comentário:

1. Sobre a interpretação dos n.ºs 1 e 2, afigura-se-nos que não haverá qualquer dificuldade: se estão, desde o início, presente a *maioria* (metade mais um dos compartes inscritos no caderno de recenseamento) a assembleia começa logo.

Para efeito das contagens, deve o presidente da mesa ou quem convocou a assembleia munir-se deste caderno de recenseamento.

Se não estão presentes metade mais um dos compartes inscritos, espera-se uma hora.

Se decorrido este tempo, estiver presente, pelo menos, *um quinto* dos compartes inscritos inicia-se, então a assembleia.

2. Algumas dificuldades podem surgir quanto à interpretação do n.º 3.

O que aí se diz é que se se não verificar o quorum do n.º anterior – *um quinto* – o presidente da mesa convocará de imediato uma nova assembleia. Esta convocatória deve constar da acta.

Esta convocação pode ser meramente verbal. A lei não distingue e *"ubi lex non distiguit non distinguire debemos"*.

Só que esta solução poderá não ser a melhor para a defesa dos interesses da "comunidade".

Por isso, parece-nos que por uma questão de cautela, devem, logo, ser afixados editais, conforme dispõe o n.º 1 do art. 18.º, convocando nova assembleia

162   *Comentário à Nova Lei dos Baldios*

para um dia dentro dos limites estabelecidos na lei (do 5.° ao 14.° dos dias seguintes) com a mesma ordem de trabalhos que deve ser transcrita e alertando para a cominação de que esta assembleia funcionará com qualquer número de compartes.

Deve notar-se que o "presidente da mesa" a que se faz alusão neste n.° 3, é aquele *ad hoc* que presidiu aquela assembleia por falta do titular.

SECÇÃO III
Conselho directivo

ARTIGO 20.°
Composição

1. O conselho directivo é composto por três, cinco ou sete membros eleitos pela assembleia de compartes entre os seus membros pelo sistema de lista completa.

2. O conselho directivo elege um presidente e um vice presidente.

3. O presidente representa o conselho directivo, preside às reuniões e dirige os trabalhos, sendo substituído nas suas faltas e impedimentos pelo vice-presidente.

4. Os vogais secretariam e elaboram as actas.

5. Podem ser eleitos vogais suplentes que substituirão os efectivos em caso de vacatura de lugar e nas suas faltas e impedimentos, os quais são convocados pelo presidente e pela ordem da sua menção na lista.

Fonte: Art. 9.° do DL n.° 39/76 de 19 de Janeiro.

Comentário:

1. Na legislação anterior, o conselho directivos era sempre constituído por cinco elementos; hoje é constituído por ter três, cinco ou sete membros.

Ora como, para além de um presidente, tem de haver, sempre, um vice-presidente (vide n.° 2) temos que num conselho directivo com apenas três membros, o vogal que "secretaria" terá de acumular estas funções com as de tesoureiro, ou tais funções terão de ser exercidas pelo presidente ou pelo vice-presidente.

A Lei nada diz a este respeito e, em boa verdade, nem em tesoureiro fala, senão que, tão somente, em *"vogais que secretariam e elaboram as actas"* (vide n.° 4).

Parece-nos que há uma falha , manifesta, na lei, pois como é do conheci-mento geral, em qualquer órgão de administração terá de haver, sempre, alguém que tome conta dos dinheiros e faça as contas (serviços de tesouraria).

Assim, na acta de tomada de posse dos membros do CD, dever-se-á men-cionar quem é o presidente, o vice-presidente e quem exerce as funções de secre-tário(s) e de tesoureiro, para que as tarefas fiquem clarificadas e se saiba a quem pedir responsabilizes.

2. O facto de o conselho directivo ser eleito *"pelo sistema de lista com-pleta"* (vide n.° 1) faz inculcar que a "queda" do conselho directivo (por morte ou demissão, ou mudança de residência) faz "cair" toda a *lista*.

Parece-nos que não por quatro ordens de razões.

1.ª Por uma quentão de "economia" antiburocrática"[233];

2.ª Não haver razão, de fundo, para forçar a demissão dos demais órgãos (mesa da assembleia e comissão de fiscalização) se estes órgãos estão a funcionar correctamente. O facto de se poderem voltar a candidatar, na "eleição intercalar", mostra mais uma vez, como a sua demissão é acto inútil.

Depois,

3.ª O mandato é de dois anos (n.° 3 do art. 11.°) e nada justifica que tal mandato seja encurtado por razões de terceiros e

4.ª O Conselho directivo pode ser demitido de acordo com a alín. *b)* do art. 15.°, isto é, como "penalização" pela sua actuação incorrecta.

Ora, não se compreende que os órgãos que promovem tal penalização (as-sembleia de compartes e/ou comissão de fiscalização) sejam, também "punidos".

Se assim fosse, esta "punição" de quem propõe a destituição do CD pode-ria funcionar, perversamente, no sentido de "deixar passar" actuações censuráveis do CD ou de alguns dos seus membros, só para não serem atingidos, também, pela mesma "punição" os outros órgãos. Era o contrariar, frontal, da finalidade subja-cente na própria lei e favorecer o campo aberto à "corrupção".

Assim, temos que se o CD perder o "quorum" necessário para poder fun-cionar (por demissão, morte ou mudança de residência) dever-se-á proceder a uma "eleição intercalar" (só para cumprir o resto do mandato) apenas, de tal órgão, à semelhança, aliás, do que acontece na Lei das Autarquias, quando "cai" a Câ-mara Municipal (art. 59.° da Lei n.° 169/99 de 18/9).

Na hipótese de ser só um ou alguns dos membros do CD a demitir-se, mantendo-se, embora, o "quorum" em tal órgão, deverá entrar em funciona-mento o disposto no n.° 5 e chamarem-se *"os suplentes que substituam os efec-tivos"*.

---

[233] E como vimos atrás no preâmbulo do DL n.° 39/76, a "entrega dos baldios aos seus compartes" tinham como um dos principais objectivos a "desburocratização" da sua gestão.

164   *Comentário à Nova Lei dos Baldios*

Por isso é que é aconselhável escolher conselhos directivos de, pelo menos 5 membros, a fim de garantir o dito "quorum" por mais tempo e não se pôr a questão da sua substituição.

ARTIGO 21.°
Competência

Compete ao conselho directivo:

a) **Dar cumprimento e execução às deliberações da assembleia de compartes que disso careçam;**

b) **Propor à assembleia de compartes a actualização do recenseamento de compartes;**

c) **Propor à assembleia de compartes os instrumentos de regulamentação e disciplina do exercício pelos compartes do uso e fruição do baldio e respectivas alterações;**

d) **Propor à assembleia de compartes os planos de utilização dos recursos dos baldios e respectivas actualizações;**

e) **Aprovar e submeter à assembleia de compartes o relatório, as contas e a proposta de aplicação das receitas de cada exercício;**

f) **Propor à assembleia de compartes ou emitir parecer sobre propostas de alienação ou cessão de exploração de direitos sobre os baldios, nos termos a presente lei;**

g) **Propor á assembleia de compartes ou emitir parecer sobre propostas de delegação de poderes de administração, nos termos da presente lei;**

h) **Recorrer a juízo e constituir mandatário para defesa dos direitos e interessas legítimos da comunidade relativos ao correspondente baldio e submeter estes actos a ratificação da assembleia de compartes;**

i) **Representar o universo dos compartes nas relações com as entidades públicas e privadas , sem prejuízo do disposto no n.° 2 do artigo 16.°;**

j) **Exercer em geral em geral todos os actos de administração ou co-administração do baldio no respeito da lei, usos e costumes e dos regulamentos aplicáveis;**

l) **Zelar pelo cumprimento dos regulamentos e dos planos de utilização dos recursos ;**

m) **Zelar pela defesa dos valores ecológicos no espaço do baldio;**

n) **Propor ao presidente da mesa da assembleia de compartes a convocação desta;**

o) **Exercer as demais competências decorrentes da lei, uso, costume e regulamento ou convenção.**

Fonte: art. 11.º do DL n.º 39/76 de 19 de Janeiro.

Comentário[234]:

1. Poderes/deveres de administração:

1.1. Estes poderes/deveres estão contidos nas competências mencionadas nas alíneas *a), b), c), d), e), f), g)* e *j)*.

As alíneas *a)* e *j)* fazem ressaltar, de um modo particular, a verdadeira vocação de órgão executivo do CD.

Estas duas alíneas referem-se, de um modo especial, aos actos materiais concretos que o CD deve praticar para dar cumprimento à esta vertente administrativa.

1.2. Nas alíneas *c)* e *d)* o enfoque recai sobre a vertente *disciplinadora* relativa aos actos concretos de utilização dos baldios quer pelos compartes, quer pelo próprio CD e/ou pelas entidades cedentes ou encarregadas pela AC da exploração e/ou administração (juntas de freguesia ou serviços da Administração, conforme abaixo veremos[235]) dos mesmos baldios, enquanto que na alínea *b)* o cuidado vai para a vertente *fiscalizadora*.

De acordo com esta alínea *b)* e a prática corrente, deve o CD, na primeira assembleia de compartes de cada ano, apresentar o recenseamento actualizado.

Estas actualizações são importantes, pois é com base nelas que se vai contando, cada ano, o respectivo *quorum* .

A alínea *e)* resulta do princípio geral de que quem administra deve prestar contas e apresentar as propostas que julga melhores para a sua administração, a fim de que a entidade mandante possa estar informada da marcha da gestão, no passado, e da sua previsível continuação no futuro.

Só perante a apreciação de tais "contas" e "plano de actividade", a entidade mandante (assembleia de compartes) fica em condições de aprovar a actuação passada do CD e a previsão da actuação futura.

Estas três alíneas devem ler-se tendo, sempre, presente as alíneas *c), d), e)* e *l)* do art. 16.º.

---

[234] Sobre quando é que o CD deixa de existir, ver atrás n.º 3 do art. 15.º e respectivo comentário, pág. 156 e segs..

[235] Vide n.º 1 do art. 22.º, pág. 161.

166   *Comentário à Nova Lei dos Baldios*

2. Poderes/deveres de cooperação:

Cabem nesta área, as alíneas *f)* e *g)*.

A alienação do baldio ou parte dele, nos termos do art. 31.°, n.° 1; a cessão de exploração, nos termos do art. 10.° e a delegação dos poderes de administração, nos termos do art. 22.°, devem ser propostas pelo CD, ou, pelo menos, este deve emitir parecer sobre as duas primeiras operações.

A questão que se pode pôr é a de saber se tais propostas ou parecer são essenciais para que tais operações se consumem.

Achamos que não são essenciais. A assembleia de compartes é soberana e pode decidir, mesmo sem a proposta ou o parecer do CD.

A omissão por parte do CD constitui, porém, uma falta grave de cooperação com a AC que deverá ser avaliada pela mesma AC (al. *m)* do art. 15.°), dela extraindo as conclusões que se impuserem e que podem levar à censura ou, mesmo, destituição do CD (al. *b)* do art. 15.°).

3. Poderes/deveres de intervenção judicial:

Estas competências estão previstas na alínea *h)*.

Não esquecer que tais poderes/deveres devem ser exercidos sem audiência da AC, sempre, que se mostre que os interesses dos baldios podem sofrer com a espera da sua convocação, realização e aprovação do recurso ao tribunal. Quer dizer: sempre que houver interesse legítimo na celeridade.

Porque se trata de uma competência excepcional, deve o CD requerer a convocação de AC extraordinária para esta ratificar o que foi feito e a escolha do(s) advogado(s).

Se, porém, estiver prevista para breve a realização de uma assembleia ordinária, deverá o CD requerer ao presidente da AC que esta matéria faça parte da "ordem dos trabalhos" ou "ordem do dia".

Esta ratificação deve ser junta aos autos, a fim de se evitar uma eventual declaração de ilegitimidade do CD, sem ela[236].

4. Poderes/deveres de representação:

Estão previstos na al. *i)*.

Quem representa, de uma forma geral e orgânica a AC (e todos os compartes) nas grandes cerimónias oficiais e privadas é o presidente da mesa, de acordo com o n.° 2 do art. 16.°.

Só que, no dia a dia da administração corrente, a representação dos compartes como um todo orgânico pertence ao CD.

Assim é o CD quem pede, quem requer, quem responde em todos os actos de mera administração ou na execução de todas as deliberações da AC que necessitem de tal execução.

---

[236] Vide atrás o comentário à al. o) do art. 15.°, pág. 155.

5. Poderes/ deveres de convocação:

Conforme resulta da alínea *n)* e do art. 18.°, n.° 2, o CD tem competência para requerer ao presidente da mesa da assembleia de compartes, a convocação desta para tratar dos assuntos que deverá indicar para fazerem parte da "ordem de trabalhos".

Se, eventualmente, o CD não indicar a matéria que quer ver tratada, o presidente da mesa poderá recusar-se a convocar a assembleia, mas a atitude que nos parece mais correcta para superar as emperrantes burocracias e agir celeremente na defesa dos baldios, é comunicar ao CD para, urgentemente, suprir tal falha.

6. Finalmente:

Deve ressaltar-se o cuidado que a lei põe na legalidade da actuação do CD. Este cuidado está bem expresso na alínea *j)* que estende esta obrigação ao respeito pelos usos e costumes e aos regulamentos (da AC) aplicáveis aos baldios da sua jurisdição.

A não obediência a estes comandos traz implicações para o CD que pode ser demitido nos termos da alínea *b)* do art. 16.°, como já se disse.

ARTIGO 22.°
Poderes de delegação

1. Os poderes de administração dos compartes podem ser por estes delegados nos termos da presente lei em relação à totalidade ou parte da área do baldio, ou de uma ou mais modalidades das respectivas modalidades de aproveitamento, na junta de freguesia em cuja área o baldio se localize, ou no serviço da Administração Pública que superintenda na modalidade na modalidades de aproveitamento a que a delegação se reporte.

2. No caso de área do baldio cuja administração é delegada se situar nos limites territoriais de mais de uma freguesia, pode a delegação ser deferida a uma só ou conjuntamente a todas as respectivas juntas de freguesia, que neste caso se obrigarão solidariamente em face dos compartes.

3. Quando o número de freguesias previstas no número anterior se mostre elevado, ou seja difícil a cooperação entre elas, ou ainda quando o baldios assuma relevância ao nível do respectivo concelho, pode a delegação referida nos números anteriores ser deferida à respectiva câmara municipal.

168   *Comentário à Nova Lei dos Baldios*

4. No acto de delegação serão formalizados os respectivos termos e condições, nomeadamente os direito e os deveres inerentes ao exercício dos poderes delegados.

5. A delegação de poderes prevista nos números anteriores far--se-á sempre sem prejuízo da sua revogação a todo o tempo, bem como das responsabilidades contratuais que em cada caso couberem, nos termos gerais de direito.

Fonte: Preceito novo.

Comentário:

1. O n.º 1 do presente artigo insere-se na filosofia do art. 36.º, n.º 1, segundo qual a juntas de freguesia e outras entidades administrativas podem ter competência para administração dos baldios.

Só que este preceito (art. 36, n.º 1) se refere à administração *de facto* dos baldios que por força do mesmo preceito passa a ser uma administração de *direito* que se mantêm em tais entidades, enquanto não for constituída a assembleia de compartes e a *delegação legal* não for revogada.

Por outro lado, no caso do n.º 1 do preceito em análise, estamos perante uma *delegação contratual* delegação feita na junta ou juntas de freguesia e outras entidades aí mencionadas.

No preceito em análise, para além da delegação da administração, fala-se, também, em *"uma ou mais das respectivas modalidades de aproveitamento"* que, igualmente, podem ser delegadas .

Parece-nos estranho este ínsito, pois no domínio da Lei, actualmente em vigor, só há uma modalidade de administração: a feita directamente pelos compartes, sem qualquer associação com o Estado.

Certo é que no art. 37.º, n.º 1, *"os baldios que à entrada em vigor da presente lei estejam a ser administrados em regime de associação entre os compartes e o Estado (...) ontinuarão a ser administrados de acordo com esse regime até que ocorra uma dos seguintes factos"* – e enumera os factos.

Assim sendo, tal insíto só se pode referir *"às modalidades de aproveitamento"* previstas no art. 9 do DL n.º 39/76 de 19 de Janeiro" (*"exclusivamente pelos compartes"* ou *"em regime de associação com o Estado"*), enquanto estas se mantiverem em vigor, porque, no domínio da actual lei, não há "modalidades", mas tão somente, "modalidade"[237].

2. A delegação feita nos termos do n.º 1 do presente art.º pressupõe, necessariamente, a constituição da respectiva assembleia de compartes, como vimos na análise que fizemos ao n. 1 e 2 do art. 11.º para onde remetemos o leitor.

---

[237] Vide abaixo o comentário ao art. 37.º, pág. 200 e segs..

Efectivamente, antes de a administração dos baldios ter sido *"devolvida"* aos compartes, através da sua organização *"numa assembleia de compartes, um conselho administrativo e uma comissão de fiscalização"*, como exige o n.º 2 do art. 11.º, não é juridicamente possível aos compartes fazerem a *"delegação"* da administração dos baldios, pela razão simples de que, ainda a não detêm.

3. O *"serviço da Administração Pública que superintende na modalidade ou modalidade de aproveitamento"*, só pode ser a Direcção Geral da Agricultura, através da Direcção Geral das Florestas e da Direcção Regional da Agricultura[238].

4. Como o n.º 2 se refere *"aos poderes de administração dos compartes"* poderá entender-se que "os compartes", por si, e sem estarem organizados em ACs, poderão operar tal "delegação".

Entendemos que não, pois os compartes só poderão dispor de tais direitos de administração quando devidamente organizados nos termos do n.º 2 do art. 11.º.

Certo é que no n.º 1 de tal preceito se diz que *"os baldios são administrados, por direito próprio, pelos respectivos compartes, nos termos dos usos e costumes"*.

Só que conforme referimos, quando fizemos o comentário a tal preceito, não conhecemos nenhum caso em que os compartes tenham exercido a administração dos baldios depois da publicação do C. Adm.

Os direitos consuetudinários que a tal respeito existiam foram revogados com a publicação de tal código de acordo os arts. 44.º, n.º 1; 51, n.º n.º 1, 4 e 5; 275.º, n.º 3 e 5; 253.º, n.ºs 3, 4 e 5; 255, n.º 2; 389.º; 394.º e 398.º do C.Adm, que atribuíram tal administração às juntas de freguesia ou câmaras municipais.

Nem se diga que no n.º 1 do art. 23.º se fala na *"co-exercício pelos compartes, directamente ou através do respectivos órgãos de gestão"* da gestão conjunta com a entidade delegada, o que faz pressupor que os compartes, directamente, possam fazer tal delegação.

Parece-nos que este art.º diz mais do que queria dizer.

Efectivamente, no seguimento do que se dispunham os arts. 3.º e 6.º do DL 39/76 de 19 de Janeiro, para que os baldios sejam devolvidos aos compartes, é "obrigatória" a constituição da assembleia de compartes.

Este princípio, como referimos no comentário ao art. 11.º, continua válido na vigência da actual lei.

Depois, como "responsabilizar" os compartes individualmente, mesmo que se diga que todos assinaram.

É sempre possível haver mais um, dois ou dez que escaparam, pois falta *"aprovar"* o respectivo *"recenseamento provisório"*, mesmo que já existisse.

---

[238] Vide DLs n.ºs 204 e 205 de 9 de Junho, págs. 116 e 124.

170 *Comentário à Nova Lei dos Baldios*

Finalmente: até onde se estenderia a "cobertura" da eventual responsabilidade dos compartes: a todo o património da comunidade local ou só ao próprio baldio cuja delegação de poderes operaram?

A todo o património é uma solução perigosamente exagerada. De resto os baldios não respondem por nada, pois "estão fora do comércio jurídico"[239].

Concluindo: tudo aconselha a que se faça uma interpretação restritiva do mencionado n.° 1 do art. 23.°, como veremos quando de tal preceito fizermos a análise.

5. O constante do n.° 2 é a extensão, quanto à delegação na junta de freguesia, da hipótese de o baldio se situar em mais do que uma freguesia. A delegação é deferida conjuntamente para todas as freguesias, que, neste caso, se obrigam solidariamente em face dos compartes

Este n.° 2 tem, ainda a vantagem adicional de esclarecer a questão dos limites dos baldios, atrás referida no título: ***"Questões relativas à delimitação dos Baldios"***[240].

Conforme aí dissemos e pelas razões aí invocadas, os limites dos baldios pouco ou nada têm a ver com os limites das freguesias.

6. Neste n.° 3 previne-se a hipótese de o número das freguesias imbricadas com os baldios ou baldios em causa ser tão elevado que põe em causa a cooperação entre todas para que tal administração se possa fazer sem sobressaltos.

Refere, ainda de o baldio assumir uma *"relevância" a nível do concelho"* que justifique a entrega da sua administração à câmara municipal.

Este preceito é demasiado ambíguo para que possa ser aplicado linearmente.

Na verdade, quando é que se pode dizer que *"é difícil a cooperação"* entre todas as freguesias interessadas?

A Lei não o diz, como, também não diz quando é se pode afirmar que o baldio *"assume relevância ao nível do concelho"*.

Obviamente que tem de ser a respectiva AC quem avalia destas "dificuldade" e "relevância".

Só que tais decisões implicam a integração destes conceitos de direito por factos concretos e tal integração feita pela AC, que não é um organismo técnico habilitado para o fazer, pode merecer sérios reparos.

Entendemos, por isso, que de tais decisões das ACs caberá, sempre, recurso para o tribunal comum (art. 32.°, n.° 1).

7. O acto de delegação deve constar da acta da AC e estar devidamente fundamentado. Para além dos fundamentos deverá referir, expressamente, os termos da delegação, os direitos dos compartes à utilização comunitária dos referidos baldios, que se mantém, apesar da delegação.

---

[239] Vide comentário ao art. 4.° – pág. 75.
[240] Vide pág. 98.

Gestão 171

Quer dizer: o CD, em representação da AC e a entidade delegada, através dos seus legítimos representantes, deverão assinar um "contrato" escrito, donde constem todas estas e outras obrigações[241].

Deverá ainda constar da mesma acta da assembleia *"o exercício dos poderes delegados"*, quer dizer da "forma" e "extensão" e "duração" de tal delegação e outras cláusulas.

O mesmo deve constar do "acordo".

8. No n.º 5 ficou consignado que *" a delegação de poderes prevista nos números antecedentes far-se-á sempre sem prejuízo da sua revogação a todo o tempo"*.

Tal significa que as juntas de freguesia ou as outras entidades previstas no n.º 1 é sempre "muito precária", pois pode ser anulada a todo o tempo.

Com esta "precariedade" quis a Lei significar muito incisivamente que tal situação de "delegação de poderes" é sempre "contra natura" relativamente, aos baldios que, desde sempre e historicamente, nasceram para serem administrados pelos respectivos compartes com vista 'satisfação da suas necessidades básicas.

Daqui resulta que as entidades delegadas devem estar "sempre à espera" que os seus poderes terminem de um momento para o outro, sem prejuízo de poderem vir a ser indemnizadas das eventuais despesas e responsabilidades contratuais que legitimamente hajam feito e assumido em razão de tal administração.

O ressarcimento de tais gastos e cálculo dos eventuais prejuízos deverá ser feito, *"nos termos gerais de direito"*.

De notar que a revogação, também, pode ser feita por incumprimento do contrato de delegação por parte da entidade delegada.

Nessa hipótese, terá tal entidade delegada que responder por perdas e danos que haja causado aos baldios e sua exploração, para além de ter de prestar contas, por aplicação analógica do n.º 2 do art. 36.º.

ARTIGO 23.º
Delegação com reserva

1. Os compartes podem efectivar as delegações de poderes previstas no artigo antecedente com reserva de co-exercício pelos compartes, directamente ou através dos respectivos órgãos de gestão, dos poderes efectivamente delegados.

---

[241] Reforçando este entendimento, ver o n.º 2 do presente art.º onde se faz expressa referência a "acordo".

172   *Comentário à Nova Lei dos Baldios*

2. O regime de co-gestão decorrente do previsto no número antecedente será objecto de acordo, caso a caso, com respeito pela da liberdade contratual.

Fontes: preceito novo.

Comentário:

1. O facto de o n.º 1 se dizer que *"os compartes podem efectivar a delegação de poderes"* (…) exercer a co-gestão *"directamente ou através dos respectivos órgãos de gestão"* não nos deve impressionar.

Efectivamente, este preceito deve ser interpretado restritivamente, no sentido de que a delegação da administração do baldio só pode ser feita pela respectiva assembleia de compartes e o *"co-exercício"* da mesma através do seu CD.

As razões vêm explanadas nos comentários ao n.º 1 do art. 11.º e n.º 1 do art. 22.º, para onde remetemos o leitor.

2. O número 2 é a manifestação legal de que os "compartes" (através do seus órgãos competentes) podem, para uma maior rentabilidade dos baldios, estabelecer todas as cláusulas, *"no respeito pelo princípio da liberdade contratual"*.

SECÇÃO IV
Comissão de fiscalização

ARTIGO 24.º
Composição

1. A comissão de fiscalização é construída por cinco elementos, eleitos pela assembleia de compartes, de entre os seus membros, de preferência com conhecimento de contabilidade.
2. Os membros da comissão de fiscalização elegerão um presidente e um secretários de entre todos eles.

Fonte: Preceito novo.

Comentário:

1. Esta comissão de fiscalização não existia sob a vigência da lei anterior (DL n.º 39/75 de 19 de Janeiro).

Os seus objectivos estão expressos no art.º seguinte.

Dada a especificidade das suas competências, faz sentido que a lei exija que se elejam para o cargo, "*membros, de preferência com conhecimentos de contabilidade*", como se diz na parte final do n.° 1.

Só que este "desejo" ou "preferência" não passa de uma piedosa intenção que poucas vezes poderá ser satisfeita nas assembleias de compartes montanhesas, onde, infelizmente, grande parte dos ditos membros não passam de quase analfabetos totais e/ ou funcionais.

Se, todos os seus membros souberem ler desembaraçadamente e interpretar uma "contabilidade" já não é mau. Quanto ao "sentido ecológico", lá iremos...

2. A eleição do presidente e secretário, pertence à própria comissão.

ARTIGO 25.°

Competência

Compete à comissão de fiscalização:

a) Tomar conhecimento da contabilidade do baldio, dar parecer sobre as contas e verificar a regularidade dos documentos de receita e despesa;

b) Fiscalizar o cumprimento dos planos de utilização do baldio e a regularidade da cobrança e aplicação das receitas e da justificação das despesas;

c) Comunicar às entidades competentes as ocorrências de violação da lei e do incumprimento de contratos tendo o baldio por objecto;

d) Zelar pelo respeito das regras de protecção do ambiente.

Fonte: Preceito novo.

Comentário:

1. A comissão de fiscalização (CF) pode tomar conhecimento da contabilidade do baldio, elaborada pelo CD, em qualquer altura, sem prejuízo da sua elaboração.

Este acompanhamento, de perto, deve ser levado mesmo, a sério, pois de um correcto e independente funcionamento da CF, depende muito a transparência da sua administração. Tudo deve correr de uma forma clara e controlada, de modo a que, nos baldios, não surja, também, o vício da corrupção, filha, normalmente, de uma complicada, cega e corporativa fiscalização.

Para além disso, com esta prática, torna-se muito mais fácil "*dar o parecer sobre as contas e verificar a regularidade dos documentos e receitas e despesa*".

174   *Comentário à Nova Lei dos Baldios*

2. Para um bom cumprimento do contido na al. *b)*, necessário se torna que a CF estude e acompanhe os *planos* de utilização dos baldios, a que fizemos referência, quando comentámos os arts. 6.º a 8.º.

No exercício desta sua competência poderá pedir conselho aos *"serviços públicos especializados"* a que faz referência o art. 9.º, a fim de poder exercer as suas funções de uma forma eficaz e aprofundada.

3. As *"entidades competentes"* a que faz alusão a al. *c)*, só podem ser a assembleia de compartes, cuja convocação pode requerer, para o efeito, nos termos do n.º 2 do art. 18.º[242], o M.º P.º, se houver suspeita de qualquer prática criminosa na administração do baldio.

Este recurso ao M.º P.º é, mesmo, obrigatório sob pena de os membros da CF poderem vir a ser arguidos como encobridores dos mesmos crimes que se vierem a detectar, salvo se AC aceitar as explicações e justificações que o CD der para o caso.

O facto de a AC aceitar tais explicações não impede que qualquer comparte, principalmente se votar vencido, participe criminalmente, ou até a CF se não concordar com a decisão da AC que, em pequenas assembleias de compartes, pode ser manipulada por uma "maioria dominante", onde todos se protegem uns aos outros.

Para além destes casos e das questões sobre ambiente, não vemos que outros a CF possa *"comunicar às entidades competentes"*, dado que o poder de recorrer a juízo não é da competência da CF e, mas sim, do CD[243].

4. Quanto ao *"zelar pela protecção das regras de protecção do ambiente"* não poderemos ser muito exigentes, pois tal implica uma nova cultura que, normalmente, os compartes dos baldios, ainda, não possuem. A seu tempo virá.

Em todo o caso, quando se trata de implantar zonas ou unidades industriais que podem prejudicar a pureza das águas e do ar (fumos cheiros etc.) as populações já começam a aparecer mais atentas.

Devem estas pressionar não só a CF, como o próprio CD, ou mesmo participar ao Ministério do Ambiente.

---

[242] Sobre a forma como requerer tal convocação, vide comentário ao mesmo art. 8.º, pág. 159 e segs..

[243] Vide al. *h)* do art. 21.º, págs. 164 e 166.

CAPÍTULO IV
Extinção dos baldios

ARTIGO 26.º
Causas da sua extinção

Extinguem-se os baldios, no todo ou em parte da respectiva área territorial:

a) **Cuja extinção tiver sido declarada por unanimidade dos compartes em reunião da respectiva assembleia com a presença do mínimo de dois terços dos respectivos membros;**

b) **Que tenham sido, ou na aparte em que obtenham sido, objecto de expropriação ou alienação voluntária, nos termos da presente lei.**

Fonte: Preceito novo.

Comentário:

1. Temos muitas dúvidas que alguma vez o baldio se extinga, por força da alínea *a)*.

Na verdade, dificilmente se obterá uma voto *"unânime"* a este respeito e isto porque o conceito de "nosso" baldios está de tal maneira interiorizado pelas populações serranas que, em momentos de "crise" para a sua existência, são capazes de se tornarem tanto ou mais "agressivas", na sua defesa, que na defesa da sua propriedade privada.

É que o "nosso" baldio tem uma dimensão mítica, representando no concreto, a extensão territorial da soberania popular: os "nossos" limites vão até aos limites do que é "nosso".

A partir daqui, mandamos nós! (*"Para cá do Marão, mandam os que cá estão"*).

Por isso haverá *"sempre alguém que resiste"; (*haverá) *"sempre alguém que diz não"*.

2. Quanto à parte que tenha sido expropriada, por utilidade pública, diz-nos a nossa experiência que haverá, sempre, grande resistência quanto à expropriação em si.

176   *Comentário à Nova Lei dos Baldios*

E, então, utilizar-se-ão todos os argumentos, desde a "indisponibilidade", ao "abuso de direito", à "corrupção" por parte de quem requer a expropriação, até aos argumentos ecológicos. Valerá tudo!

Mas, se mesmo assim, for decretada a expropriação, a resistência abrandará e a luta transfere-se para a indemnização a receber.

A partir de então a manutenção do baldio deixa de ter interesse e a sua "extinção" é uma conclusão natural.

3. No que toca à sua extinção por "alienação voluntária" – art. 31.º n.º 1, al. *a),* – a situação altera-se completamente, pois trata-se de alargar os limites da povoação ou satisfazer a necessidade de ter casa, por parte dos compartes.

E "ter casa" é um valor mais importante do que manter o baldio intacto: *"fora do comércio jurídico"*[244].

Outrotanto não se diga da alienação para *"instalação de unidades industriais"* – al. *b)* do n.º 1 do art. 31.º.

Aí os inconvenientes (poluição de águas e do ar e poluição sonora) podem superar as vantagens. E, então, é natural que as populações espicaçadas por outros exemplos mediáticos, se levantem e se oponham a tal instalação.

ARTIGO 27.º
Utilização precária

1. Após três anos de ostensivo abandono do uso e fruição de um baldio, judicialmente declarado, a junta ou juntas de freguesia em cuja área o mesmo se localize podem utilizá-lo directamente, sem alteração significativa da sua composição, ou ceder a terceiros a sua exploração precária por períodos não superiores a dois anos, renováveis, se e enquanto não tiverem sido notificados pelo competente órgão de gestão do baldio de que os compartes desejam voltar à sua normal fruição.

2. No caso previsto na parte final do número anterior, há lugar à prestação de contas pela junta ou juntas em causa, com a entrega aos compartes do valor da cessão de exploração ou da receita líquida apurada, deduzida de 50% a título compensatório, no caso de utilização directa pelas referidas juntas.

---

[244] Vide art. 2 do DL 39/76 de 19 de Janeiro.

Foi a razão de permitir construir a sua habitação a quem a não tinha que levou a actual lei a abrir excepções ao princípio de os baldios estarem, sempre, *"fora do "comércio jurídico".*

No articulado da lei, a satisfação da necessidade de habitação estendeu-se a outros casos que o legislador considerou semelhante. Mas muitas vezes não são.

Extinção dos baldios 177

Fonte: preceito novo.

Comentário:

1. Em boa verdade, o caso previsto neste art.° não se encaixa bem dentro deste capítulo que trata da "*Extinção dos baldios*".

Com efeito, este art.° trata é de um "novo" aproveitamento dos ditos baldios:

1.° Directamente, pela junta ou juntas e

2.° Indirectamente, por terceiro a quem se cede a sua exploração precária por períodos não superiores a dois anos, renováveis.

O certo é que, em qualquer dos casos, o baldio continua baldio, podendo voltar à posse directa dos compartes, nos termos do n.° 1, parte final.

Por outro lado:

Para que a "*utilização directa*" do baldio passe para a junta ou juntas ou para terceiros, necessário se torna a verificação de duas condições, *sine qua non*:

1.ª Que haja um "*ostensivo abandono*", durante três anos e

2.ª Que este "*ostensivo abandono*", seja "*judicialmente declarado*".

Que é que se entende por "*ostensivo abandono*", durante três anos?

Para que tal condição se verifique, necessário se torna, em nosso entender, que o baldio esteja durante três anos, pelo menos, sem prestar qualquer vantagem ou utilidade aos seus compartes, designadamente, pastagens, lenhas e estrumes ou outras que, tradicionalmente, se retirem do mesmo baldio.

Mas será que, mesmo nesta hipótese, haverá sempre "*ostensivo abandono*"?

Parece-nos que não.

Na verdade, um baldio sáfaro ("maninho") pode estar três anos, e às vezes mais, sem que dele se possa retirar qualquer vantagem significativa, face à natureza do solo e condições do tempo.

Nesta hipótese, como poderá o tribunal, cumprir a 2ª condição?

Entendemos que o "*ostensivo abandono*" só se pode verificar relativamente a baldios que, pela natureza do seu solo e condições do tempo, podem ser explorados e usufruídos todos os anos pelos respectivos compartes.

Sobre outra figura de "*abandono*" a que a lei chama "*abandono injustificado*", ver o comentário ao n.° 6 do art. 29.°.

Nos casos em que o baldio está insusceptível de qualquer aproveitamento significativo, pode haver um impedimento natural, dependente da natureza do solo e das condições do tempo, que obsta à sua utilização.

Nessa hipótese, e enquanto durar o impedimento, não há "*abandono*".

2. Quem requer a declaração de "*ostensivo abandono*" é "*a junta ou juntas de freguesia em cuja área o mesmo se localize*".

Tal significa que a referida declaração só pode ser feita, quando a junta ou juntas se encontram na sua administração, nos termo s do n.° 1 do art. 36.°.

E isto por duas razões: tais utilizações directas ou indirectas terminam

178   *Comentário à Nova Lei dos Baldios*

logo que o *"órgão de gestão"* que se venha a constituir, notifique a dita junta ou juntas ou os terceiros de que tal utilização terminou, como se diz na parte final do n.° 1.

Esta solução e a preconizada no n.° 2 são, rigorosamente, paralelas com aquelas mencionadas no supra dito art. 36.°.

Para soluções iguais pressupostos iguais (igualdade de razões).

Assim sendo, pergunta-se: poderá a junta ou juntas que não cumpriram as obrigações que lhe são impostas pelos n.° 4 do art. 33.°, pedir a declaração de *"abandono"*?

Entendemos que não, pois lhes falta *"legitimidade"* para tal, por força do n.° 5 do mesmo art.°.

Efectivamente, não podem elas ser beneficiadas pela sua própria inércia, se esta foi causa do *"abandono"* do baldio.

Que promovam a constituição da assembleia de compartes (mesmo fora de tempo) e depois se verá se a situação de *"abandono"* se mantém.

3. Conforme se já deixou referido, logo que o CD ("órgão de gestão") da AC (entretanto criada) notifique a juntas ou juntas ou os terceiros na posse directa do baldio, esta "posse" termina e haverá lugar a *"prestação de contas pela junta ou juntas em causa com a entrega aos compartes da cessão de exploração ou das receitas líquidas apuradas, deduzidas de 50% a título compensatório, no caso de utilização directa pelas juntas"*, à semelhança com o que acontece no n.° 2 do art. 36.°.

Quer dizer: quem presta contas são a junta ou juntas e não os terceiros.

Nesta prestação de contas, a junta ou juntas entregarão ao CD:

a) A cessão de exploração, se tal exploração foi cedida a terceiros, ou

b) As receitas líquidas apuradas, deduzidos 50% a título compensatório, pelo trabalho e despesas feitas no aproveitamento/recuperação do baldio, se este ficou na sua utilização directa.

Por entrega da "cessão de exploração, dever-se-á entender todo o dinheiro que a junta ou juntas tiverem recebido do cessionário.

Na verdade, nesta hipótese, a junta ou juntas nada dispenderam no aproveitamento/recuperação do baldio, pelo que não se justifica a retenção de qualquer montante a título de compensação pelo trabalho e despesas.

ARTIGO 28.°
Consequência da extinção

Da extinção total ou parcial decorre:
a) **Nos casos da alínea *a)* do artigo 26.° e do n.° 6 do artigo 29.°, a sua integração no domínio privado da freguesia ou freguesias em cuja área territorial se situar o terreno baldio abrangido pela extinção.**

Extinção dos baldios

b) **Nos casos da alínea** *b)* **do art. 26.°, a transferência dos direitos abrangidos pela expropriação ou alienação para a titularidade da entidade expropriante ou em qualquer caso beneficiária da expropriação, ou da entidade adquirente.**

Fonte: Preceito novo.

Comentário:

1. Se o baldio é declarado extinto por voto unânime de todos os compartes presentes (dois terços de todos os membros da assembleia) é porque o seu aproveitamento, como baldio, pela "comunidade" a que pertence, deixou de ter interesse (al. *a)* do art. 26.°).

Seria um "crime" contra a economia nacional deixar o baldio sem dono (*res nulius*). Por isso se entende que ele passe a integrar o domínio da freguesia. Dúvidas só poderiam existir, *de lege ferenda,* que esse domínio seja o particular. Mas é, enquanto esta lei estiver em vigor.

No que tange ao n.° 6 do artigo 29.° *("expropriação por abandono injustificado")* a razão é semelhante. Efectivamente se verifica o "abandono injustificado" o baldio fica, também, praticamente, sem dono, pelo que se justifica que ele passe para o domínio da junta ou juntas.

De lege ferenda, faz-se a mesma reserva que aquela feita para a hipótese da al. *a)* do art. 26.°.

2. No caso da al. *b)* do art. 26.°, trata-se de expropriação ou alienação voluntária.

Se o baldio foi expropriado ou alienado e na medida em que o foi (pois a expropriação pode não abranger todos os direitos que a propriedade comunitária pressupõe) é lógico que a parte expropriada ou vendida passe para a titularidade de quem a adquiriu ou expropriou.

Acontece que, pode acontecer que a entidade expropriante (a junta de freguesia, a câmara ou outra) promova a expropriação para aí implantar serviços ou actividades a exercer por terceiros (zonas industriais, parques de merendas ou de campismo, serviços de abastecimentos a veículos, etc.) neste caso a titularidade passa para a entidade adquirente, se do processo de expropriação tal entidade já constar.

ARTIGO 29.°
Expropriação

1. Os baldios podem, no todo ou em parte, ser objecto de expropriação por motivo de utilidade pública ou abandono injustificado.

180 Comentário à Nova Lei dos Baldios

2. A expropriação por utilidade publica será precedida de uma proposta de aquisição em que se especifiquem as razões de utilidade pública invocada, bem como o preço e outras compensações oferecidas, devendo a assembleia de compartes pronunciar-se no prazo de 60 dias.

3. Em caso de acordo das partes, a transmissão far-se-á nos termos gerais de direito.

4. A expropriação dever-se-á limitar ao estritamente necessário, no momento em que tiver lugar, para a realização do objectivo que a justifica, com direito a reversão dos bens remanescentes ou que não tiverem sido objecto da utilização especificada no acto de expropriação.

5. A indemnização devida pela expropriação é calculada nos termos da lei que rege especificamente a matéria mas, na sua fixação, tomar-se-á também em conta não só o grau de utilização efectiva do baldio, como as vantagens propiciadas à comunidade local pela afectação do terreno aos fins da expropriação.

6. A expropriação por abandono injustificado, como tal judicialmente declarado, pode ter lugar a pedido da junta ou juntas de freguesia em cuja área o baldio se situe, quando este tenha deixado de ser objecto de actos significativos de domínio, posse, gestão e fruição durante um período não inferior a 10 anos.

Fonte: Preceito novo.

Comentário:

1. Percebe-se que os baldios possam ser expropriados por motivo de utilidade pública.

Mas já não se percebe muito bem que o sejam por motivo de *"abandono injustificado"*.

Na verdade, na primeira hipótese, há, sempre, lugar a uma indemnização a favor da comunidade local, representada pela assembleia de compartes; enquanto que na segunda hipótese, nem indemnização há. É a entrega pura e simples do baldio às autarquias locais para o integram no seu domínio particular!

Consideramos que há um erro de conceitos por parte do legislador que o levou a utilizar indevidamente o termo "expropriação", para o caso do *"abandono injustificado"*.

Efectivamente, dada a natureza jurídica dos baldios e a sua instituição[245], o legislador deveria ter utilizado o termo "desafectação", pois este é que é conceito correcto para definir o que se passa com o *"abandono injustificado"* dos baldios.

---

[245] Vide atrás *"**Da Natureza Jurídica dos Baldios**"* e *"**Instituição dos baldios**"*, págs. 50 e 59.

Na verdade, se o baldio se constitui ou institui com a sua afectação à satisfação das necessidades comunitárias de determinadas populações ("comunidades locais") lógico é que quando tal "afectação" deixe de existir por as necessidades terem cessado, o baldio, naturalmente, se extinga.

Depois é da própria natureza da "expropriação", a existência de uma indemnização. Não há "expropriação" sem "indemnização", conforme dispõe claramente o art. 1.º do Código das Expropriações[246].

E, conforme resulta do n.º 6, no caso do *abandono injustificado* não há lugar a qualquer indemnização.

Esta é mais uma forte razão para considerarmos que, em vez de "expropriação", há de facto e de direito uma "desafectação" que melhor se compagina com a inexistência de indemnização.

2. A expropriação por utilidade pública será precedida de uma proposta, nos termos do n.º 2.

Nessa proposta é obrigatório especificarem-se:

2.1. *"As razões da utilidade pública invocada"* e

2.2. *"O preço e outras compensações oferecidas"*.

A apresentação desta proposta é essencial, pois será sobre ela que a assembleia de compartes se vai pronunciar, no prazo de 60 dias.

Sem que tal proposta seja apresentada, não se pode iniciar o processo judicial de expropriação, pois se poderá transformar numa série de actos inúteis (art. 137.º do CPC).

A obrigatoriedade de se indicarem os dois elementos atrás referidos justifica-se, porque eles é que abrirão caminho a uma expropriação amigável e vão condicionar o "âmbito" e "funcionamento" da mesma expropriação, como abaixo veremos.

Na verdade, entendemos que ao indicarem-se as *"razões"*, também se devem indicar-se os *"objectivos que a justifiquem"*, como veremos abaixo.

3. Se houver a acordo, a transmissão far-se-á, nos termos gerais de direito, isto é, mediante escritura pública com o pagamento do preço.

É óbvio que, se houver o tal acordo, se deverá neste especificar bem os limites e o complexo de direitos expropriados, bem como o preço, condições de pagamento, limitações e outras cláusulas que as circunstâncias concretas indicarem.

Na verdade,

4. A expropriação pode não abranger a totalidade do terreno, mas apenas aqueles direitos inerentes à propriedade comunitária *"estritamente necessários, no momento em que tiver lugar, para a realização dos objectivos que a justifica"*.

---

[246] Art. 1.º: *"Os bens imóveis e os direitos a eles inerentes podem ser expropriados por causa de utilidade pública compreendida nas atribuições, fins ou objecto da entidade expropriante, **mediante o pagamento contemporâneo de uma justa indemnização** nos termos do presente código"* (sublinhado nosso).

182 Comentário à Nova Lei dos Baldios

Não são as necessidades da entidade expropriante que serve de bitola à expropriação, mas a *"realização dos objectivos que a justifiquem"*.

Se nem todo o baldio, ou nem todas as utilidades do baldio *"tiverem sido objecto da utilização especificada no acto de expropriação"*, a entidade expropriada ("comunidade") tem direito a exigir a *"reversão, do baldio ou das utilidades não utilizadas.* Mesmo quando a expropriação é amigável, pois tanto a transferência operada nos termos do n.° 3, tal como a expropriação judicial estão, sempre, sujeitas a tal reserva legal (reversão).

Efectivamente, *"a determinação dos bens a expropriar por utilidade pública deve obedecer ao princípio geral, formulado, desde sempre na nossa legislação, de que a expropriação será limitada ao necessário para a realização do seu fim"*, de acordo com os ensinamentos do Prof. Marcelo Caetano.

Segundo o mesmo Mestre, desde princípio geral deduzem-se dois corolários: o primeiro é o de que *"as coisas cuja utilidade pública determine a expropriação devem ser especificadas na respectiva declaração"* e (...) o segundo é o de que *"os bens expropriados que não sejam aplicados ao fim cuja utilidade pública justificou a expropriação, que dele sejam desviados ou tenham sobrado das obras (parcelas sobrantes) devem reverter ao primitivo proprietário a requerimento deste ou dos seus herdeiros"*: é aquilo a que se chama direito de reversão[247].

Hoje a reversão vem regulada nos arts. 5.° e 74.° a 79.° do Código das Expropriações.

5. A indemnização é calculada nos termos da lei que rege as expropriações em geral[248].

Só que, dado tratar-se de um "bem especial" (baldio) cuja expropriação pode não abranger a totalidade das utilidades, permitindo aos compartes uma utilização residual que pode ser significativa e, dado que a "expropriação" pode trazer vantagens colectivas para a "comunidade" em geral, ao fixar-se a indemnização deve levar em conta estas duas circunstâncias, podendo, portanto, o seu montante ser atenuado.

Em todo o caso há que ter cuidado coma *"as vantagens propiciadas à comunidade"*. É que quando tais expropriações se operam "acena-se" muito com os empregos criados para os compartes.

A prática tem demonstrado que este aumento de empregos não é assim tão significativa que justifique substanciais reduções.

Efectivamente, destinando-se o "baldio" expropriado ao estabelecimento de qualquer equipamento industrial ou mesmo "zona industrial", o que se tem vindo a verificar é que os "novos trabalhadores" recrutados entre os compartes são em número reduzido.

---

[247] Op. cit. 9ª. Ed. Págs. 1008 e 1011.
[248] Vide arts. 23.° a 32.° do Código das Expropriações.

Extinção dos baldios 183

Porque estes não têm preparação técnica, normalmente, os empresários vão contratá-los no "mercado em geral" , porque a estes, depois de instalados, o que interessa é o lucro rápido e não a sua integração social.

6. Deve notar-se que no n.° 6 não se abrange o *"ostensivo abandono"* referido no n.° 1 do art. 27.°, como já se disse no comentário àquele comando legal.

Aqui abrange-se um novo tipo de "abandono" – aquele a que a lei chama *"injustificado"*.

Entendemos que, dificilmente, se encontrará um baldio na situação de abandono "injustificado".

Na verdade, se o "abandono ostensivo" tem de durar, pelo menos, três anos, com as consequências previstas no art. 27.°, o *abandono injustificado* tem de durar, pelo menos, mais 10 anos, que não podem incluir os 3 do abandono "ostensivo", judicialmente declarado.

Daqui resulta que, em boa verdade, nunca poderá haver abandono "injustificado" por parte dos compartes, pela razão simples de que quem está na posse, administração e gestão do baldio já não são os compartes, mas a própria junta de freguesia (por força do n.° 1 do art. 27.°) que pede a declaração de "abandono injustificado", com base no n.° 6 do art. 29.°.

ARTIGO 30.°
Constituição de servidões

Podem constituir-se servidões sobre terrenos baldios, nos termos gerais de direito[249].

Fonte: Preceito novo.

Comentário:

1. O presente artigo insere-se na filosofia "liberalizante" que enformou a presente Lei[250].

Por razões de política legislativa, abriu-se com o presente preceito, mais uma excepção ao princípio da inalienabilidade absoluta dos baldios[251] que constava do artigo 2.° do DL n.° 39/76 de 19 de Janeiro.

As excepções previstas estão todas abrangidas pelos arts. 26.° a 31.° da presente Lei e que integram todo o Capítulo IV.

---

[249] Redacção dada pela Lei n.° 89/97 de 30 de Julho.
[250] Vide atrás a "resenha histórica" relativa à presente Lei, pág. 44.
[251] Sobre este tema, ver atrás o comentário ao art. 4.°, pág. 75 e segs..

184 Comentário à Nova Lei dos Baldios

2. Sobre o conceito de *servidão*, ver o art. 1543.° do CC.

Face ao disposto no presente comando legal, sobre os baldios podem-se constituir não só todas servidões legais previstas no art. 1550.° a 1563.° do CC., como aquelas voluntárias, nos termos do art. 1544.°, isto é, *"quaisquer utilidades ainda que futuras ou eventuais, susceptíveis de serem gozadas por intermédio do prédio dominante, mesmo que não aumentem o seu valor".*

Sobre esta matéria deliberará a AC, de acordo com a alínea *j)* do art. 15.° .

ARTIGO 31.°
Alienação por razões de interesse local

1. A assembleia de compartes pode deliberar a alienação a título oneroso, mediante concurso público, tendo por base de licitação o preço do mercado, de áreas limitadas de terrenos baldios:

a) Quando os baldios confrontem com o limite da área de povoações e a alienação seja necessária à expansão da respectiva área urbana;

b) Quando a alienação se destine à instalação de unidades industriais, de infra estruturas e outros empreendimentos de interesse colectivo, nomeadamente para a comunidade local.

2. As parcelas sobre que incidem os direitos a alienar não poderão ter área superior à estritamente necessária ao fim a que se destinam e, quando afectadas a objectivos de expansão habitacional, não poderão exceder 1 500 m por cada nova habitação a construir.

3. Não poderá proceder-se ao acto de transmissão da propriedade sem que a autarquia competente para o efeito dê o seu acordo à instalação dos empreendimentos ou à construção de habitação no local previsto.

4. A alienação de partes de baldios para a instalação de equipamentos sociais sem fins lucrativos pode efectiva-se a título gratuito e sem os condicionalismos previstos nos n.°s anteriores, desde que tal seja deliberado pela assembleia de compartes, por maioria de dois terços.

5. Na situação referida no número anterior não é permitida a sua posterior alienação a terceiros, a não ser que se processo a título gratuito e para os mesmos fins.

Fontes: Preceito novo.

Extinção dos baldios

Comentário:

1. Como resulta da resenha histórica da presente lei, este comando legal (que trouxe por arrastamento toda a IV Secção da presente lei)[252] constituía o grande "cavalo de batalha" na "guerra" que as forças político-sociais que estavam contra o princípio da inalienabilidade absoluta dos baldios, prevista no art. 2.º do DL n.º 39/76 de 19 de Janeiro, mantinham contra aquele diploma legal.

O art. 31.º em análise veio dar-lhes razão, em parte, pois aceitando, embora, que, em casos muito contados, tal princípio absoluto inalienabilidade abrisse algumas brechas, por razões de "interesse colectivo", logo cercou tais possibilidades de vários cuidados para que essas cedências se não transformassem na sub-reptícia "malha aberta" através da qual toda a tessitura dos baldios acabasse por se escoar, como resulta dos vários números do comando legal em análise.

Assim:

2. A alienação só pode abranger *"áreas limitadas de terrenos baldios"* e nunca um baldio integral.

Esta alienação tem de ser precedida de deliberação da assembleia de compartes, onde a(s) área(s) a alienar deve(m) ser devidamente intensificada(s), não só, através da(s) sua(s) delimitação(ões) como da sua área e artigo matricial, caso estejam inscritas na matriz.

Dessa deliberação deve constar, também, o fim a que se destina(m) a(s) área(s) a alienar.

A alienação só se pode fazer em concurso público. Quer dizer: não é possível a venda directa a qualquer interessado e nem é permitida a negociação particular.

Daqui resulta que a alienação para habitação deverá ser feita através de um plano urbanístico, devidamente loteado, onde se identifiquem os vários lotes que o integram.

A base da licitação é o *"preço do mercado"*, o que significa que a AC deve procurar saber qual seja esse preço e fixa-lo de acordo com as leis do dito mercado.

Para além disso,

3. Não se podem vender baldio ou baldios na sua totalidade, mas apenas *"áreas limitadas"* deste(s) como se diz no n.º 1 do preceito em análise.

Depois, as partes dos baldios destinadas à construção de habitação, só podem ser alienadas, quando os baldios onde se integrem *"confrontem com os limites da área de povoações e a alienação seja necessária à expansão da respectiva área urbana"*.

Esta forma vaga de dizer: *"limites da área da povoação"*, pode trazer alguns problemas de interpretação. Na verdade, que é que a lei quis significar quando falou em *"limites da povoação"*?

---

[252] Vide pág. 44 e segs..

186 Comentário à Nova Lei dos Baldios

Poder-se-á entender que tal referência tem em vista a expressão popular de "*limites*" no sentido de "*cercanias*", "*redondezas*" ou "*vizinhança*".

Tal interpretação é perigosa, pois pode levar a graves abusos, já que, neste sentido, os "*limites*" têm uma localização muito fluida, já que tudo à volta da povoação, quer confine ou não com ela, se pode considerar "*limites*".

Entendemos que não é este o sentido da lei. Os "limites" aqui referidos referem-se, sempre, à "*confinância*", isto é, ao contacto físico da povoação com os baldios em questão, ou, de outra forma: os baldios de que se pretende fazer a alienação de áreas limitadas tem de se estender até à povoação, pois só assim se procede à "*expansão da respectiva área urbana*".

Construir afastado da povoação, ultrapassa esta "expansão", para se transformar na criação de outro núcleo populacional. Não é isto o que a lei pretende.

Na verdade, se entre o baldio e a povoação se interpuserem terrenos particulares, municipais ou paroquiais, será sobre esses terrenos que se terá de fazer a "*expansão*" da área urbana da respectiva povoação, de acordo com o respectivo PDM (se existir).

Certo é que, por força do respectivo PDM, muitas vezes não se pode construir sobre tais áreas confinantes (particulares, municipais ou paroquiais), pelo que nesse caso, pareceria que se poderia "avançar" sobre os baldios.

Entendemos que não, porque também os baldios estão, normalmente, sujeitos à "reserva ecológica", onde, igualmente se não pode construir, também. Ora, se é certo que se pode alterar o PDM, no sentido de retirar a "área limitada" do baldio, a alienar, de tal "reserva", o mesmo se pode fazer, quanto aos outros terrenos, particulares, municipais ou paroquiais.

4. Quando a alienação se destine à "*instalação de unidades industriais, infra-estruturas e outros impedimentos de interesse colectivo*", como se diz na alínea *b)* do n.° 1, já não existe a exigência de o baldio confinar com os limites da povoação, como consta da alínea *a)*.

Compreende-se esta diferença de tratamento: não há vantagem nenhuma na integração de tais instalações industriais, infra-estruturas ou mesmo empreendimentos de interesse (campos de futebol, por exemplo) na área urbana da povoação.

Nesse caso, porque tal exigência não existe, já as "*áreas limitadas*" dos baldios poderão situar-se em terrenos comunitários que não confrontem com a "*respectiva área urbana*".

5. A exigência constante do n.° 2 do preceito em análise, é mais um "travão" à alienação fácil dos baldios.

Segundo o que aí se dispõe , as parcelas a alienar "*não poderão ter área superior à estritamente necessária ao fim a que se destina*".

Aqui se chama a atenção para o advérbio "***estritamente***" que significa, segundo os dicionários, *exactamente*, ou de outra forma: "*restritamente*".

Assim, deverão os projectos que se perfilam ser apresentadas à AC a fim de esta elaborar o respectivo loteamento, com base em tais "previsões", de modo a que as áreas que se apresentarem a "concurso público" satisfaçam as aspirações dos potenciais interessados.

6. Um dos requisitos para que se possa proceder às alienações pretendidas é que "*a autarquia competente para o efeito dê o seu acordo à instalação dos empreendimentos ou à construção de habitações no local previsto*", conforme se diz no n.º 3.

Por essa razão é que atrás dissemos que a AC, quando começar a elaborar o "dossier" da(s) alienação/alienações, deverá estabelecer contacto com a respectiva câmara municipal no sentido de não surgirem mais tarde entraves ao tal "acordo".

Acontece, por vezes, que as relações entre as ACs dos baldios e as câmaras não são as melhores e isto, porque as câmaras também se reivindicam direitos sobre os baldios, ou não aceitam que a administração que dos mesmos vinham fazendo lhes seja retirada pelas ditas ACs.

Neste "clima" de "guerra larvar", as câmaras facilmente são tentadas a abusar do seu poder ("desvio de poder"), relativamente á cedência de tal "acordo", ou mesmo à "violação (frontal) da lei"[253].

Nesta hipótese, devem as ACs organizar todo o processo de alienação, formularem o pedido de acordo às câmaras e, se estas se recusarem a dá-lo, interpor nos Tribunais Administrativos as respectivas acções e/ou recursos, a fim de que a recusa injustificada das câmaras seja ultrapassada, de acordo com o art. 24.º da *Lei do Proc. nos Tribunais Administrativos* e art. 51.º, als. *c*) e *j*) do *Estatuto dos Tribunais Administrativos e Fiscais*.

7. Se a cedência da parcela de baldio se destinar à "*instalação de equipamentos sociais sem fins lucrativos*", como diz o n.º 4, "*pode efectivar-se a título gratuito*".

Por tais instalações deverão entender-se as sedes das câmaras ou juntas, quartel e sedes dos bombeiros, instalações culturais e desportivas, centros sociais, etc.

De notar que tal cedência gratuita só pode funcionar "*desde que tal seja deliberado pela assembleia de compartes, por maioria de dois terços*".

8. O n.º 5 só autoriza a posterior alienação do terreno cedido, se tal alienação for (também) gratuita e "*para os mesmo fins*".

Entendemos que com a expressão "para os *mesmos fins*" referidos no n.º 5 se pretende fazer reverter para a referência genérica do n.º 4: "*instalação de equipamentos sociais sem fins lucrativos*".

Quer dizer: se no caso concreto, a cedência tiver sido para a instalação de equipamento desportivo, nada impede que a entidade que a recebeu a não possa ceder para a implantação de outros fins não lucrativos (fins culturais, assistenciais ou outros).

---

[253] Sobre estes dois vícios do acto administrativos e suas consequências, vide Prof. Marcelo Caetano, "*Manual*", 8ª cd. já citado, págs. 440 e segs. e 448 e segs..

CAPÍTULO V
Disposições finais e transitórias

ARTIGO 32.º
Regra de jurisdição

1. É da competência dos tribunais comuns territorialmente competentes conhecer dos litígios que directa ou indirectamente tenham por objecto terrenos baldios, nomeadamente os referentes ao domínio, delimitação, utilização, ocupação ou apropriação, contratos de cessão, deliberações do seus órgãos ou omissões de cumprimento do disposto na lei.
2. São isentos de preparos e custas judiciais os órgãos e membros das comunidades locais titulares dos direitos sobre o baldio, incluindo as entidades em que tiverem sido delegados os respectivos os respectivos poderes de administração.

Fonte: Preceito novo.

Comentário:

1. O presente artigo veio resolver definitivamente uma questão que chegou a ser discutida nos tribunais portugueses, nos finais da década de 50/60.

Efectivamente, havia, então, quem entendesse que as questões sobre os limites dos baldios pertenciam ao Governo, por tais limites coincidirem com os limites s das autarquias.

Este entendimento nunca fez vencimento nos Tribunais portugueses, que seja do nosso conhecimento; antes a doutrina contrária, isto é, a de que, mesmo na questão dos limites, a competência pertencia ao tribunal comum sempre fez vencimento[254].

---

[254] Vide atrás, *"Questões relativas à delimitação dos baldios"*, pág. 98.

190   *Comentário à Nova Lei dos Baldios*

Esta doutrina é que, já então era a correcta, uma vez que, como atrás supomos ter demonstrado, os limites dos baldios nada têm ver com os limites das autarquias.[255]

2. A competência do tribunal comum abrange todos "*os litígios que directa ou indirectamente tenham por objecto terrenos baldios*" , como se diz no n.º 1.

Os casos que especifica sob o "nomeadamente", são a título exemplificativa, embora se nos afigure que lá cabem, praticamente, toda a espécie de litígios ligados aos baldios (quer directa quer indirectamente).

Fora desta competência está a apreciação da legalidade da actuação das entidades administrativas que tutelam os baldios, que cabe aos tribunais administrativos (art. 7.º do ETAF).

3. O n.º 2 isenta de preparos e custas, não só os órgãos, mas também os membros da comunidade ("compartes") e as entidades para quem foi transferida a administração dos baldios.

Esta isenção refere-se, como é óbvio, a todos os litígios mencionados no n.º 1 e vem pôr fim a uma discussão que surgiu na vigência dos DLs n.º 39 e 40/76 de 19 de Janeiro.

Efectivamente, embora a generalidade dos tribunais entendesse que as ACs estavam isentas de preparos e custas nos termos da alínea *b)* do art. 3.º do CCJ, por serem "*pessoas colectivas de utilidade pública administrativa*" , o certo é que o Ac. da Rel. do Porto de 4/06/87 (Col. Jurisp. Ano XII, tomo IV, pág. 180) veio a decidir em sentido inverso[256].

4. Tem-se discutido qual o valor a atribuir às acções sobre baldios.

Em nosso entender **o valor das acções sobre baldios**, porque estes não são meros prédios rústicos, mas espaços de afectação social e fazem parte, também, do património cultural de um povo, estando, por isso, fora do comércio jurídico, pelo que são insusceptíveis de avaliação económica, deve ser fixado de acordo com o art. 312.º do CPC, pois atingem, também, o nível de bens "imateriais".

Em sentido contrário julgou o STJ no seu Ac. de 12/01/93, in "Colect. de Jurisp." (Acs. do STJ), Ano I, Tomo I, pág. 29.

ARTIGO 33.º
Recenseamento

1. O recenseamento dos compartes identifica e regista os moradores da comunidade com direitos sobre o baldio.

---

[255] Vide nota anterior.
[256] Vide nosso "*Comentário*" já citado, pág. 152 e segs.

Disposições finais e transitórias 191

2. Os recenseamentos provisórios previstos no n.º 2 do art. 22.º do Decreto-Lei n.º 39/76 de 19 de Janeiro, ou os recenseamentos tidos por definitivos correspondentes ou não àqueles, ainda que validados apenas por práticas consuetudinários inequívocas, são reconhecidos como válidos até à sua substituição ou actualização nos termos da presente lei.

3. Em caso de inexistência de recenseamento dos compartes de determinado baldio, a iniciativa da sua elaboração compete à assembleia de compartes, quando para o efeito convocada ou, em caso de inexistência ou não convocação daquela assembleia , ou da sua inércia dentro do prazo de seis meses a contar da entrada em vigor da presente lei, a sua elaboração compete a um grupo de 10 membros da comunidade local usualmente reconhecidos como compartes, os quais deverão cooperar entre si no caso de se constituir mais de um.

4. Decorrido um ano a partir da entrada em vigor da presente lei sem que tenha ocorrido qualquer das iniciativas previstas no número anterior, a obrigação legal de efectuar o recenseamento é automaticamente transferida para a junta de freguesia em cuja área se localize a totalidade ou a maior parte do baldio, para cumprimento no prazo de seis meses.

5. A junta de freguesia referida no número anterior tem, em qualquer caso, o dever de cooperar com as entidades promotoras referidas no n.º 1, sob pena de, recusando-se a cooperar ou a cumprir a obrigação prevista no número anterior, passar a carecer de legitimidade para nela ser ou continuar delegada a administração do respectivo baldio, durante um período de 10 anos a contar do termo do semestre referido no número anterior.

6. Em caso de renitente inexistência de recenseamento de compartes, por inércia de todas as entidades referidas nos n.ºs 3 e 4 e até ao suprimento efectivo dessa falta, aplicam-se as regras consuetudinários, quando inequivocamente existam e, na falta delas, supre a falta de recenseamento dos compartes o recenseamento eleitoral dos residentes na comunidade local a que o baldio pertence, com as adaptações e correcções aprovadas nas reuniões da assembleia de compartes convocadas com base nele.

7. A convocação prevista na parte final do número anterior compete ao conselho directivo, quando exista, ou, na sua falta, a grupos de 10 membros da comunidade local usualmente reconhecidos como compartes, constituídos em comissão *ad hoc*.

Fonte: Os n.ºs 2, 3 e 4 do art. 18.º do DL n.º 39/76 de 19/01.

192   *Comentário à Nova Lei dos Baldios*

Comentário:

1. O recenseamento abrange os compartes classificados como tais pelo n.° 3 do art.° 1.°.

2. Há um manifesto lapso de revisão, quando no n.° 2 se faz referência aos *"recenseamentos provisórios previstos no n.° 2 no artigo 22.° do Decreto-Lei n.°39/76, de 19/ de Janeiro"*, já que tal Decreto-Lei só tem 20.° artigos!

A falta de qualidade legislativa, não se revela, apenas, em lei confusas e, às vezes contraditórias, mas, também, na qualidade dos textos onde lapsos como este e outros bem piores, como abaixo se verá, e que nos deixam quase de mãos atadas para fazermos uma interpretação correcta da Lei.

Há casos em que até erros ortográficos se cometem nos textos legislativo!

No caso em análise parece óbvio que os legisladores se queriam referir ao art. 18.° que do DL 39/76 que é o único que "prevê" os recenseamentos provisórios.

3. Os recenseamentos *"tidos por definitivos"*, de acordo com o n.° 2, seriam não só aqueles que assim foram aprovados pela AC, mas, também, aqueloutros *"validados por práticas consuetudinárias inequívocas"*.

E aqui nos aparece um novo lapso.

Efectivamente, não vislumbramos o que é que se pretende dizer com a expressão *"práticas consuetudinárias"* no que tange ao recenseamento dos compartes.

Que se atenda às práticas consuetudinárias, no que toca ao uso e fruição dos terrenos baldios, compreende-se. Agora quanto à elaboração de *"recenseamento dos compartes"* não temos conhecimento que haja qualquer prática consuetudinária a este respeito.

O recenseamento dos compartes só se tornou obrigatória com o DL n.° 39/76.

Antes nunca houve qualquer recenseamento até porque nunca foram necessários recenseamentos para se definir quem tinha direito ao uso e fruição dos baldios. Essa definição era dada pela posse ancestral, conforme atrás se viu, aquando da análise do processo histórico dos baldios.

Assim a referência a *"prática consuetudinária"* na elaboração dos recenseamentos dos compartes deve considerar-se como *"práticas consuetudinárias na utilização do baldio"*.

Esta prática só é relevante para se definir quem é comparte, nos termos do art. 1.° n.° 3.

Com base em tal prática é que se elabora o "recenseamento provisório" que é, sempre, um <u>documento</u> e nunca a prática em que se baseia.

Este "recenseamento provisório" é que vai servir de base à convocação da AC, passando a definitivo com a aprovação deste, a fim de se poder verificar se há ou não "quorum" para a mesma AC poder funcionar, de acordo com o art. 19.°.

4. No n.° 3 diz-se que *"em caso de inexistência de recenseamento dos compartes, a iniciativa da sua elaboração pertence à assembleia de compartes"*.

Disposições finais e transitórias 193

Afigura-se-nos que há aqui mais um lapso de redacção da Lei.

Efectivamente, a AC não pode, sequer, reunir-se pela primeira vez, a fim de se organizar (assembleia constituinte) sem que, antes, se tenha elaborado e um recenseamento provisório, ou haja documento que o substitua.

Só a partir deste recenseamento que terá de ser aprovado pela dita AC, com as alterações que forem aprovadas, se as houver, é que a dita AC (constituinte) pode funcionar nos termos do art. 19.°.

Assim sendo, a referência *"em caso de inexistência de recenseamento dos compartes de determinado baldio, a iniciativa da sua elaboração compete à assembleia de compartes"* deve entender-se como se aí se dissesse: *"**em caso de inexistência de recenseamento (...) compete à assembleia de compartes aprovar o que lhe for apresentado"*** (pelos *"10 utentes"* ou pela junta de freguesia).

No domínio do DL 39/76, por força do n.° 2 do art. 18.°, a obrigação da elaboração de tal recenseamento impendia sobre as juntas de freguesia e sobre as câmaras municipais (conforme se tratasse de baldios paroquiais ou municipais).

Porque estas entidades se recusavam, muitas vezes, a proceder tal recenseamento provisório e a convocar a primeira assembleia de compartes, era prática corrente, fazer uma interpretação extensiva do disposto na al. *a)* do art. 8.° do referido DL.

Assim os 10 compartes que podiam convocar a AC passaram a elaborar, também, o recenseamento provisório que vinha, depois, a ser aprovado, na primeira reunião.

Daqui resulta que, de acordo que a interpretação que propomos para o n.° 3, no domínio da presente Lei, houve uma alteração na prática seguida durante a vigência do DL 39/76 e, assim, em vez de pertencer, em primeiro lugar, à junta de freguesia a elaboração do o recenseamento provisório, tal incumbência passou a caber, em primeiro lugar, aos *"10 membros da comunidade local"*, tendo para tal um prazo de seis meses, a contar da entrada em vigor da Lei.

5. *"Decorrido um ano a partir da entrada em vigor da presente lei, sem que tenha ocorrido qualquer iniciativa no número anterior"*, a incumbência de elaborar tal recenseamento foi *"automaticamente transferido para as juntas de freguesia"* – diz o n.° 4 – *"em cuja área se localize a totalidade ou a maior parte do baldio"*.

Esta incumbência devia ser satisfeita no prazo de seis meses.

6. Os prazos legais para a elaboração do recenseamento provisório encontram-se todos ultrapassados há muito, pelo que, por força do disposto no n.° 6, *"até ao suprimento efectivo dessa falta, aplicam-se as regras consuetudinárias quando inequivocamente existam e, na falta delas, supre a falta do recenseamento dos compartes o recenseamento eleitoral dos residentes na comunidade local a que o baldio pertence, com as adaptações e correcções aprovadas nas reuniões da assembleia de compartes, convocadas com base nele"*.

A referência a *"regras consuetudinárias"* deve entender-se, como atrás se deixa dito em relação às *"práticas consuetudinárias"*, como se tal referência diga respeito ao uso e fruição do baldio em causa, para ter sentido útil.

194   *Comentário à Nova Lei dos Baldios*

7. Diz o n.º 6 que a convocação da assembleia prevista na parte final do número anterior (n.º 6) compete ao CD e na falta deste a grupos de 10 utentes. Nova confusão.

Efectivamente, a convocação da 1ª assembleia de compartes (assembleia constituinte) nunca pode pertencer ao *"conselho directivo"*, pela simples razão de que, enquanto a assembleia não for constituída, não há *"conselho directivo"*.

A alusão ao *"conselho directivo"* deve entender-se como referida às convocatórias, depois de constituída a assembleia de compartes, de acordo com o disposto no art. 18.º e de modo a não entrar em choque com este comando legal.

Assim sendo, a convocação da 1ª assembleia de compartes (assembleia constituinte) só pode ser feita pelo grupo de *"10 utentes"*, já que a presente lei não contempla a hipótese de tal assembleia ser convocada pelas junta de freguesia ou câmaras municipais, como dispunha o n.º 3 do art. 18.º do DL 39/76 de 19 de Janeiro.

Dito Isto:

8. Perda de legitimadade das juntas de freguesia para continuarem a administrar os baldios

Conforme se deixa dito no ponto 5 a obrigação legal de efectuar o recenseamento foi automaticamente transferida para a junta de freguesia em cuja área territorial se localize a totalidade do baldio ou a maior parte.

A esta junta, por força do n.º 5, devia em qualquer caso, *"cooperar com entidades promotoras referidas no n.º 1"*.

A falta desta cooperação e *"a não elaboração do recenseamento"* tiveram como consequência a dita junta *"passar a carecer de legitimidade para nela ser ou continuar delegada a administração do respectivo baldio, durante um período de 10 anos a contar do termo do semestre referido no número anterior"*.

Isto quer dizer que todas as juntas de freguesia que não cumpriram a obrigação de elaborar o recenseamento, no prazo de seis meses que lhe foi marcado pelo n.º 4, perderam o direito de administrarem o respectivo baldio, durante 10 anos a contar do termo deste prazo[257].

Ora, com tal prazo terminou 18 meses após da entrada em vigor da presente lei (um ano mais seis meses: n.º 4) e como a lei entrou em vigor em 9 de Setembro de 1993 (4+5) temos que tais juntas estão impedidas de administrar os baldios até 9 de Setembro de 2003.

Como por força do art. 36.º, lhes pertencia a administração transitória de tais baldios, temos que poderão ser responsabilizadas pela efectivação administração ilegítima que exerceram, desde que findou o seu prazo até àquela data.

Assim, poderão ser afastadas, por qualquer comparte, se a AC ainda não

---

[257] A solução idêntica (falta de legitimidade das juntas de freguesia para administrarem os baldios, quando não convocassem as Acs) se chegava na vigência do DL. n.º 39/76 de 19/1, conforme decidiu o Ac. do SJJ de 4/12/86, in BMJ, 363, 394.

Disposições finais e transitórias 195

estiver constituída, ou pelo CD (em nome da AC) se esta já estiver ou quando estiver constituída.

Obviamente que tais juntas terão de devolver o que receberam proveniente de tais baldios, já que a sua administração, desde que terminou o seu prazo até aquela data foi/é ilegítima[258].

Estranhamente, os legisladores esqueceram-se de norma idêntica para os baldios municipais que são administrados pelas câmaras.

O facto de estas nada terem feito para que se tivessem organizado as ACs parece não ter qualquer consequência sobre a sua administração nos termos do citado art. 36.º.

Mais um "buraco"!

ARTIGO 34.º
Devolução não efectuada

1. Os baldios que, por força do disposto no artigo 3.º do Decreto--Lei n.º 39/76 de 19 de Janeiro, foram legalmente devolvidos aos uso, fruição e administração dos respectivos compartes, e que ainda o não tenham sido de facto, sê-lo-ão logo que, constituída a respectiva assembleia de compartes, esta tome a iniciativa de promover que a devolução de facto se efective.

2. Os aspectos da devolução não regulados na presente lei e nos respectivos diplomas regulamentares serão, na falta de acordo, dirimidos por recurso ao tribunal comum, nos termos do art. 32.º.

Fonte: preceito novo.

Comentário:

1. Com o n.º 1 deste preceito pretendeu-se dizer que a devolução operada pelo art. 3.º do DL 39/76 se mantinha nos termos aí expostos e nos termos do art. 6.º.

Efectivamente, de acordo com o art. 3.º do DL 39/76, os baldios, generi-camente, foram *" devolvidos ao uso, fruição e administração dos respectivos compartes"*, só que por força do art. 6.º, para que tal devolução se efectuasse, caso a caso, os ditos compartes tinham, obrigatoriamente, de se constituir em assembleia.

Assim, com a entrada em vigor da presente lei, para que a "devolução" se opere, caso a caso, ter-se-á de se constituir a respectiva AC, devendo esta *"tomar a iniciativa de promover que a devolução de facto se efective"*.

---

[258] Neste sentido, ver a sentença do Juiz de S.ta Comba Dão de 12/01/01, na A.O. n.º 208/00 do Trib. Judicial de S.ta Comba Dão.

196   *Comentário à Nova Lei dos Baldios*

2. O n.º 2 é redundante, pois sempre se teria de fazer como em tal n.º se diz, por força das várias disposições combinadas da presente lei, mesmo que este não existisse.

ARTIGO 35.º
Arrendamentos e cessão de exploração transitórios

1. Os arrendamentos e as cessões de exploração de baldios, nomeadamente para efeitos de aproveitamento florestal, em curso à data da entrada em vigor da presente lei, que tenham sido objecto de ajuste com órgão representativo da respectiva comunidade local, ou de disposição legal, continuarão nos termos ajustados ou prescritos, até ao termo fixado ou convencionado, em qualquer caso não superior ao limite temporal fixado no n.º 4 do artigo 10.º

2. Os arrendamentos e as cessões de exploração que careçam de regularidade formal referida no número anterior serão objecto de negociação com o órgão representativo da respectiva comunidade local para efeito competente, sob pena de caducidade no termo do terceiro ano posterior ao início da entrada em vigor da presente lei.

3. No caso previsto na parte final do número anterior, haverá lugar à aplicação do disposto nos n.º 2 e 3 do artigo 36.º, com as necessárias adaptações.

Fonte: Preceito novo.

Comentário:

1. O n.º 1 faz equivalência entre os "arrendamentos de baldios e a cessão de exploração", sendo, embora, certo que uma e outra figura jurídica não se equivalem como vimos no comentário ao art. 10.º[259].

2. Os contratos celebrados no domínio da lei anterior *"continuarão nos termos ajustados"*, nos termos do n.º 1.

Acontece que o dito n.º 1 ao mesmo tempo que fala em *"ajuste com o órgão representativo da comunidade local"* se refere, também a uns outros *"contratos"* (de arrendamento, cessão de exploração ou outros) *que resultem de "disposição legal"*.

---

[259] Sobre essa diferença ver, também, o Ac. do STJ de 30/07/98, in *"Colect. de Jurisp."*, Ano, V in (STJ) Tomo II, 1998, 153: onde decidiu, segundo o sumário: *"no arrendamento é proporcionado o gozo de um imóvel; na cessão de exploração transmite--se a exploração de um estabelecimento como um todo"*.

Não temos conhecimento de nenhum contrato que resulte de disposição legal.

Se é a própria lei a *"prescrever"* (impor) uma situação jurídica saímos do domínio dos contratos (ver art. 398.° do C. Civil).

Seja como for, os prazos convencionados ou *"prescritos"* são para se cumprirem no domínio da presente lei, salvo se excederem os 20 anos autorizados pelo n.° 4 do art. 10.°, porque neste caso, vale este prazo.

3. Fala o n.° 2 nos "arrendamentos" e cessões de exploração" que *"careçam da regularidade formal referida no número anterior"*.

Acontece que no n.° anterior não há qualquer referência à "forma" do contrato.

Ora, nos termos do art. 219.° do C. Civil, " *a validade da declaração negocial não depende de forma especial, salvo quando a lei a exigir"* e, por força do art. 220.° do mesmo código, *"a declaração negocial que careça de forma legalmente prescrita é nula, quando outra não seja a sanção especialmente prescrita"*.

Quer dizer: a regra é não haver formalidades para a negociação particular.

Quanto ao arrendamento e cessão de exploração, à data da entrada em vigor da presente lei, era exigida a escritura pública, nos termos do art. 7.°, n.° 2 al. *b)* da RAU, ou pelo menos a forma escrita mencionada no n.° 1 do mesmo art.°.

Ora, no n.° 1 do preceito em análise não há qualquer referência a nenhuma desta "formas" mas, tão somente se fala em *"ajuste com os órgãos representativos"* ou *"disposição legal"*.

Assim sendo, não é fácil entender o que é que a lei, neste n.° 2, quer dizer com a expressão: *"careçam da regularidade formal referida no número anterior"*.

Pois no n.° 1 não é exigida qualquer forma.

A fim de dar um sentido útil a tal expressão, teremos de tomar o termo "forma" não no sentido técnico, mas no sentido popular de "maneira" ou "modo" (*v.g.* a minha "forma" de falar = a minha "maneira" ou "modo" de falar).

Com este sentido, já é fácil entender-se que a lei pretendeu "salvar" tais contratos através de uma nova *"negociação com o órgão representativo da respectiva comunidade"*.

Este "salvamento" tem interesse, pois o contrato assim salvo, mantém-se desde o início, vigorando "ex tunc" e não, apenas "ex-nunc" que seria a sua sorte se considerasse nulo ou inexistente e outro se negociasse.

O órgão representativo com competência para celebrar tal contrato é o CD, com autorização prévia da AC (arts. 21.° al. *a)* e 15.° n.° 1, al. *j)*.

Dado o prazo decorrido, desde a entrada em vigor da presente lei, tais contratos ou já foram legalizados ou, então, caducaram.

4. Diz o n.° 3 que, nos casos em que tais contratos caducaram, se aplica os n.° 2 e 3 do art. 36.°.

O referido n.° 2, diz que *"finda a administração (...) haverá lugar a prestação de contas"* .

Embora no caso em apreço não se verifique o fim de qualquer "administração", mas a caducidade de um contrato, a lei manda que a entidade que explora o baldio, em razão de tal contrato, preste contas.

As receitas líquidas apuradas serão distribuídas nos termos do n.° 3 do art. 36.°.

ARTIGO 36.°
Administração transitória

1. A administração de baldios que, no todo ou em parte, tenha sido transferida de facto para qualquer entidade administrativa, nomeadamente para uma ou mais juntas de freguesia, e que nesta situação se mantenha à data da entrada em vigor da presente lei, considera-se delegada nestas entidades com os correspondentes poderes e deveres e com os inerentes direitos, por força da presente lei, e nessa situação se mantém, com as adaptações decorrentes do que nesta lei se dispõe, até que a delegação seja expressamente confirmada ou revogada nos novos moldes agora prescritos.

2. Finda a administração referida no número anterior, haverá lugar a prestação de contas, nos termos gerais, pela entidade gestora.

3. As receitas líquidas apuradas serão distribuídas nos termos eventualmente previstos no acto da transferência ou em partes iguais pela entidade gestora e pala comunidade de compartes.

Fonte: Preceito novo

Comentário:

1. A *"transferência de facto"* da administração dos baldios, no domínio do DL n.° 39/76 de 19 de Janeiro, resultou de um contumaz incumprimento por parte das câmaras e, particularmente das juntas, da obrigação legal que sobre elas impendia, por força do disposto no art. 18.° n.° 2 do citado DL.

Esta resistência das juntas de freguesia e de algumas câmaras a entregarem os baldios às ACs constituídas deu origem a vários processos judiciais (inclusivamente no foro criminal) contra essas entidades e seu membros[260].

---

[260] A este respeito, vide o n/ *"Comentário"* cit., pág. 124 e segs., onde se faz um relato circunstanciado de tal resistência e da luta social e político-jurídica que tal resistência resultou.

Disposições finais e transitórias 199

Tal significa que a *"transferência de facto"* resultou de um contumaz abuso que levou tais entidades a manterem-se, de facto, no exercício de tal administração.

A presente lei pretendeu acabar com a intranquilidade social resultante de tal abuso.

Fê-lo reconhecendo como legítima a administração que tais entidades vinham exercendo sobre os baldios, ao mesmo tempo que prevê o termo dessa administração e as responsabilidades da mesmas entidades pela contas que terão de apresentar quando a administração terminar.

2. Diz a lei que as entidades supra referidas continuam no exercício de tal administração, até que *"a delegação seja expressamente confirmada ou revogada nos novos moldes agora prescritos"*.

Como resulta do que atrás se deixa dito, relativamente aos baldios de que as mencionadas entidades nunca quiseram abrir mão, não houve nunca qualquer "delegação" mas, antes "assalto".

Certo é que, em alguns casos, após se ter organizado a AC, esta delegou na junta de freguesia a administração dos seus baldios.

Daqui resulta que quer nestes casos, quer nos que resultaram da resistência ao cumprimento da lei anterior, a administração transitória cessa logo que o CD comunique à entidade administrante a deliberação da AC no sentido de que a mesma foi revogada.

3. Finda a administração (seja qual for a fonte) as entidades administrantes são obrigadas a prestar contas nos termos gerais.

O processo de prestação de contas vem regulado no art. 1 014.º e segs. Do CPC.

4. As receitas líquidas apuradas, se houver efectiva delegação de poderes, serão distribuídas de acordo com o que constar dessa delegação, se aí alguma coisa se disser a este respeito.

Na hipótese de nada se ter dito e nos casos em que a administração resulta do incumprimento do n.º 2 do art. 18.º do DL n.º 39/76, por parte das entidades administrantes, as receitas líquidas apuradas serão distribuídas em partes iguais pela entidade gestora e pela comunidade local.

Quer dizer: valeu a pena não ter cumprido a lei!

5. Deve aqui ter-se presente o que dispõe os n.º 4 e 5 do art. 33.º, no tocante às juntas de freguesia, pois se elas não cumpriram o que aí se dispõe quanto à elaboração do recenseamento dos compartes, perderam, há muito, legitimidade para continuarem na administração dos baldios onde a vêm exercendo e cujo recenseamento de compartes não fizeram.

200 *Comentário à Nova Lei dos Baldios*

ARTIGO 37.°
Administração em regime de associação

1. os baldios que à data da entrada em vigor da presente lei estejam a ser administrados em regime de associação entre os compartes e o Estado, previsto na alínea *b)* do artigo 9.° do Decreto-Lei n.° 39/76, de 19 de Janeiro, continuarão a ser administrados com esse regime até que ocorra um dos seguintes factos:

a) O termo do prazo convencionado para a sua duração;

b) A comunicação pela assembleia de compartes ao Estado, na pessoa ou entidade que para o efeito o represente, de que deve considerar-se findo aquele regime a partir de prazo não inferior ao máximo, sem renovação, previsto no n.° 4 do artigo 10.°, contado da notificação.

2. Findo o regime de associação a que se refere o número anterior, poderá o mesmo ser substituído por delegação de poderes nos termos dos artigos 22.° e 23.°.

3. Quando o regime de associação referido no número 1 não chegar ao termo dos prazos ali previstos, as partes regularão por acordo, ou na falta dele, por recurso a juízo, as compensações que no caso couberem.

Fonte: disposição nova

Comentário:

1. O preceito em análise refere-se, exclusivamente, aos baldios que, em razão da alínea *b)* do art. 9.° do DL n.° 39/76, estavam a ser administrados em regime de associação entre os compartes e o Estado.

Efectivamente na vigência de tal diploma, o uso, fruição e administração dos baldios para que fosse devolvido os respectivos compartes, de acordo com o art. 3.°, estes tinham, obrigatoriamente de se constituir em assembleia de compartes, como ordenava o art. 6.°.

Ora, o do art. 9.°, estabelecia que os baldios só podiam ser administrados das seguintes formas:

a) Exclusivamente pelos compartes ou

b) "Em regime de associação entre os compartes e o Estado, através de um conselho directivo composto por quatro compartes eleitos em assembleia e um representante do Ministério de Agricultura e Pescas."

Por força do n.° 1 do art. 37.° da presente lei, os mesmo baldios *"continuarão ao ser administrados de acordo com esse regime".*

Esta forma conjunta de administração acaba, diz a lei, *quando se verificar o "termo do prazo convencionado para a sua duração"*, al. *a);* ou quando decorrer o prazo estabelecido na al. *b)*.

Fala a al. *a)* do n.º1 do art. 37.º em *"prazo convencionado"*.

É mais um manifesto lapso do legislador.

Efectivamente, como deixamos dito, a *"associação"* com o Estado a que refere a l. *b)* do art. 9 do DL n.º 39/76 não pressupõe nenhum contrato de associação entre os compartes e o Estado já que tal **"associação"** é uma imposição da lei, obrigatória quer para os compartes, quer para o Estado, se os ditos compartes não tiverem optada pela modalidade prevista na al. *a)* do dito art. 9.º.

Quer dizer: por detrás desta *"associação"* não há qualquer na livre disponibilidade das partes.

Ela funciona, obrigatoriamente, como um pressuposto legal da *"devolução dos baldios aos seus compartes"* a que faz alusão o art. 3.º daquele DL.

Assim sendo, era até, uma impossibilidade legal a concretização de qualquer contrato ou negócio de *"associação"* entre a *"comunidade local"* e o Estado, pela simples razão de que, antes de constituída a assembleia de compartes, não havia quem representasse a *"comunidade local"* em tal contrato.

E a verdade é que por força do art. 9.º, para que a assembleia de compartes se constituísse, era obrigatório que a escolha de uma das referidas forma de administração, fosse feita nessa assembleia constituinte.

Esta "condição de devolução" não tinha qualquer prazo, nem legal, nem *"convencionado"*.

Por isso muito nos espanta que a al. *a)* do n.º 1 do art. 37.º, em análise, se refira ao *"termo do prazo convencionado"* para a duração da associação prevista na al. *b)* do art. 9.º do DL n.º 39/76.

É que, como se deixa dito, não há nenhum prazo, nem convencional, nem legal.

Claramente, os Srs. Legisladores estavam a pensar nos prazos das *"cessões de exploração"* referidas no art. 10.º desta Lei, para onde esta acaba por remeter na al. *b)* do n.º 1 em análise.

Só que o art. 10.º esta referência só faz sentido quando com ela se pretende, exactamente, fixar o fim do prazo da associação obrigatória entre os compartes e o Estado. Nada mais.

Ora, de acordo com a al. *b)* do n.º 1.º, para que tal *"associação"* termine deve a assembleia de compartes (AC), através do conselho directivo (CD), notificar o representante do Estado de que <u>a partir da data coincidente com o dia em que se perfaçam vinte anos, contados daquela notificação, se considera findo aquele regime de associação.</u>

E só nessa data a associação terminará.

Este prazo é longo, mas com ele pretendeu a lei acautelar os interesses do

202   *Comentário à Nova Lei dos Baldios*

Estado, no que respeita às eventuais plantações ou benfeitorias que, nos termos da al. *b)* do art. 13.º do DL n.º 39/76 haja feito no(s) mesmo(s) baldio(s).

Assim, deverá a AC deliberar, o mais rápido possível, o fim de tal associação, pois, se decorrido o prazo, entender que não é aconselhável afastar o Estado, sempre poderá renegociar com ele nova associação ou a delegação de poderes nos termos dos arts. 22.º e 23.º, conforme dispõe o n.º 2.

Finda a associação, neste termos, não há lugar a qualquer *"compensação"* ao Estado, pois se considera que durante o interregno de 20 anos, o Estado fica pago, não só do "lucro" que lhe pertencia em razão das leis do mercado, mas, também da indemnização a que teria direito por "deixar" tais *"benfeitorias"*.

2. Outro tanto se não verifica se o *"regime de associação referido no n.º 1 não chegar ao termo dos prazos ali previstos"*, como se diz no n.º 3.

Nesse caso, o Estado tem direito a receber *"compensações"* que, por força do mesmo n.º 3, se fixarão *"por acordo, ou, na falta dele, por recurso a juízo"*.

E compreende-se que, nesta hipótese (e só nessa hipótese) haja *"compensações"*, pois o Estado fica privado de tirar os rendimentos daquilo que nos baldios em causa aplicou ou incorporou.

Daqui resulta que a AC pode deliberar, em qualquer altura, o fim da associação com o Estado na administração dos seus baldios.

Para o efeito deve comunicar aos Estado, na pessoa do seu representante, que o mesmo Estado

Se o fizer, terá de pagar ao Estado a correspondente indemnização (*"compensações"*) enquanto que, se esperar pelo fim do prazo, nada pagará.

3. Acontece que os Serviços Florestais (SFs), quando lhes é comunicada a deliberação da AC no sentido de o regime de *"associação"* terminar nos termos da al. *b)* do n.º 1 do art. 37.º, ou de que tal regime se deve considerar findo, nos termos do n.º 3 do mesmo art., têm por prática reter a percentagem que, nos termos do art. 15.º, al. *b)* do DL 39/76 pertence à *"comunidade local"* , representada pela respectiva AC.

Tal retenção afigura-se-nos que é ilegal, quando se trata do termo do regime previsto na al. *b)* do n.º 1 do art. 37.º, porque neste caso, o Estado, no fim do prazo, não tem qualquer direito de crédito sobre a *"comunidade local"* pela razão simples de que os 20 anos que intermedeiam a notificação da entrega efectiva do(s) Baldio(s), se destinam, exactamente, a permitir que o Estado, durante esse período, possa retirar do(s) baldio(s) – através da sua percentagem – não só o seu "legítimo lucro", como também a compensação pelos encargos por ele suportados e despesas de gestão.

Outrotanto se não verifica, se a entrega for imediata[261].

---

[261] Embora a lei o não diga explicitamente, a verdade é que o funcionamento da al. *b)* do n.º 1 deste art. 37.º pressupõe que o Estado, através do Serviços Florestais, esteja

Disposições finais e transitórias 203

Nesse caso, o Estado, como também se deixa dito, não vai ter tempo para retirar do(s) baldio(s) o rendimento bastante para se compensar das aludidas despesas de todas as despesas que, nos termos da al. *b)* do art. 13.º da Do DL n.º 39/76, haja feito no(s) dito(s) baldio(s) acrescidas das despesas de gestão, como atrás se deixa dito.

Então passa a ter um crédito relativamente a tais despesas.

Assim sendo, nos termos do art. 754.º do C. Civil, goza do direito de retenção.

Obviamente que, se não houver *"encargos suportados"* como referem os art. 15.º e 13.º al. *b)* do DL n.º 39/76, o Estado só terá direito às despesas de gestão.

O mesmo se diga se as incorporações levadas a cabo pelo Estado desapareceram, por efeito de qualquer caso fortuito (incêndio, tremor de terra ou cataclismo idêntico).

Segundo o princípio do *"dominus sui perit"*, o Estado é que tem de suportar o prejuízo sofrido em razão de tais cataclismos.

Assim, se à data da entrega à administração exclusiva da *"comunidade local"*, nos baldios só houver florestação proveniente de *"regeneração natural"*, o Estado só tem direito aso 20% previstos na al. b) do art. 15.º do DL n.º 39/76.

4. Do que se deixa dito, fácil é concluir que o regime do art. 37.º se não aplica à gestão e polícia que os Serviços Florestais vêm a fazer dos baldios em razão da submissão destes ao regime florestal.

Esta gestão que antes da entrada em vigor do DL n.º 39/76 era, também "administração", passou a ser mera *gestão técnica*, com a entrada em vigor deste diploma.

Efectivamente, através do seu art. 3.º, foram *"devolvidos ao uso, fruição e administração dos respectivos compartes (...) os **baldios submetidos aos regime florestal"**.*

Esta devolução foi reafirmada pelo art. 11.º da presente Lei.

Daqui resulta que a referida *gestão técnica* não está sujeita ao prazo do art. 37.º, pelo que pode acabar, em qualquer momento, pagas que sejam ao Estado as despesas que fez no desenvolvimento dessa gestão que, ainda, não estejam pagas.

5. Acontece que os Serviços Florestais estão no uso de proceder aos abates das árvores existentes nos baldios sujeitas ao *regime florestal,* como se o direito a tal abate lhes pertencesse, sem obrigação de qualquer aviso ou participação às ACs e/ou aos CDs desses baldios.

---

na administração conjunta dos baldios (em regime de associação, como dizia al. *b)* do art. 9.º do DL n.º 39/76).

Tal regime pressupõe (enquanto durar, por força do n.º 1 do mesmo art. 37.º) que a compensação dos encargos do Estado se continue a fazer de acordo com o art. 15.º do DL n.º 39/76, relativamente às despesas por si feitas nos termos da al. *b)* do art. 13.º do mesmo DL.

204 *Comentário à Nova Lei dos Baldios*

Relativamente aos baldios em cuja administração participam em razão da al. *b)* do art. 9.° do DL n.° 39/76, tal iniciativa ainda pode ter alguma justificação, mas no que toca aos baldios cuja administração foi devolvida aos compartes, nos termos do art. 3.° do referido DL n.° 39/76 e do art. 11.° da presente Lei, e onde não existe qualquer associação, entendemos que tal prática é abusiva e não tem qualquer suporte legal.

Aos Serviços Florestais quando se não verifica a hipótese do al. *b)* do art. 9.° do DL n.° 39/76, como organismos técnicos que são, compete, tão somente, dizer quando e como se deve proceder ao corte *("autos de marca")*. Nada mais.

Quem deve proceder à sua venda são as assembleias de compartes, por força do disposto nas als. *e)* e *g)* do art. 15.° da presente Lei, através dos respectivos CDs (als. *a)* e *d)* do art. 21.° da mesma Lei.

5. Acontece que, muitas vezes, os Serviços Florestais, aproveitando a inércia de uma prática que vinha de trás, quando tais serviços punham e dispunham dos baldios conforme entendiam, invadem a esfera de competência das ACs e procedem às vendas das árvores, *quando entendem e como entendem*.

Esta prática tem-se mostrado altamente perniciosa para as comunidades locais que se vêm impedidas de exercer os seus direitos, através dos seus órgãos representativos próprios, permitindo que os madeireiros se organizem e acabem por comprar as madeiras por preços muito inferiores ao real.

A negligência dos Serviços Florestais estende-se, também, ao atraso na realização dos *"autos de marca"* indispensáveis para a fixação das hastas públicas, acontecendo, muitas vezes, que quando estas têm lugar já as árvores (pinheiros queimados, particularmente) apodreceram.

O Estado deve ser responsabilizado pelos danos que tais atrasos trazem aos compartes.

Finalmente:

6. Em lado algum a Lei, como se deixa dito, dá ao Estado (Serviços Florestais) o direito de fixarem os termos e liderarem os processos de venda das massas lenhosas.

Quem fixa os processos de venda e a forma como as hastas públicas deverão decorrer são as assembleias de compartes,

A intervenção dos Serviços Florestais não deve passar da mera assessoria.

ARTIGO 38.°
Prescrição de receitas

1. O direito das comunidades locais às receitas provenientes do aproveitamento dos baldios em regime florestal, nos termos do Decreto-Lei n.° 39/76, de 19 de Janeiro, depositadas pelos serviços com-

Disposições finais e transitórias 205

petentes da administração central, e ainda não recebidas por nenhum órgão de administração do baldio, prescreve no prazo de três anos a contar da entrada em vigor da presente lei, desde que se mostre cumprido o disposto no subsequente n.º 2.

2. Até 90 dias a contar da entrada em vigor da presente lei, os serviços de Administração comunicarão à junta ou juntas de freguesia os montantes referidos no número anterior, identificando a entidade depositária e os respectivos depósitos, após o que as juntas de freguesia afixarão um aviso, nos locais do costume, durante o prazo que decorrer até à prescrição, comunicando aos compartes que têm ao seu dispor e podem exigir, nesse prazo, os montantes em causa, e promoverão a publicação do mesmo em jornal local ou, na falta deste, no jornal mais lido da localidade.

3. No caso de os montantes em causa terem sido depositados pelos competentes serviços da Administração em qualquer banco á ordem das comunidades locais com direito ao recebimento, a instituição bancária respectiva deverá fazer a sua entrega ao órgão representativo da comunidade, dentro do prazo de 90 dias a contar da entrada em vigor da presente lei.

4. No caso previsto no n.º 1, os serviços de administração em cuja posse se encontrarem os montantes farão a entrega dos mesmos, no prazo de previsto no número anterior, à junta ou juntas de freguesia da área do baldio, para efeito do disposto no número seguinte.

5. As juntas de freguesia referidas no número anterior elaborarão, no prazo de 90 dias a contar do respectivo recebimento, um plano de utilização dos montantes recebidos, a submeter à aprovação da respectiva assembleia ou assembleias de freguesia, no qual proporão a afectação dos mesmos montantes a empreendimentos e melhoramentos na área correspondente ao respectivo baldio, ou área territorial da respectiva comunidade.

Fonte: disposição nova

Comentário:

1. O direito das comunidades locais às receitas provenientes dos baldios prescreveu decorridos que foram três anos, após a entrada em vigor da presente lei.

Dito assim, parecia à primeira vista, que nem valeria perder mais tempo a analisarmos esta questão.

206 *Comentário à Nova Lei dos Baldios*

Acontece, porém, que para que tal prescrição se haja consumado, necessário se torna a verificação de alguns pressupostos de difícil concretização.
Assim:

2. De acordo com o n.º 2, as juntas de freguesia deveriam, após terem recebido da Administração a comunicação referida neste n.º 2, afixar um aviso nos locais do costume, de acordo com tal comunicação.
E afixaram? E estava mesmo de acordo?
E no caso de o terem feito, esse aviso esteve afixado *"durante o prazo que decorreu até à prescrição"*?
Mais: foi mesmo publicado "no jornal mais lido", caso não existisse "jornal local"?
E qual era "o jornal mais lido"?
É que a lei não fala "num dos jornais mais lidos", senão que *"no jornal mais lido"*.
A verificação conjunta de todos estes requisitos pode trazer, ainda, algumas "dores de cabeça".

3. Se o dinheiro foi depositado pela Administração e se foi feita a sua entrega ao órgão representativo da comunidade local, no prazo que se refere no n.º 3, nada a dizer.
Se não foi entregue, o dinheiro continua a pertencer à comunidade local que o poderá receber, quando estiver organizada e assim o entender.

4. No n.º 4 prevê-se a hipótese de os montantes provenientes do aproveitamento dos baldios em regime florestal previstos no n.º 1 poderem ser entregues à junta ou juntas de freguesia.
Afigura-se-nos que há aqui uma flagrante contradição.
Na verdade, por força do n.º 2, as juntas de freguesia deveriam afixar aviso da existência de tais montantes depositados na administração central, durante todo o tempo da prescrição (três anos) a fim de serem levantados pelos órgãos representativos das comunidades locais, enquanto que de acordo com o n.º 4 os serviços da mesma administração central fizeram a entrega desses montantes à junta ou juntas de freguesia da área do baldio para lhes darem o destino previsto no n.º 5!
Em que ficamos?
Seja como for, o que havia a fazer a este respeito, há muito que foi feito, pelo que possíveis dúvidas ou reclamações foram ultrapassadas pelo tempo.

ARTIGO 39.º
Construções irregulares

1. Os terrenos baldios nos quais, até à data da publicação da presente lei, tenham sido efectuadas construções de caracter dura-

douro, destinadas à habitação ou a fins de exploração ou utilização social, desde que se trate de situações relativamente às quais, se verifique, no essencial, o condicionalismo previsto no artigo 31.°, podem ser objecto de alienação pela assembleia de compartes, por deliberação da maioria de dois terços dos seus membros presentes, com dispensa de concurso público, através de fixação de preço por negociação directa, cumprindo-se no mais o disposto naquele artigo.

2. Quando não se verifiquem os condicionalismos previstos no número anterior e no artigo 31.°, os proprietários das referidas construções podem adquirir a parcela de terreno de que se trata por recurso à acessão industrial imobiliária, presumindo-se, até prova em contrário, a boa fé de quem construiu e podendo o autor da incorporação adquirir a propriedade, nos termos do disposto no artigo 1340.°, n.° 1 do Código Civil, ainda que o valor deste seja maior que o valor acrescentado, sob pena de, não tomando essa iniciativa no prazo de um ano a contar da entrada em vigor da presente lei, poderem as respectivas comunidades locais adquirir a todo o tempo as benfeitorias necessárias e úteis incorporadas no terreno avaliadas por acordo ou, na falta dele, por decisão judicial[262].

3. Quando à data da publicação do presente diploma existam implantadas em terreno baldio, obras destinadas à condução de águas que não tenham origem nele, em proveito da agricultura ou da indústria, ou para gastos domésticos, podem os autores dessas obras adquirir o direito á respectiva servidão de aqueduto, mediante indemnização correspondente ao valor do prejuízo que da constituição da servidão resulte para o baldio.

4. Na falta de acordo quanto ao valor da indemnização prevista no n.° 3 deste artigo, será ele determinado judicialmente.

5. As comunidades locais têm, a todo o tempo, o direito de ser também indemnizadas do prejuízo que venha a resultar da infiltração

---

[262] A redacção deste n.° 2, foi aquela introduzida pela Lei n.° 89/97 de 30 de Julho.

A anterior redacção era a seguinte: "**Quando não se verifiquem os condicionalismos previstos no número anterior e no artigo 31.°, os proprietários das referidas construções podem adquirir aparcela de baldio estritamente necessária ao fim da construção de que se trate, por recurso à acessão industrial imobiliária nos termos gerais de direito, sob pena de, não tomando essa iniciativa no prazo de dois anos a contar da entrada em vigor da presente lei, poderem as respectivas comunidades locais adquirir a todo o tempo as benfeitorias necessária e úteis incorporadas no terreno, avaliadas por acordo ou, na fala dele, por avaliação judicial**".

208 Comentário à Nova Lei dos Baldios

ou erupção das águas ou da deterioração das obras feitas para a sua condução.

6. Se a água do aqueduto não for toda necessária ao seu proprietário e a assembleia de compartes do baldio deliberar ter parte no excedente, poderá essa parte ser concedida à respectiva comunidade mediante prévia indemnização e pagando ela, além disso, a quota proporcional à despesa feita com a sua condução até ao ponto donde pretende derivá-la[263].

Fonte: A al. *a*) do art. 2.º do Decreto-Lei n.º 40/76 de 19 de Janeiro.

Comentário:

1. Com o n.º 1 do presente art. pretendeu-se confirmar a possibilidade de aquisição de *"parcelas de terrenos (baldio) ocupadas por quaisquer edifícios para habitação, e fins agrícolas ou industriais"*, previstas na al. *a*) do art. 2.º do DL n.º 40/76[264].

Estendeu-se, porém, *tal possibilidade às construções que também se destinam à "utilização* social", englobando-se os *"fins agrícolas ou industriais"* na expressão *"exploração económica"*.

Para além disso, passou a exigir-se que os *"edifícios"* ou *"construções"* tenham um *"caracter duradouro"*.

Ficaram de fora os *"acessos"* e deixou de se fazer qualquer referência à *"área de logradouro"*.

A presente lei, como se deixa dito na análise da sua história[265], teve em vista, também uma certa pacificação social, face a algum "radicalismo" dos DLs n.ºs 39 e 40/76.

Assim se compreende que a ressalva feita no n.º 1, apenas, abranja as *"construções de caracter duradouro"* implantadas nos terrenos baldios *"antes da publicação da presente lei"*, porque a partir da sua publicação comanda o art. 4.º que fere de nulidade *"os actos ou negócios jurídicos de apropriação ou apossamento, tendo por objecto terrenos baldios"*.

Para além disso as ditas *"construções"* deverão obedecer, *"no essencial,* (a)*o condicionalismo previsto no art. 31.º"*[266].

E o que á que a lei entende por *"o essencial"*? Não o diz. Terá de ser o julgador a determiná-lo, caso a caso.

---

[263] Os n.ºs 3, 4, 5 e 6 foram introduzidos pela Lei n.º 89/97 citada na nota anterior.

[264] Na vigência do DL n.º 39/76 de 19/1, não era admitida a acessão, conforme decidiu o Ac. da Rel. Porto de 23/10/86, in BMJ 360, 656.

[265] Vide atrás *"Resenha histórica"*, pág. 44.

[266] Sobre a possibilidade da aplicação do n.º 1 às construções dos Serviços Florestais (Estado) ver o Parecer da PG:R. de 4/11/99, in DR de 24/11/99.

Disposições finais e transitórias 209

A nós se nos afigura que o essencial está nas als. *a)* e *b)* do n.º 1 do dito art. 31.º .

Já quanto ao n.º 2 poder-se-á, talvez, tomar a área aí indicada como a "aconselhável".

Quanto ao n.º 3, do ponto de vista da comunidade não é essencial, porém, o notário que fizer a escritura é capaz de não ter a mesma opinião...

2. O n.º 2 aplica-se aos casos em que não se verificam os condicionalismos do número anterior e os requisitos do art. 31.º.

Na primeira versão da lei e até à publicação da Lei n.º 89/97de 30/7, o n.º 2 remetia, pura e simplesmente, para a acessão industrial imobiliária nos termos gerais de direito e dava ao interessado dois anos, a contar da entrada em vigor da lei, para reclamar os seus direitos[267].

O actual n.º 2, porque se verificou que o funcionamento da acessão industrial imobiliária, nos termos gerais de direito (art. 1340.º do C. Civil) era muito oneroso para os "abusadores", foi decidido criar para eles uma disciplina muito mais liberal e desta sorte:

a) Passou a presumir-se, até prova em contrário, a boa fé de quem construiu e

b) Passou a aceitar-se o funcionamento da acessão, ainda que o valor do terreno fosse maior do que o valor acrescentado.

A única contrapartida foi diminuir o prazo inicial de dois anos, para um, a contar da entrada em vigor da nova lei.

De notar que este aparente "agravamento", quanto ao prazo é, pelo contrário, mais uma concessão a quem desrespeitou o art. 2 do DL n.º 39/76 e o próprio n.º 2 do art. 39.º da Lei n.º 68/93.

O "crime", às vezes, "compensa".

Com efeito, tendo expirado o primitivo prazo (2 anos) a Lei n.º 89/97 veio acrescentar mais um ano.

Esgotado que foi este prazo, podem as respectivas comunidades locais *"adquirir a todo o tempo as benfeitorias necessárias e úteis incorporadas no terreno, avaliadas por acordo ou, na falta dele, por decisão judicial"*.

Sobre a distinção entre *"benfeitorias necessárias"* e *"benfeitorias úteis"* ver o art. 216.º do C. Civil.

Antes de ser alterada a redacção deste n.º 2 foi proferido o Ac. da Rel. de Coimbra de 23/02/96 (in Colect. Jurisp., Ano XXI, 1996, Tomo I, 32) onde se decidiu que a acção reivindicando a acessão do baldio em razão de benfeitorias deveria ser intentada, no prazo de dois anos, a contar da entrada em vigor da Lei n.º 68/93.

Actualmente, o prazo concedido (um ano) há muito que está ultrapassado.

---

[267] Vide Ac. da Rel. Coimbra de 13/02/96, in *"Colect. Jurisp."*, ano XXI, Tomo I, pág. 32.

210 Comentário à Nova Lei dos Baldios

3. A Lei nada diz, no que respeita às árvores plantadas em terrenos baldios. A verdade é que esta foi uma prática permitida e até, incentivada, durante séculos, nos termos das lei anteriores ao C. Civil de 1867 e, depois, de acordo com dos arts. 2.307.° e 2.308.° do mesmo código e nos termos dos arts. 1.340.°, n.° 1, 1.341.° e 1.528.° do C. Civil vigente.

Assim, nos termos das disposições citadas e relativamente às árvores plantadas durante a sua vigência e em relação aquele implante que tenha resultado de renovação de plantação anterior (art. 1.536.°, n.° 1, al. *b*) têm os seus proprietários direito às mesmas, já que tal direito foi adquirido antes da entrada em vigor da presente lei e dos DLs 39 e 40/76 de 19/1[268].

4. O n.° 3 refere-se à servidão de aqueduto relativa a *"águas não tenham origem nele"* (baldio).

Não se fez referência à servidão de aqueduto ou rego relativa a águas que tenham origem nele.

Supomos que tal omissão se deve ao facto de se partir do pressuposto de que, se tais águas já estão adquiridas por terceiros (que podem ser compartes) é porque já decorreram todos os prazos para a constituição da dita servidão por usucapião se encontram ultrapassados e, por isso, tal servidão está constituída[269].

A verdade, porém, é que pode haver a aquisição de águas nascidas dentro dos baldios e cujo transporte ocorra sobre os mesmos baldios que foram adquiridas de forma diferente da usucapião. Estamos a referir-nos aquelas adquiridas por licença nos termos do art. 30.° da Lei das Águas (Decreto n.° 5.578iiii de 10 de Maio de 1919.

Se tais águas foram exploradas em data que se situe a menos de 20 anos de 24 de Janeiro de 1976 (data da entrada em vigor do DL n.° 39/76) a eventual servidão do aqueduto que as conduz para fora do baldio ainda não foi adquirida por usucapião.

Essa situação ficou a descoberto.

Afigura-se, contudo, que nesses casos, por analogia ou até por extensão, se deve aplicar o disposto no n.° 2, permitindo-se que em relação a tais águas subterrâneas, se possa constituir servidão de aqueduto[270].

A forma vaga e genérica como são referidas as obras, sem indicação de data pode levar-nos à conclusão errada que quaisquer obras, por mais antigas que sejam, terão de ser "legalizadas" nos termos do n.° 2.

Afigura-se-nos que não.

O preceito em causa só se refere às obras que, antes da entrada em vigor não estavam em condições de, com base nelas, se invocar a constituição da servidão de aqueduto por usucapião.

---

[268] Neste sentido ver Parecer da P.G. R. n.° 108/84, de 10/01/85, in BMJ 345, 129.

[269] Sobre a "Aquisição de águas no baldio" ver atrás pág. 84 e segs..

[270] Neste sentido ver o Ac. do STJ, Secção Cível, de 28/05/96, in BMJ, 457, 374.

Disposições finais e transitórias   211

Pois se tal se verificar, sempre o seu titular activo poderá invocar este meio de adquirir, uma vez que, antes da entrada em vigor do DL n.° 39/76 de 19 de Janeiro, os baldios eram prescritíveis, nos termos do § único do art. 388.° do C. Adm.[271].

5. A determinação da indemnização referida no n.° 3 pode ser fixada por acordo. Só na falta deste as partes deverão recorrer a juízo.

6. Preveniu a Lei, com as alterações introduzidas em 1997, a hipótese de as águas particulares provocarem prejuízos ao baldio através de *"infiltrações ou erupções ou da deterioração das obras feitas para a sua condução"*.

Afigura-nos que com o presente preceito pretendeu a lei salvaguardar todo e qualquer prejuízo provocado no baldios por águas de outrem (particulares ou Estado).

Na verdade, é sabido que tais fenómenos de infiltração ou erupção de águas podem acontecer não só, relativamente àquelas que correm sobre o baldio em causa, como também relativamente àquelas que correm sobre terrenos vizinhos.

Diz o n.° 5: *"as comunidades locais têm, a todo o tempo, o direito de ser, também indemnizadas do prejuízo que venha a resultar"* dos fenómenos supra referidos.

O *"a todo o tempo"* que a lei estipula tem de se entender, sem prejuízo do disposto no art. 498.° do C. Civil, que determina a prescrição do direito a indemnizar.

Quer dizer: "a todo o tempo" as comunidades podem pedir a indemnização dos prejuízos que lhes causem a verificação de tais fenómenos. Só que o brigado a reparar tem, também o direito, a invocar a seu favor a prescrição, nos termos do art.° citado e relativamente aqueles prejuízos que já tiverem prescrito.

7. O n.° 6 é a transcrição do n.° 4 art. 1561.° do C. Civil adaptado às *"comunidades locais"*.

Assim, à semelhança do que acontece com à constituição da servidão legal de aqueduto sobre prédios particulares, também as *"comunidades locais"* têm direito às águas sobrantes que passam pelo dito aqueduto.

ARTIGO 40.°
Mandato do actuais órgãos

Os actuais membros da mesa da assembleia de compartes e do conselho directivo completam o tempo de duração dos mandatos em

---

[271] Sobre a prescritibilidade dos baldios, antes do DL n.° 39/76, ver atrás pág. 54.

212 *Comentário à Nova Lei dos Baldios*

curso nos termos do Decreto-Lei n.° 39/76, de 19 de Janeiro, sem prejuízo da aplicação imediata das disposições da presente lei, designadamente quanto à constituição da comissão de fiscalização.

Comentário:

Com o presente art.° pretendeu a lei evitar hiatos de administração, mantendo em exercício os membros eleitos dos órgãos previstos na anterior legislação, sem prejuízo da entrada em vigor imediata da presente lei, designadamente no que refere às comissões de fiscalização que foram órgãos novo criados pela mesma lei.

Dado o tempo que decorreu desde a entrada em vigor de tal lei, deixou de haver qualquer interesse no aprofundamento desta matéria.

ARTIGO 41.°

Regulamentação

Sem prejuízo da entrada em vigor das normas da presente lei que possam ser directamente aplicáveis, o Conselho de Ministros procederá à regulamentação necessária á sua boa execução, no prazo de 90 dias a contar da entrada em vigor da presente lei.

Comentário:

Que a presente lei bem precisa de ser regulamentada, resulta claro das várias perplexidades a que o intérprete é conduzido, no desejo de a pôr a funcionar, como resulta do que atrás se deixa dito em relação a várias das suas disposições legais.

Acontece é que a prática nos tem demonstrado que o Governo leva muito pouco a peito as indicações que neste sentido a Assembleia de República lhe costuma fazer.

Efectivamente, tal omissão verifica-se em ralação a muitas leis, particularmente àquelas "mais difíceis".

De resto, o Governo nem em relação aos seus próprios diplomas respeita as promessas de regulamentação, como ficou claro com o Dec-Lei n.° 39/76 que, também nunca foi regulamentado.

ARTIGO 42.°

Norma revogatória

São revogadas todas as normas legais aplicáveis a baldios, nomeadamente os Decretos-Lei n.°s 39/76 e 40/76 de 19 de Janeiro.

Comentário:

Apesar desta revogação genérica dos Decs.-Lei n.° 39/76 e 40/76, parece que algumas normas destes diplomas continuam em vigor quer por ressalva expressa da presente lei, quer por ressalva implícita, pelo menos enquanto a lei não for regulamentada.

Assim, por ressalva expressa: o que consta da als. *b)* e *c)* do art.° 2.°; n.° 2 do art. 33.°; n.° 1 do art. 34.°; al. *b)* do n.° 1 do art. 37.° art. 40.° e, por ressalva implícita, entre outros assinalados a seu tempo nos texto, a partilha entre o Estado e as *"comunidades locais"* das recitas provenientes de cortes de madeiras nos terrenos administrados em regime de associação com o Estado.

Seguem-se: a data da promulgação (28 de Julho de 1993); a data da sua referenda (2 de Agosto de 1993) e as assinaturas legais que aqui se omitem.

ANEXO I
Decisões e Pareceres sobre os Baldios

ACESSÃO:

I – Os baldios estão fora do comércio jurídico, não podendo, no todo ou em parte, ser objecto de apropriação privada.

II – Tendo cedido aos apelados o terreno onde eles estão a construir um anexo, a Junta de Freguesia tomou uma deliberação estranha às suas funções, sendo nula e de nenhum efeito, independentemente de declaração pelos Tribunais – art. 363.º do Código Administrativo.

III – Não é possível a aquisição por acessão do terreno onde os apelados estão a construir o dito anexo, uma vez que o mesmo se encontra fora do comércio jurídico e não pode, no todo ou em parte, ser objecto de apropriação privada, ainda que os apelados estivessem de boa fé.

Ac. R.P., 23/10/86 in BMJ, 360, 656

I – Com a entrada em vigor da Lei n.º 68/93 de 4/9 é possível a acessão industrial imobiliária de terrenos baldios (art. 39.º n.º 2) desde que a acção seja proposta no prazo de dois anos, não se verifiquem os condicionalismos do art. 39.º, n.º 1, não se exceda o terreno estritamente necessário e se verifiquem os requisitos gerais da acessão imobiliária.

Ac. RC de 13/02/96 in CJ, XXI, I, 32

I – O Estado tornou-se titular de um direito real, sujeito à disciplina do direito público, sobre os baldios submetidos ao regime florestal na base VI da Lei n.º 1.971 de 15/06/38, que lhe confere a posse dos imóveis correspondentes a esse direito.

II – As casas de guardas florestais edificadas pelo Estado nesses baldios, e propriedade deste, ficam afectadas aos fins de interesse e utilidade pública implicados no regime florestal.

III – As parcelas de terreno dos mesmos baldios onde foram implantadas as casas de guardas florestais tornam-se indissociavelmente partícipes da destinação pública a que estas foram afectadas, mercê da qual, e por força do direito real

216 Comentário à Nova Lei dos Baldios

público aludido na conclusão 1ª, ficaram exceptuadas da devolução ao uso, fruição e administração dos baldios aos compartes, nos termos do art. 3.° do DL n.° 39/76, de 19/01.

IV – O DL n.° 40/76, de 19/01, visou exclusivamente regular as situações resultantes de actos e negócios jurídico-privados de particulares sobre os baldios, sendo por isso o n.° 2 do seu art. 1.° inaplicável às casas de guarda, e respectivos assentos, aludidos nas conclusões anteriores.

V – A disposição transitória do art. 39.° da Lei n.° 68/93 de 04/09 – "Lei dos Baldios" – com a redacção da Lei n.° 89/97 de 30/07, teve em vista regularizar e legalizar construções e empreendimentos privados ilegais em face dos DL n.° s 39/76 e 40/76 de 19/01, sendo por isso, outrossim, inaplicáveis às mencionadas casas de guardas florestais e parcelas de terreno em que foram edificadas.

Par. PGR n.° 6/99 de 4/11/99, publicado in DR de 24/11/99

I – O decurso do prazo de um ano faz caducar o direito de um particular, através do instituto da acessão industrial imobiliária, se apropriar individualmente de terreno baldio.

II – A caducidade do direito de accionar constitui uma excepção peremptória de conhecimento oficioso do Tribunal.

Ac. RP de 18/01/00, Proc. n.° 113/99

ACTOS DE DISPOSIÇÃO – AFORAMENTO:

I – Só podem considerar-se bens do domínio público os que estiverem afectos ao uso público ou os que qualquer outra norma jurídica classifique como públicos.

II – São nulos, por violação de uma lei de interesse público, os contratos celebrados em em 40/01/1912, 24/04/1912, em que uma Câmara Municipal aforou a particulares baldios municipais sem a autorização do Governo, exigida pelo art. 233.° do Regulamento de 24/12/1903.

III – Uma vez que a sentença da 1ª instância decidiu, sem que desta parte houvesse recurso, que em acção de anulação é admissível invocar como excepção a usucapião, não podia o Ac. da Relação pronunciar-se sobre esse problema. Fazendo-o, incorreu na nulidade na 1ª parte da al. d) do art. 668.° do CPC.

IV – Numa acção em que se pede a declaração de nulidade de um contrato de aforamento não há contradição entre o pedido e a causa de pedir se o autor, tendo pedido também a declaração de nulidade das transmissões posteriores, exceptuar deste a transmissão de uma parcela de um dos prédios aforados.

V – O Estado é parte legítima para demandar na acção em que pede a declaração de nulidade de aforamentos feitos por uma Câmara Municipal, quer invoque a natureza dominial dos terrenos aforados quer estes devam antes considerar-se baldios submetidos ao regime florestal, pois, no 1.º caso, age como titular único do domínio e, no 2.º caso, defende a situação criada com a inclusão dos terrenos no regime florestal.

VI – Mas o Estado carece de legitimidade para pedir a condenação dos réus a reconhecer que o domínio dos bens reverteu para a Câmara Municipal por os foreiros não terem cumprido as cláusulas especiais dos contratos de aforamento, visto esta matéria interessar directamente à Câmara Municipal.

VII – Uma vez que se discute no processo a natureza de certos terrenos – do domínio público ou baldios – a Câmara Municipal tem legitimidade para contradizer, visto não lhe ser indiferente que os referidos terrenos sejam qualificados de uma maneira ou de outra.

VIII – Numa acção em que se pede a declaração de nulidade de contratos de aforamento, os actuais enfiteutas são partes legítimas, muito embora não tenham sido demandados todos os outorgantes nos contratos e todas as pessoas a quem os prazos foram transmitidos, visto que a decisão produz, mesmo sem a intervenção destes, o seu efeito útil normal.

Ac. STJ, 07/11/69 in BMJ 191, 17

I – É nulo o aforamento de terrenos baldios (dunas) feito por uma Câmara Municipal em 1912 sem preceder a classificação ou autorização a que se refere o Regulamento do regime florestal de 24/12/1903, no seu art. 223.º.

II – Vigorava, ao tempo deste Regulamento, o Dec. orgânico do regime florestal de 24/12/1901, que não foi revogado pelo Cód. Administrativo de 1878, então vigente, nem é incompatível com o princípio descentralizador enunciado na Constituição de 1911.

III – A nulidade é insanável por violação da lei de interesse público como são as disposições do regime florestal, que se fundam na utilidade pública e porque a falta de classificação do baldio o coloca na situação de inalienável, podendo, por isso, ser alegada a todo o tempo.

Ac. STJ, 25/03/38 in Col. Of., 37, 138

I – A competência para a venda dos baldios paroquiais ou municipais depende da natureza e classificação dos mesmos, pois que atribuindo os Decretos n.ºs 9.843 de 20/06/1924 e 13.663 de 24/05/1927, às Juntas de Freguesia a alienação dos baldios paroquiais, às Câmaras Municipais fica só a competência para ordenar a venda dos baldios municipais.

Ac. RP, 04/05/39 in Rev. Just. 24, 335

ADMINISTRAÇÃO:

I – Não obsta á constituição da Assembleia de Compartes, com vista ao desencadeamento do processo de entrega do uso, fruição e administração dos bal-

218   *Comentário à Nova Lei dos Baldios*

dios, previsto no art. 18.º do DL n.º 39/76 de 19/01, o facto de a elaboração e afixação do recenseamento provisório dos compartes do baldio ter ocorrido para além da última prorrogação do prazo fixado no n.º 2 do citado preceito, operada pelo DL n.º 39/79 de 05/03.

Par. PGR de 25/07/84 in BMJ 342, 132

I – A Lei n.º 91/77 de 01/12, que revogou o art. 109.º da Lei n.º 79/77 de 25/10, teve em vista ressuscitar o que a respeito da administração de baldios consagrava o DL n.º 39/76 de 31/01.

II – Quanto a baldios é à Assembleia de Compartes que compete deliberar sob a interposição de quaisquer acções judiciais para recuperação de parcelas indevidamente ocupadas, e, na falta da Assembleia de Compartes, é à Junta de Freguesia que compete tal atribuição.

Ac. RC de 04/03/86 in CJ XI, II, 47

I – Nos termos dos arts. 1.º e 2.º do DL n.º 39/76 de 19/01, dizem-se baldios os terrenos comunitariamente usados e fruidos por moradores de determinada freguesia ou freguesias ou parte delas, estando os mesmos fora do comércio jurídico e sendo insusceptíveis de apropriação privada, ainda que por usucapião.

II – Deste modo, estão feridas de nulidade as deliberações de uma Junta de Freguesia que cederam algumas parcelas de um baldio a entidade privada, dado serem ofensivas de preceito legal expresso de caracter imperativo.

III – Submetidos certos baldios ao regime florestal nos termos da Lei n.º 1.971 de 15/06/38, o Estado entrou na sua posse, estabelecendo-se um direito real, sujeito a um regime de direito público, mantendo-se tal situação enquanto não se proceder a sua entrega aos moradores nos termos do art. 18.º do DL n.º 39/76 de 19/01.

Ac. STJ de 30/06/88

I – Nos termos do DL n.º 39/76 de 19/01, os baldios são bens comunitários dos moradores de determinada freguesia ou freguesias, ou parte delas.

II – Esta titularidade, garantida pe4lo art. 89.º n.º 2, al. c) da Constituição da República Portuguesa (versão primitiva), ainda hoje é mantida pela al. b) do n.º 4 do seu art. 82.º, após a 2ª revisão constitucional (Lei Constitucional n.º 1/89 de 08/07).

III – Os produtos dos baldios pertencem aos respectivos compartes.

IV – Tendo-se reconhecido na sentença da 1ª Instância (nessa parte transitada), que o baldio é logradouro comum de duas freguesias, no sentido de que pertencem aos respectivos compartes, não pode a Junta de uma dessas Freguesias ser condenada a entregar à Junta da outra Freguesia metade dos rendimentos dos baldios provenientes de produtos resinosos e outros, porque esses rendimentos não

Anexos

pertencem às Juntas de Freguesia, mas aos compartes, que são os moradores em cada uma dessas freguesias.

Ac. STJ de 12/01/93. Proc. n.° 1.062/90

ÁGUAS:

I – Não constitui, por si só, prova suficiente para determinar a titularidade de determinadas águas, a declaração feita pelos vendedores, em escritura pública, de que elas lhes pertencem.

II – O DL n.° 39/76, de 19/01, ao declarar imprescritíveis os baldios, não atingiu as situações jurídicas já consolidadas na vigência da legislação anterior.

III – As águas nascentes em baldios são susceptíveis de serem apropriadas por usucapião, desde que a sua posse perdurasse já há 30 anos, à data da promulgação do Cód. Civil de 1867.

Ac. RP, 03/11/81 in CJ VI, V, 243

I – As águas que brotam do baldio, como parte integrante que são dele, têm a mesma natureza jurídica, não podendo, por isso, ser objecto de posse exclusiva por parte de alguns moradores.

Ac. RP de 27/9/81 in CJ VI, I, 141

I – A usucapião só é considerada justo título de aquisição da água das nascentes, desde que acompanhada da construção de obras no terreno ou prédio onde existe a nascente.

II – A expressão "baldio" é um conceito de direito: não é, por isso, bastante a utilização desta palavra para, só por si, se considerarem os baldios como bens inseridos no domínio público.

III – Concretizada uma situação de aproveitamento da água de uma fonte ou nascente, para gastos domésticos, por mais de 5 anos, é ao proprietário dessa fonte ou nascente que a lei inibe de mudar o seu curso.

Ac. RP, 10/05/84 in CJ IX, III, 262

I – O Conselho Directivo apenas decide sobre a captação e aproveitamento de águas, dentro dos limites territoriais do baldio.

II – Não tem legitimidade activa o Conselho Directivo para mover acção em que se discute o aproveitamento de águas fora do baldio ou de condutas exteriores ao mesmo.

III – Quem tem tal legitimidade são os possuidores daquelas águas e respectivas obras, como tais e não na qualidade de compartes do baldio.

Ac. RP de 18/05/95, Proc. n.° 64/93

220 *Comentário à Nova Lei dos Baldios*

I – As águas que nascem em terrenos baldios bem como as suas águas subterrâneas são águas públicas nos termos do art. 1.°, n.° 5 do Decreto n.° 5.787iiii, de 10/05/19.

II – Como bens do domínio público, tais águas eram imprescritíveis na vigência do Decreto n.° 5.787iiii (art. 372.° e 479.° do Cód. Civil de 1867), continuando a sê-lo no regime do Cód. Civil actual (art. 202.°, n.° 2).

III – Não constitui, por si só, prova suficiente para determinar a titularidade das águas que nascem em terreno baldio, a declaração feita pelos vendedores, em escritura pública, de que elas lhes pertencem.

Ac. RP de 10/06/95 in CJ XX, IV, 176

I – A enumeração que o art. 84.° n.° 1, al.s a) a c) da Constituição da República faz das águas do domínio público não é taxativa.

II – São do domínio público as águas nascentes ou existentes em terreno baldio.

III – As águas do domínio público só passaram ao domínio particular nos casos taxativamente indicados no art. 1.386.°, n.° 1, al.s d), e) e f) do Cód. Civil de 1966.

Ac. STJ, 05/06/96, BMJ 458, 237

ÁRVORES PLANTADAS NO BALDIO:

I – Os autores – ou seus sucessores – de sementeiras ou plantações de árvores em terrenos baldios têm direito a ser indemnizados do valor das mesmas, nos termos do art. 2.307.° e 2.308.°do Cód. Civil de 1867 e art. 1.340.°, n.° 3 e 1.341.° do Cód. Civil vigente – conforme a data e circunstâncias dessas sementeiras e plantações –, podendo ainda dispor dessas árvores enquanto não for exercido o direito de acessão imobiliária pela Assembleia de Compartes a que se refere o art. 6.° do DL n.° 39/76 de 19/01.

II – Cabe aos titulares desse direito a prova dos factos constitutivos dos direitos alegados.

Par. PGR n.° 108/84 de 10/01/85 in BMJ 345, 129

BALDIOS RESERVADOS PELA JUNTA DE COLONIZAÇÃO INTERNA:

I – Com o DL n.° 39/76 (art. 3.°) pretendeu-se possibilitar a restituição de terrenos baldios que houvessem sido submetidos ao regime florestal e os reservados ao abrigo do n.° 4 do art. 173.° da DL n.° 27.027 de 16/11/36, aos quais a Junta de Colonização Interna não tenha dado destino ou aproveitamento.

II – Do referido art. 3.° resulta a exclusão da sua aplicação aos prédios reservados que tenham sido objecto de destino ou aproveitamento oportunamente fixado pela Junta.

Anexos

221

III – Se é admissível e compreensível estabelecer aquele regime em relação a terrenos baldios de que se apropriaram directa ou ilegitimamente os particulares, ou mesmo em relação aqueles em que o Estado havia reservado para si mas não chegou a dar destino ou aproveitamento, já o mesmo não sucede quanto aos terrenos em causa, ou semelhantes, que foram efectivamente destinados e aproveitados nos moldes em que o Estado achou conveniente, conforme prevê a parte final do referido art. 3.°.

Ac. RP, 05/06/84 in BMJ 338, 465

CONDIÇÃO DE COMPARTE:

I – O direito de comparte que se radica em condições ligadas à pessoa, por ser morador ou por exercer no local uma actividade ligada à terra, não é transmissível por herança, pelo que, falecendo o comparte na pendência da acção, ocorrerá a extinção da instância.

Ac. RP de 09/02/93 in BMJ 424, 732

DIREITOS DA JUNTA DE COLONIZAÇÃO INTERNA:

I – a declaração de reserva de terrenos baldios, para efeito da Lei n.° 2.014 e do art. 2.° do Decreto n.° 36.709, não confere à Junta de Colonização Interna o direito de propriedade sobre tais terrenos. A mencionada declaração é apenas a anunciação solene de que os baldios reservados ficam separados ou guardados para lhes ser dado o destino determinado pelos diplomas legais.

II – Nas acções possessórias, reguladas nos arts. 1.032.° e ss. do CPC, a alegação do direito de propriedade e o pedido para ser reconhecido esse direito têm de ser expressos, por força do disposto no art. 1.033.°.

Ac. STJ de 25/06/52 in BMJ 34,280

DESAFECTAÇÃO:

I – Baldio é o imóvel rústico afecto ao uso e fruição duma comunidade ou grupo de indivíduos residentes em determinada circunscrição da freguesia ou concelho, que em comum exploram as suas pastagens, matas, estrumes ou amanho da própria terra se não é toda maninha, e isto segundo a regulamentação da junta de freguesia ou do município, conforme os casos.

II – Para que o baldio possa ser reduzido a propriedade privada é indispensável proceder primeiramente à sua desafectação.

III – As juntas de freguesia, com poderes de administração de baldios, no exercício dos poderes de administração dos mesmos, podem compelir algum ou

222 *Comentário à Nova Lei dos Baldios*

alguns dos seus utentes a largar mão dos prédios em causa para os submeter a exploração constante das posturas e regulamentos, ou, na falta de norma escrita, do costume local.

Ac. RP de 03/01/62 in Jur. Rel. 8, 83

I – Beneficiando o detentor de bens da presunção do § 1.° do art. 478.° do Cód. Civil de 1867, não tem que se fazer prova do "animus" ou do elemento subjectivo da sua posse, cabendo à outra parte ilidir aquela presunção.

II – Uma das formas de cessação de dominialidade de uma coisa consiste no desaparecimento ou extinção da utilidade pública que essa coisa se destinava a prestar-se, o que se designa por desafectação.

III – Provando-se, unicamente, que desde tempos imemoriais os moradores de certa freguesia vêm utilizando, sem oposição, determinada faixa de terreno para, num lavadouro aí existente, lavarem, secarem e corarem a roupa, isso é insuficiente para se qualificar essa faixa de terreno como baldio.

Ac. RP de 04/06/81 in CJ, VI, III, 138

I – Segundo o Decreto n.° 36.709 de 05/01/48, as glebas sem casa, uma vez satisfeito o pagamento integral do seu preço, passam a ser alienáveis e penhoráveis e são atribuídas, em propriedade definitiva ao concessionário, revestindo a atribuição a natureza de ónus real sujeito a registo.

II – Esse ónus real tinha, ao tempo da concessão, a natureza de direito real de garantia, com o objectivo de garantir o reembolso do preço pago pela gleba e assegurar a indemnização devida pelo valor das benfeitorias nela realizadas, em caso de rescisão ou renúncia da adjudicação.

III – Aquele diploma deixou de ter aplicação após a entrada em vigor do DL n.° 39/76 de 19/01, que fixou nova regulamentação aos baldios, podendo a propriedade da gleba ser adquirida por usucapião verificados os seus pressupostos.

Ac, RC de 08/10/96 in CJ XXI, IV, 31

I – Não pode considerar-se desafectação tácita o mero abandono do uso e fruição de um baldio, mesmo que ostensivo e pelo período mínimo de 3 anos, pois o art. 27.° da Lei dos Baldios apenas prevê que, nesses casos, a Junta ou Juntas de Freguesia em cuja a área o mesmo se localize o utilizem directamente, sem alteração significativa da sua normal composição, ou cederem a terceiro a sua exploração precária " se e enquanto não tiverem sido notificados pelo competente órgão de gestão do baldio de que os compartes desejam voltar à sua fruição".

II – Com a entrada em vigor do DL n.° 39/76 de 19/01 as autarquias locais deixaram de ter a administração dos baldios e, por isso, é inválida a divisão de determinado baldio feita, no domínio daquele diploma legal, pela Junta de Freguesia, entre os consortes, mesmo que a título provisório e para efeitos de arborização.

Ac. STJ de 11/11/97, Proc. n.° 732

Anexos

LEGITIMIDADE, PERSONALIDADE E CAPACIDADE JUDICIÁRIAS:

I – O Tribunal Comum é competente para conhecer de questões relacionadas com a apropriação e ocupação de baldios.

II – O DL n.° 39/76 de 19/01, que estabeleceu o regime jurídico dos baldios, encontra-se em vigor.

III – O Conselho Directivo de um baldio, representando os respectivos compartes e actuando no seguimento da deliberação da Assembleia de Compartes, está em juízo em condições legais.

Ac. RC de 13/11/79 in CJ IV, 5, 1.411

I – A Lei não estabeleceu qualquer tipo de homologação para a decisão da assembleia de Compartes que escolheu a forma de administração de baldios e elegeu os membros do Conselho Directivo, competindo às partes recorrer aos Tribunais quando haja que decidir da legalidade da constituição de tais órgãos.

II – Recebida no MAP cópia autêntica da reunião da Assembleia de Compartes fica o Conselho Directivo com personalidade jurídica ou judiciária.

Ac. RC de 03/02/81 in CJ VI, I, 37

I – Na falta da Assembleia de Compartes, a Junta ou Juntas de Freguesia da área da situação do prédio apropriado têm legitimidade para o pedido de anulação dos actos ou negócios jurídicos de apropriação de baldios ou parcelas deles.

II – O conhecimento de todas as questões relativas a baldios é da competência do Tribunal comum.

Ac. RC de 14/05/85 in CJ X, III, 75

I – O Estado só tem legitimidade para propor acções em que pede a demolição de obras executadas em terrenos baldios até se operar a entrega aos compartes do respectivo uso, fruição e administração.

Ac. RP de 19/06/86 in CJ XI, III, 220

I – Com a revogação do art. 109.° da Lei n.° 79/77 de 25/10, pela Lei n.° 91/77 de 31/12, foi represtinado o DL n.° 39/76 de 19/01.

II – Não tendo a junta de Freguesa procedido ao recenseamento dos compartes e promovido a eleição do Conselho Directivo, como lhe competia por lei, não pode invocar a falta desses órgãos para a prática de actos que a lei integra nas atribuições deles[1].

Ac. STA de 04/12/86 in BMJ 362, 394

---

[1] No domínio do DL n.° 39/76 de 19/01. Na vigência da Lei n.° 68/93 de 04/09, ver o art. 33.°, n.° s 4 e 5.

224 *Comentário à Nova Lei dos Baldios*

I – o Conselho Directivo das Assembleias de Compartes dos baldios tem personalidade e capacidade judiciárias.

II – A Assembleia de Compartes dos baldios não gozam de isenção de custas e selos[2].

Ac. RP de 04/06/87 in CJ XII, III, 180

I – A revogação do art. 109.º da Lei n.º 79/77 de 25/10, pelo art. 1.º da Lei n.º 91/77 de 31/12, operou a repristinação do DL n.º 39/76 de 19/01, que por aquele tinha sido revogado.

II – No regime do DL n.º 39/76 os baldios constituem propriedade comunal dos moradores de determinada freguesia ou freguesias ou parte delas, que exerçam a sua actividade no local.

III – Os baldios estão fora do comércio jurídico, sendo inalienáveis e insusceptíveis de apropriação privada por qualquer título, incluída a usucapião.

IV – os baldios são administrados pelos compartes exclusivamente ou em regime de associação com o Estado.

V – A deliberação de um órgão autárquico pela qual aliena uma parcela de baldio enferma de incompetência por falta atribuição e é, por isso, nula

Ac. STA de 03/05/88 in BMJ 377, 296

I – Enquanto não for constituída a Assembleia de Compartes dos fruidores do baldio, nem eleito o Conselho Directivo, uma percentagem das receitas da exploração florestal dos baldios é entregue à autarquia local, nos termos do art. 19.º do DL n.º 39/76 de 19/01.

II – Consequentemente, uma Junta de Freguesia tem, embora transitoriamente, legitimidade activa para embargar extrajudicialmente uma obra nova, que consistia na abertura de um estradão, susceptível de diminuir, ou até fazer cessar, o rendimento florestal do baldio, bem como para requerer a respectiva ratificação judicial.

Ac.RP de 10/01/89 in BMJ 383, 605

I – Desde 1976 que os baldios se encontram na situação de bens inalienáveis e imprescritíveis, sendo nulo os actos que envolvam a sua alienação.

II – Para requerer a anulação desses actos têm legitimidade os sujeitos de qualquer relação jurídica que, de algum modo, possam ser afectados pelos efeitos que tais negócios tendiam a produzir – afectados na sua consistência jurídica ou só na sua consistência prática ou ainda quando seja afectado o interesse público.

Ac. RC de 09/05/89 in CJ XIV, III, 65

---

[2] No domínio do DL n.º 39/76 de 19/01. Na vigência da Lei n.º 68/93 de 04/09, ver o art. 32.º, n.º 2 que isenta de preparo e custas.

I – Tem sido jurisprudência do STA a de que a legitimidade activa no recurso contencioso se afere perante os termos em que a respectiva petição se encontra.

II – O cidadão eleitor e comparte dos baldios de uma freguesia tem interesse directo, pessoal e legítimo na administração dos baldios da freguesia, pelo que tem legitimidade para impugnar contenciosamente os actos administrativos que, em seu entender, podem prejudicar tal interesse.

III – O acto de um membro do Governo que homologou uma informação de um Director-Geral em que se aceitava a divisão em dois grupos, dos baldios de uma freguesia, que até então vinham a ser administrados unitariamente, por um só Conselho Directivo eleito, numa única Assembleia de Compartes é acto definitivo e executório, susceptível de recurso contencioso de anulação.

Ac. STA de 30/05/89 in BMJ 387, 387

I – O Ministério Público é parte ilegítima para intentar acção declarativa, pedindo que se declare que determinada parcela de terreno integra um baldio, propriedade comunitária dos moradores de determinada freguesia.[3]

Ac. RP de 07/11/89 in BMJ 391, 692

I – Não estando constituída a Assembleia de Compartes, é a Junta de Freguesia que tem legitimidade para defender em juízo os interesses comunitários[4].

Ac. RP de 26/02/91 in BMJ 404, 508

I – O Ministério Público tem legitimidade para propor uma acção declarativa de simples apreciação, em que pede se declare a natureza de baldio de um terreno, que na sequência da respectiva deliberação uma Junta de Freguesia vendeu a um particular.

II – É assim porque em tal acção o Ministério Público actua como garante e no controle da legalidade da decisão de um órgão autárquico, cumpre funções atribuídas pela Constituição da República, não estando em causa a defesa de interesses comunitários, nem a recuperação de um terreno baldio, caso em que a defesa desses interesses caberia à Assembleia de Compartes.

Ac. RP de 07/10/91

I – O Estado goza de legitimidade para pedir a declaração de nulidade de um contrato de arrendamento de um baldio celebrado entre a uma Junta de Freguesia e Assembleia de Freguesia e a Portucel – Empresa de Celulose e Papel, SA, Para florestação desse baldio.

---

[3] No domínio do DL n.º 39/76 de 19/01. Na vigência da Lei n.º 68/93 de 04/09, ver o art. 4.º, n.º 2.

[4] No domínio do DL n.º 39/76 de 19/01.

226 *Comentário à Nova Lei dos Baldios*

II – Tal contrato de arrendamento é nulo em virtude dos baldios se encontrarem fora do comércio jurídico, por força do art. 2.° do DL n.° 39/76 de 19/01.

III – As autarquias locais foram afastadas da administração dos baldios pelo DL n.° 39/76 de 19/01, tendo somente o direito de receber, enquanto se não operar efectiva entrega da administração do baldio aos compartes, uma quota-parte da receita da venda dos produtos da exploração florestal.

Ac. STJ de 16/06/92 in BMJ 418, 760

I – Não têm legitimidade, dada a qualidade invocada de moradores, os AA da acção de anulação de escritura de justificação notarial de que terá resultado a apropriação de baldio por entidade privada.

II – Tem legitimidade para essa acção a Assembleia de Compartes prevista no art. 6.° do DL n.° 39/76 de 19/01 ou, na sua falta, a Junta de Freguesia do lugar da situação do prédio apropriado[5].

Ac. RC de 02/12/92 in CJ XVII, V, 67

I – Os baldios têm órgãos de gestão próprios, sendo os únicos legalmente reconhecidos, a Assembleia de Compartes e o Conselho Directivo.

II – A Assembleia é a única representante legal das comunidades a que os baldios pertencem.

III – Um comparte não pode substituir-se à Assembleia para defender os interesses comunitários ainda que entenda que ela, com a sua inércia, não defende devidamente os interesses cuja defesa lhe compete.

IV – Os compartes dos terrenos baldios não têm legitimidade para o pedido de anulação de actos ou negócios jurídicos que tiverem como efeito a passagem a propriedade privada de baldios ou parcelas.

V – A legitimidade cabe às Assembleias de compartes ou, na sua falta, à Junta ou Juntas de Freguesia da área da situação do prédio

Ac. STJ de 17/06/93, Proc. n.° 820/92

I – Segundo o art. 4.° da Lei n.° 68/93 de 04/09, diploma de aplicação imediata, a Junta de Freguesia da área da situação do baldio tem legitimidade para defender esses bens dos apetites dos particulares.

II – O art. 2.° do DL n.° 40/76 de 19/01, restringindo os efeitos da anulação dos negócios jurídicos de apropriação de baldios, aplica-se apenas aos negócios anteriores à sua vigência.

Ac. RC de 08/02/94 in CJ XIX, I, 35

---

[5] No domínio do DL n.° 39/76 de 19/01. Na vigência da Lei n.° 68/93 de 04/09, ver o art. 4.°, n.° 2.

Anexos 227

I – A Câmara Municipal não tem legitimidade para propor acção de anulação de contrato promessa celebrado entre a Junta de Freguesia e a EDP, relativo a baldio paroquial.

Ac. RC de 12/04/94 in CJ XIX, II, 31

I – Carece de legitimidade uma Câmara Municipal para pedir a declaração de nulidade de contrato promessa de compra e venda de terrenos baldios.

Ac. STJ de 11/11/94 in BMJ 441, 195

I – É nulo qualquer acto tendente a fazer integrar os baldios, no todo ou em parte, na dominialidade particular, e tudo com vista a evitar o desvio do fim a que os baldios se destinam, qual seja a sua colocação ao serviço das comunidades respectivas (arts. 1.º e 2.º do DL n.º 39/76 de 19/01 e art. 202.º e 208.º n.º 1 do Cód. Civil).

II – Tal nulidade pode ser invocada a todo o tempo por qualquer interessado e declarada oficiosamente pelo Tribunal.

III – A Junta de Freguesia onde está localizado o baldio tem legitimidade para a acção em que pede que aquele seja devolvido aos respectivos compartes.

Ac. STJ de 14/12/94, Proc. n.º 576/93

I – Chamam-se baldios os terrenos usufruídos colectivamente por uma comunidade, de harmonia com os usos e costumes que sucessivas gerações vão transmitindo umas às outras e que a cada uma cabe transmitir, "sem perda do usufruto", às que lhe seguirem.

II – Na falta da Assembleia de Compartes, as Juntas de Freguesia têm legitimidade para todos os actos que impliquem a administração dos baldios, tais como arrendar ou anular actos ou negócios de modo a conseguir-se a sua recuperação – art. 3.º do DL n.º 40/76 de 19/01.

III – No sentido de possibilitar que os baldios indevidamente apoderados pelos particulares ao longo dos tempos venham a ser devolvidos aos seus legítimos utentes, a lei regula a forma como pode ser recuperado esse património da comunidade, declarando que "todos os actos ou negócio jurídicos que tenham como objecto a apropriação de terrenos baldios, ou suas parcelas, por particulares, bem como subsequentes transmissões, se não forem nulas, são anuláveis a todo o tempo.

IV – à Junta de Freguesia A, que pretende ver reconhecido que os terrenos postos em causa são exclusivamente da sua área territorial, compete o ónus da prova respectivo.

Ac. STJ de 27/06/96, Proc. n.º 33/95

I – A Assembleia de Compartes, porque integra todos os compartes, é o órgão soberano do baldio.

228 Comentário à Nova Lei dos Baldios

II – Ao Conselho Directivo, como órgão executivo que é, cabe defender em juízo os interesses da comunidade, constituir mandatário, etc., mas tais actos, para serem válidos, têm de ser ratificados pela Assembleia de Compartes.

III – Quando não exista Conselho Directivo e a administração do baldio não tenha sido entregue a uma ou mais Juntas de Freguesia, as funções daquele órgão cabem à Assembleia de Compartes.

IV – Alegando que não existe Conselho Directivo e não tendo sido alegado factos tendentes a demonstrar que a administração do baldio tenha sido atribuída a qualquer Junta, ou Juntas, de Freguesia a Assembleia de Compartes é parte legítima para ser demandada em juízo.

Ac. RP de 14/04/97, Proc. 90/96

I – Haverá identidade de sujeitos, para efeitos de caso julgado, quando os autores, embora diferentes (numa acção a Junta de Freguesia e na outra um Conselho Directivo de Baldios) agiram como representantes da mesma comunidade local, do mesmo universo de compartes.

Ac. STJ de 03/07/97. Proc. n.º 845

I – A Junta de Freguesia da situação de terrenos baldios tem legitimidade para fazer seguir a acção que diga respeito à administração do mesmo e, por maioria de razão, dispõe de legitimidade para propor procedimento cautelar, como o embargo de obra nova.

Ac. STJ de 19/02/98 in CJ (STJ), VI, I, 90

NATUREZA JURÍDICA DOS BALDIOS E REGIME:

I – Os terrenos baldios pertencem em propriedade aos corpos administrativos, e não aos vizinhos das respectivas circunscrições.

Desp. Juiz de Figueiró dos Vinhos de 11/04/45 in Dir. Trab. 1, 126

I – A submissão de terrenos ao regime florestal por virtude do disposto na Lei n.º 1.971 de 15/06/38, não implica que deixem de estar no logradouro comum os terrenos baldios, que assim mantêm a sua feição paroquial ou municipal.

Ac. STJ de 12/03/54 in BMJ 42, 131

I – Mesmo para efeitos de alinhamento, as Câmara Municipais só podem alienar bens que estejam na sua jurisdição, à qual estão subtraídos os baldios paroquiais.

II – Por se achar fora das suas atribuições, é nula a deliberação da Câmara Municipal alienando parte de um baldio que se mostra ser paroquial por estar no logradouro comum exclusivo dos moradores de uma freguesia.

Ac. STA de 06/03/59 in O Direito 92, 147

I – É da competência dos Tribunais Comuns a jurisdição do domínio e posse dos baldios.

II – Não é admissível a inscrição e descrição na Conservatória do Registo Predial dos baldios e coisas comuns.

Sent. Juiz de Monção de 07/04/59 in Just. Port. 27, 121

I – Os baldios municipais e paroquiais pertencem às respectivas autarquias locais e não aos habitantes do concelho ou da freguesia.

II – Compete às Juntas de Freguesia e não às Câmara Municipais fazer passara ao domínio privado a fruição ou aproveitamento dos baldios paroquiais.

III – Não impede a qualificação de um terreno, como baldio paroquial, a falta da sua inscrição pelas respectivas juntas de Freguesia.

IV – A afectação ao uso público é a característica das coisas públicas.

V – Se um terreno está há mais de 30 anos e desde tempos imemoriais no logradouro comum exclusivo dos moradores de uma freguesia, adquire a qualidade de baldio municipal.

Ac. STJ de 27/06/61 in O Direito 94, 129 e BMJ 108, 291

I – Não se verificando a apropriação individual dum terreno, tem o mesmo que se considerar logradouro comum, visto a natureza do seu aproveitamento pelos moradores integrar o conceito definido no § único do art. 393.º do Cód. Administrativo.

II – Não é necessário para a qualificação de baldios a prova do aproveitamento imemorial do terreno, bastando o aproveitamento do terreno como logradouro comum durante 30 anos.

Ac. STJ de 22/10/71 in BMJ 210,80

I – Os baldios são propriedade privada das autarquias locais, podendo tal propriedade ser adquirida por usucapião, o mesmo acontecendo com o próprio domínio útil.

Ac. STJ de 09/03/73 in BMJ 225, 247

I – Em face do actual Cód. Civil não é possível sustentar, fundamentalmente, a dominialidade pública dos baldios, que devem considerar-se de natureza particular, do património ou domínio privado das autarquias, ainda que sujeitos a uma afectação especial.

II – Daí que a acção tendente à reivindicação de terrenos havidos por baldios não ponha em jogo a respectiva qualificação de coisas públicas ou particulares, mas apenas a questão da sua propriedade ou domínio particular.

III – Não está, assim, em causa um mero interesse imaterial, destituído de significado e valor económico, que imponha a aplicação do art. 312.º do Cód. Proc. Civil.

230   *Comentário à Nova Lei dos Baldios*

IV – O objecto de tal acção é, na essência e em concreto, fazer valer o direito de propriedade sobre uma coisa, pelo que a regra a ter em conta para a determinação do valor da causa é a do n.º 1 do art. 311.º do referido Cód. do Proc.

Ac. RC de 16/02/73 in BMJ 231, 212

I – Os baldios constituem bens do património das autarquias sujeitos à afectação especial de suportar certas utilizações tradicionais pelos habitantes de uma dada circunscrição ou parte desta, que os aproveitam em exclusivo.

II – Não é baldio e faz parte do património privado de uma autarquia local o terreno que sempre por ela foi zelado como tal, muito embora alguns habitantes ali praticassem diversos actos por mera tolerância.

Ac. STJ de 12/10/73 in BMJ 260, 63

I – Os baldios são formas especiais de aproveitamento de terras ao uso de certas pessoas, mas, na sua essência, não devem confundir-se com a propriedade privada disponível das autarquias.

II – O Governo é a única entidade competente para fixar os limites das circunscrições administrativas, sendo nulos os actos de quaisquer autoridades que decidem sobre tais questões.

Ac. STJ de 28/01/75 in BMJ 243, 227

I – O regime dos baldios contém-se no Cód. Administrativo.

II – Para que um terreno seja qualificado baldio paroquial é preciso que, há pelo menos 30 anos, esteja no logradouro comum e exclusivo dos moradores de uma freguesia ou parte dela.

Ac. RP de 16/02/78 in CJ III, II, 600

I – Os baldios constituem propriedade comunal dos moradores de determinada freguesia ou freguesias ou partes dela, que exerçam a sua actividade no local, só por eles podendo ser usados e fruídos.

II – Os baldios estão fora do comércio jurídico, são inalienáveis e imprescritíveis.

III – Os baldio são administrados exclusivamente pelos compartes ou em regime de associação entre compartes e Estado, através do Ministério da Agricultura e Pescas, nos termos indicados respectivamente pelas al.s a) e b) do art. 9.º do DL n.º 39/76 de 19/01.

IV – Mesmo quando os baldios sejam administrados exclusivamente pelos compartes, os serviços competentes do Ministério da agricultura e Pescas assegurarão o apoio técnico necessário, proporão e zelarão pelo cumprimento do plano de utilização dos recursos e verificarão a aplicação das técnicas conveniente de instalação e condução de povoamento.

Anexos   231

V – Ao Ministério da Agricultura e Pescas, através da sua Direcção Geral do Fomento Florestal incumbe ainda apoiar e promover a actividade de esclarecimento dos empresários florestais e dos compartes nos baldios sobre política florestal e estimular a sua adesão a empreender por esse Ministério.

VI – Ao Ministério da agricultura e Pescas, através da sua Direcção Geral de Ordenamento e Gestão Florestal incumbe ainda apoiar os Serviços Regionais na gestão das matas e produção administradas pelo Estado e daqueles em que este intervenha em qualquer estado de cooperação.

VII – Na competência assinalada ao Governo Regional dos Açores não cabe qualquer poder para intervir na administração ou gestão dos terrenos baldios existentes no arquipélago.

Parc. PGR de 20/07/78 in BMJ 284, 42

I – Pelo art. 83.º da LOTJ (Lei n.º 82/77 de 06/12) foram extintos todos os órgãos jurisdicionais não previstos na mesma lei com competência atribuída, por anterior lei, para dirimir conflitos de interesses públicos e privados, com excepção dos expressamente indicados no n.º 1 daquele preceito.

II – A comissão a que se refere os arts. 4.º e 5.º do DL n.º 40/76 de 19/01, não tendo sido exceptuada pelo referido art. 83.º da LOTJ está, assim, extinta desde 31/07/78, data da entrada em vigor, nessa parte, da mesma lei, que não previu a a comissão para julgamento de certas questões relacionadas com baldios.

III – Não havendo órgão de jurisdicional com competência especial para conhecer destas questões, o seu conhecimento compete ao tribunal comum, por força do art. 66.º do Cód. Proc. Civil.

Ac. STJ de 30/11/78 in BMJ 281, 287

I – Os baldios são terrenos comunitariamente usados e fruídos pelos moradores de determinada freguesia ou freguesias ou parte delas, que não podem, no todo ou em parte, ser objecto de apropriação privada, por qualquer forma ou título, incluindo a usucapião.

II – As águas que brotam do baldio como parte integrante que são dele, têm a mesma natureza jurídica, não podendo, por isso, ser objecto de posse exclusiva por parte de alguns moradores.

Ac. RP de 27/01/81 in CJ, VI, I, 141.

I – O Tribunal comum é competente para conhecer de questões relacionadas com a apropriação e ocupação de baldios.

II – O DL n.º 39/76 de 19/01, que estabeleceu o regime jurídico dos baldios, está em vigor.

III – O Conselho Directivo de um baldio, representando os respectivos com-

232   *Comentário à Nova Lei dos Baldios*

partes e actuando no seguimento de deliberações da Assembleia de Compartes, está em juízo em condições legais.

Ac. RC de 13/11/79 in CJ IV, V, 1411

I – Os baldios são terrenos usados e fruídos colectivamente por uma comunidade, que se encontram, por disposição legal, fora do comércio jurídico, sendo insusceptíveis de apropriação privada por qualquer forma ou título.

II – Os baldios integram o sector público comunitário (art. 89.° n.° 2, al. e) da Const. Rep. Portuguesa).

III – O regime jurídico dos baldios encontra-se consagrado no DL n.° 39/76 de 19/01, que está em vigor por força do disposto na Lei n.° 91/77 de 31/12, que repristinou aquele diploma ao revogar o art. 109.° da Lei n.° 79/77 de 25/10.

IV. No sistema do DL n.° 39/76 compete a Conselho Directivo a administração dos baldios e à assembleia de Compartes decidir sobre a forma de administração, escolhendo uma das modalidades previstas no art. 13.°.

V – Face ao regime em vigor os baldios não podem ser objecto de contratos de arrendamento.

Par. PGR de 24/02/83 in BMJ 331, 123

I – O contrato de "prestação de serviço" e o contrato de "compra de madeira em pé para corte diferido", analisados no contexto do perecer, são conforme os regime legal dos baldios, consagrado no DL n.° 39/76 de 19/01, salvo eventual existência de fraude à lei.

II – A conclusão sobre a existência do vício de fraude à lei supõe uma investigação de matéria de facto, para a qual não é competente este corpo consultivo.

Par. PGR de 18/04/85 in BMJ 348, 136

I – Os baldios devem ser considerados como sobrevivência da propriedade colectiva, deles sendo titulares as entidades que nas leis se atribui a sua administração[6].

II – Os baldios podiam ser paroquiais ou municipais, não se confundindo com os bens próprios das freguesias ou do concelho (lei de 26/07/1850 e Cód. Civil de 1867), sendo ainda hoje comum dos habitantes duma fracção territorial (DL n.° 39/76 de 19/01).

III – Improcede a acção pela qual a Junta de Freguesia reivindica como seu um baldio.

Ac. RC de 04/11/86 in CJ XI, V, 61

---

    [6] Este sumário pode levar a interpretações erradas, pelo que se transcreve o texto do Acórdão: *"após do DL n.° 39/76 de 19/01 (...) os baldios constituem propriedade comunal dos moradores de determinada freguesia ou freguesias, ou parte delas, e nunca bens do património das autarquias locais, só por aqueles podendo ser usados, fruídos e administrados".*

Anexos 233

I – Os baldios constituem propriedade comunal dos moradores de determinada freguesia ou freguesias ou parte delas, que exerçam actividade no local.

II – Os baldios estão fora do comércio jurídico, sendo absolutamente inalienáveis.

III – Um terreno baldio não pode ser objecto de expropriação por utilidade pública que tenha por finalidade um arranjo urbanístico de um loteamento, envolvendo a construção de habitações por particulares.

Par. PGR de 22/10/87 in BMJ 378,27

I – As autarquias locais foram afastadas da administração dos baldios pelo represtinado DL n.º 39/76 de 19/01, tendo somente o direito de receber, enquanto se não operar a efectiva entrega da administração dos baldios aos compartes, uma percentagem das receitas provenientes da venda dos produtos da exploração florestal.

II – Enquanto se não verificar a entrega da administração dos baldios aos compartes, compete ao Estado a execução dos trabalhos de arborização ou de beneficiação silvo-pastoril.

Ac. STJ de 09/06/88 in BMJ 378, 735

I – Os baldios integram os "bens comunitários" a que se refere a Constituição, bens esses que não apenas estão na posse e gestão das comunidades locais, mas também na sua titularidade, isto é, são bens que pertencem a comunidades e não bens que pertencem a entidades publicas.

II – Dentro do sector público, a Constituição três subsectores, correspondentes a cada uma das al.s do art. 89.º, n.º 2, sendo clara a distinção entre o subsector da al. a) – subsector público, propriamente dito – e o da al. c), o subsector comunitário: aquele que é constituído pelos bens pertencentes a entidades públicas e possuídos e geridos por elas; o último é constituído pelos bens pertencentes a comunidades locais e por elas possuídos e geridos.

III – O art. 89.º da Constituição constitui uma garantia institucional: garantindo a existência de três sectores de propriedade dos meios de produção, definidos em função da sua titularidade e do modo social de gestão, a Constituição garante também, no que ao sector público concerne, as três componentes que o integram. Poderá, eventualmente, questionar-se esta asserção quanto ao subsector estadual; porém, quanto ao subsector comunitário, não pode haver dúvidas de que a garantia constitucional vale para ele.

IV – A amputação dos baldios reduziria drasticamente a dimensão do subsector comunitário e retirar-lhe-ia todo e qualquer sentido como subsector relevante no quadro do complexo constitucional dos sectores dos meios de produção. Uma tal mudança afronta a garantia constitucional contida no art. 89.º da Constituição: tal como não é possível ter por constitucionalmente legítima a redução do sector privado a actividades marginais ou insignificantes, também não pode ter-se

234   *Comentário à Nova Lei dos Baldios*

por constitucionalmente consentida a redução do subsector público comunitário a realidades marginais, económico-estruturalmente irrelevantes, pela amputação daquela figura – os baldios – que na verdade constitui a razão de ser constitucional da própria existência do subsector comunitário.

Ac. TC de 04/04/89 in BMJ 386, 129

I – Encontrando-se os baldios fora do comércio jurídico, os factos jurídicos e as consequentes acções a eles respeitantes estão excluídos do registo predial.

Ac. RP de 01/02/90 in CJ, X, III, 247

I – Os baldios são terrenos usados e fruídos colectivamente por uma comunidade, que se encontram, por disposição legal, fora do comércio jurídico, sendo insusceptíveis de apropriação privada por qualquer forma ou título (art. 1.º e 2.º do DL n.º 39/76 de 19/01).

II – Os baldios integram o sector de propriedade social, pois constituem meios de produção comunitários, possuídos e geridos por comunidades locais (art. 84.º, n.º 2, al. b) da Const. Rep. Portuguesa).

III – O regime jurídico dos baldios encontra-se consagrado no DL n.º 39/76 de 19/01, que está em vigor por força do disposto na Lei n.º 91/77 de 31/12, a qual fez vigorar aquele diploma, ao revogar o art. 109.º da Lei n.º 79/77 de 25/10.

IV – Na vigência do art. 395.º do Cód. Administrativo era necessária a deliberação da Câmara ou Junta de Freguesia para o baldio ser dispensado do logradouro comum.

V – Esta dispensa não é integrada por uma acta que se diz ter sido recebida por um ofício do Sec. de Estado da Agricultura que autorizava aquela.

VI – Não se tendo efectuado antes de 1976 a dispensa do logradouro comum, era impossível em 1981 autorizar a venda do baldio ao abrigo da Lei n.º 79/77.

Ac. STJ de 22/11/90, Proc. 079604

I – Após a revisão constitucional de 1989: 1 – passou a garantir-se, em vez da existência a coexistência de 3 sectores de propriedade dos meios de produção; 2 – os meios de produção comunitários, possuídos e geridos por comunidades locais, deixam de integrar o sector público e passam a fazer parte do sector cooperativo e social; 3 – a protecção do sector cooperativo e social da propriedade dos meios de produção constitui um dos princípios fundamentais da organização económico-social; 4 – deixa de se fazer referência á propriedade social e ao seu desenvolvimento.

II – A passagem dos bens comunitários, possuídos e geridos pelas comunidades locais, do sector público para o sector comunitário e social deve ser entendida como um reforço da garantia constitucional desses bens e da sua específica natureza e uma afirmação da sua autonomia dominial.

Anexos 235

III – Os baldios constituem o núcleo essencial e imprescindível dos "meios de produção comunitários, possuídos e geridos por comunidades locais" integrados no sector da propriedade colectiva e social, pertencendo a essas comunidades, comunidades de "vizinhos" ou "compartes" que não se confundem com comunidades territoriais autárquicas, não apenas a posse e gestão, mas também a própria titularidade dominial desses meios de produção.

IV – A titularidade dominial dos baldios significa que, nos termos constitucionais, as comunidades locais são titulares dos seus direitos colectivos – sejam de gozo, sejam de uso, sejam de domínio – como comunidade de habitantes, valendo quanto a elas os princípios da auto-administração e autogestão.

Ac. TC de 11/06/91 in BMJ 408, 46

I – A titularidade dos bens comunitários – que se identificam com os baldios – pertence às próprias comunidades, constituindo propriedade comunal dos moradores de determinada freguesia, não se integrando no património público ou privado das autarquias locais.

II – Não estando presentes na lide, em que se discute a delimitação dos baldios de duas freguesias, as comunidades proprietárias dos mesmos, ocorre a ilegitimidade dessas duas freguesias como partes na acção.

Ac. RP de 23/06/92 in BMJ 418, 855

I – O art. 1.º do DL n.º 39/76 de 19/01 define os baldios como os terrenos comunitariamente usados e fruídos por moradores de determinada freguesia ou freguesias ou parte delas.

II – Assim, estendendo-se o baldio por mais de uma freguesia, os habitantes ou moradores de cada uma delas só podem fruir comunitariamente a parte do baldio situada na área da freguesia de que são moradores.

Ac. STJ de 15/12/92 in BMJ 422, 309.

I – Dizem-se baldios os terrenos comunitariamente usados e fruídos por moradores de determinada freguesia ou freguesias, ou parte delas.

II – Estes terrenos encontram-se fora do comércio jurídico, não podendo ser objecto de apropriação privada por qualquer forma ou título, incluindo a usucapião.

Ac. STJ de 15/04/93, Proc. 24.500

I – Baldios são terrenos comunitariamente usados e fruídos por moradores de determinada freguesia ou freguesias ou parte delas, encontrando-se fora do comércio jurídico e não podendo ser objecto de expropriação privada por qualquer forma ou título.

II – A Assembleia de Compartes e o Conselho Directivo dos baldios são os únicos órgãos de gestão reconhecidos para os respectivos terrenos comunita-

236 Comentário à Nova Lei dos Baldios

riamente fruídos e são os únicos detentores da legitimidade para accionar quem quer que seja em defesa dos logradouros comuns que administram.

Ac. RP de 04/11/93 in BMJ 431, 552

I – Para que um terreno seja baldio é indispensável que seja fruído e usado pelos moradores de um lugar como coisa dessa comunidade de moradores.

II – Não é necessário que estejam constituídos em assembleia de compartes os órgãos administrativos

Ac. RP de 06/12/93

I – Baldios são terrenos comunitariamente usados e fruídos por moradores de determinada freguesia ou freguesias, ou parte delas, ou os terrenos possuídos e geridos por comunidades locais, cujos poderes de administração competem à Assembleia de Compartes, a menos que esta os delegue na Junta de Freguesia.

II – Assim, porque a Junta de Freguesia não é uma comunidade local e porque os baldios não integram o seu património, não tem a mesma o direito de os reivindicar e de, consequentemente, pedir em juízo para ser declarada sua única e exclusiva proprietária.

Ac. RP de 18/10/94 in CJ XIX, IV, 211

I – Os terrenos baldios não pertencem nem ao domínio público nem ao domínio privado do Estado ou das autarquias, constituindo, antes, propriedade comunal dos moradores de determinada freguesia ou freguesias, ou parte delas, que exerçam a sua actividade no local.

II – Actualmente, e ao contrário do que sucedeu até 19/12/76, os baldios estão fora do comércio jurídico, sendo, em consequência, inalienáveis e insusceptíveis de apropriação privada por qualquer título, incluída a usucapião.

Ac. RC de 05/05/98 in CJ XXIII, III, 7

I – Os baldios são terrenos não individualmente apropriados que, desde tempo imemoriais, servem de logradouro comum (a apascentação de gado, a produção e corte de matos, combustíveis ou estrume, a cultura e outra utilizações) dos vizinhos de certa circunscrição ou parte dela.

II – Os terrenos baldios foram considerados prescritíveis desde o Cód. Civil de Seabra até ao início da vigência do DL n.º 39/76 de 19/01 (deixando de o ser a partir desta data).

III – Esses terrenos incluem-se no domínio comum, caracterizado, sobretudo, pela propriedade comunal dos vizinhos de certa circunscrição ou parte dela, representados pela autarquia a que pertence, que exerceria meros direitos de administração.

IV – A Junta de Freguesia, enquanto na administração de terrenos baldios,

Anexos

pratica actos que são tidos como actos de gestão de bens alheios, ou seja, pratica actos próprios de qualquer possuidor precário.

V – A Junta de Freguesia só pode invocar a excepção peremptória da aquisição por usucapião dos terrenos baldios que administra se alegar a inversão do título ou cooperação por parte dos utentes desses baldios.

Ac. STJ de 20/01/99 in CJ (STJ) VII, I, 53

POSSE ÚTIL E VALOR DAS ACÇÕES:

I – Os terrenos comunitários possuídos ou geridos por comunidades locais, como é o caso dos baldios, pertencem ao sector social da propriedade e não ao sector público.

II – As acções sobre interesses imateriais são, para os efeitos do art. 312.° do Cód. Proc. Civil, aquelas em que se façam valer direitos a que não seja possível atribuir valor pecuniário.

Ac. STJ de 08/12/92

I – Os baldios são coisas comuns, usufruías pelos moradores de uma ou várias circunscrições em regime de posse útil e não de propriedade.

II – A acção em que se pede o reconhecimento do terreno como baldio não versa sobre interesses imateriais e a determinação do seu valor faz-se pelo critério previsto no n.° 2 do art. 311.° do Cód. Proc. Civil[7].

Ac. STJ de 12/01/93. Proc. n.° 169/92

I – Se na acção se põe a questão de se reconhecer ou não determinada parcela de terreno como pertencente a uma comunidade (baldio) ou ser propriedade privada, tratando-se de um interesse imaterial deve ser-ljhe fixado o valor da alçada do Tribunal da Relação e mais um escudo.

Ac. RP de 19/09/94, Proc. n.° 17/92

PRESCRIÇÃO / USUCAPIÃO:

I – Pelo Cód. Administrativo, os terrenos baldios podem ser adquiridos por prescrição, observadas que sejam as disposições da lei civil.

II – As Câmaras Municipais não podem alienar baldios pertencentes a qualquer Junta de Freguesia do respectivo concelho; estas é que têm tal faculdade, mediante hasta pública.

Ac. RC de 29/05/45 in Rev. Just. 30, 254

---

[7] Discordamos desta conclusão.

238   *Comentário à Nova Lei dos Baldios*

I – Discutiu-se, durante muito tempo, se os baldios eram ou não susceptíveis de apropriação por prescrição.

II – Actualmente o problema acha-se resolvido pelo § único do art. 388.º do Cód. Administrativo, onde expressamente se declara que os "terrenos baldios são prescritíveis".

III – O preceito daquele parágrafo é interpretativo e não inovador, sendo, por isso, possível a sua aplicação retroactiva, nos termos do art. 8.º do Cód. Civil,

Ac. RC de 13/01/53 in BMJ 39, 156

I – Os baldios, sejam eles considerados propriedade comunal ou privada, das Juntas de Freguesia ou das Câmaras Municipais, são bens que podem ser alienados e bens prescritíveis, como qualquer outros.

Ac. RP de 17/07/64 in Jur. Rel. 10, 767

I – Dizer bens comunitários é, essencialmente, dizer baldios.

II – O DL n.º 39/76 de 19/01 ao declarar imprescritíveis os baldios não atingiu as situações jurídicas já consolidadas na vigência da legislação anterior.

III – Tendo-se iniciado a posse do terreno há mais de 50 anos, com referência à propositura da acção (1977), ainda que esse tracto de terreno tivesse sido, em algum tempo, parte do baldio, nem por isso deixou de poder haver aquisição por usucapião.

Ac. RP de 18/04/91 in CJ XVI, II, 274

I – Mesmo no domínio do Cód. Administrativo de 1940, os baldios, enquanto tais, eram inapropriáveis individualmente, mantendo-se, assim, o principio fundamental do Cód. Civil de 1867, embora se admitisse excepcionalmente a prescrição, correspondente ao instituto da usucapião do actual Cód. Civil.

Ac. STJ de 31/10/91, Proc. n.º 78450

I – Os baldios eram prescritíveis e susceptíveis de aquisição individual, por usucapião, durante todo o período de tempo decorrido desde a entrada em vigor do Cód. Civil de 1867 até ao início da vigência do DL n.º 39/76 de 19/01.

Ac. RP de 10/06/95 in CJ XX, IV, 176

I – Até à entrada em vigor do DL n.º 39/76 de 19/01 os terrenos baldios puderam ser objecto de apropriação e entrada no domínio privado pela via da usucapião, designadamente no domínio privado das autarquias.

II – No caso "sub judice" a ré só poderia considerar-se proprietária dos prédios baldios, mantendo-se o registo que efectuou, se ela comprovasse que a usucapião ocorreu antes de Janeiro de 1976.

Ac. RC de 05/05/99 in CJ XXIII, III, 7

Anexos 239

QUESTÕES DE FACTO E QUESTÕES DE DIREITO:

I – As expressões "forma pública, contínua, pacífica e no exercício de um direito" são conceitos jurídicos e quando não estejam traduzidos no processo em factos sujeitos a prova não podem ser substituídos pelo Juiz por factos que lhes correspondam.

II – Não sendo a posse concebível como acto de uma colectividade de indivíduos não identificados, mas como acto pessoal, não é possível a usucapião de baldios por parte de uma Junta de Freguesia.

III – Os baldios, cuja estrutura jurídica está condicionada pela sua função económico-social (exploração pastoril ou base de exploração silvícola) definem-se pelo uso comunitário, já vazado no conceito de logradouro comum do art. 3.º § único do Cód. Administrativo.

Ac. RC de 13/05/80 in CJ V, III, 261

SERVIDÕES:

I – Não é legalmente possível constituir uma servidão legal de passagem sobre baldio.

Ac. RP de 24/11/92, Proc. 43/90

I – É passível de servidão de aqueduto, constituída há mais de 150 e 200 anos, a exploração de águas subterrâneas existentes em baldios comunitários.

II – Sendo de aqueduto a servidão principal e acessória a de poço ou represa, a sorte desta última segue a da principal e está sujeita às mesmas regras gerais.

III – O proprietário do prédio dominante pode fazer obra no prédio serviente desde que não torne mais onerosa a servidão de aqueduto.

IV – Onera esta servidão a construção de 3 poços e de valas profundas constituindo uma alteração ou modificação da servidão anterior.

Ac. STJ de 28/05/96 in BMJ 457, 379

RESSALVA DE SITUAÇÕES ANTERIORES AO DL n.º 40/76 DE 19/01:

I – A salvaguarda de situações prevista no art. 2.º do DL n.º 40/76 de 19/01 só abrange as situações anteriores ao início da vigência desse diploma e do DL n.º 39/76, não cobrindo situações criadas já após a entrada em vigor desses diplomas.

II – A ressalva constante desse art. 2.º respeita, tão só, a situações decorrentes de actos administrativos anuláveis e não a situações originadas por actos administrativos feridos de nulidade.

Ac. STA de 03/05/88 in BMJ 377, 296

240   *Comentário à Nova Lei dos Baldios*

OUTROS:

– ACÓRDÃOS DO STJ:

I – É nulo qualquer acto tendente a fazer integrar os baldios, no todo ou em parte, na dominialidade particular, e tudo com vista a evitar o desvio do fim a que os baldios se destinam, qual seja a sua colocação ao serviço das comunidades respectivas (arts. 1.° e 2.° do DL n.° 39/76 de 19/01 e art. 202.° e 208.° n.° 1 do Cód. Civil).

II – Tal nulidade pode ser invocada a todo o tempo por qualquer interessado e declarada oficiosamente pelo Tribunal.

III – A Junta de Freguesia onde está localizado o baldio tem legitimidade para a acção em que pede que aquele seja devolvido aos respectivos compartes.

Ac. STJ de 14/12/94, Proc. n.° 576/93

– ACÓRDÃOS DO STA:

I – Decidir se o lançamento levado a efeito de determinada contribuição predial, em virtude de certo baldio do logradouro comum ter passado a cultura, é legal ou ilegal constitui matéria da exclusiva competência dos Tribunais do Contencioso da Contribuições e Imposto.

Ac. STA de 21/11/52, Proc. n.° 003946 da 1ª Secção

I – As Câmaras Municipais têm competência para organizar o inventário dos bens existentes no concelho, incluindo neles os baldio cuja pose é discutida.

II – Actos constitutivos de direito são as decisões e as deliberações que criam, modificam ou extinguem uma determinada situação jurídica.

III – Não pode considerar-se constitutiva de direitos uma deliberação em que uma Câmara resolva acabar, por acordo, os dissídios existentes entre ela e uma Junta de Freguesia, acerca da posse de determinados baldios, reconhecendo à Junta a posse de um s e reconhecendo-lhe, por sua vez, a Junta a posse de outros, desde que o acordo não foi efectivado.

IV – O prazo de interposição de recurso contencioso de uma decisão que resolveu revogar e declarar nula e de nenhum efeito aquela deliberação é o normal.

Ac. STA de 13/11/53, Proc. n.° 004172 da 1ª Secção

I – Uma deliberação em que se resolve considerar paroquiais os baldios em que os moradores das paróquias tenham usufruto comum e exclusivo desde há mais de 30 anos não é constitutiva de direitos, por nela nada se definir de concreto em relação a cada baldio, enunciando-se apenas as condições de facto de que depende em cada caso a classificação do baldio como paroquial.

II – Surgida uma questão de propriedade de baldio entre uma Câmara e uma

Junta de Freguesia, há que sustar o andamento do processo e remeter as partes para os Tribunais Comuns.

Ac. STA de 29/04/55, Proc. n.º 004491 da 1ª Secção

I – O inventário ordenado pelo art. 391.º do Cód. Administrativo deve consistir num registo ou descrição dos baldios, não podendo a Câmara limitar-se a dizer que considera como tais os terrenos que vem servindo de logradouro comum e que a sua área e confrontação são as constantes de um mapa.

Ac. STA de 09/05/58, Proc. 005064 da 1ª Secção

I – No recurso contencioso interposto contra deliberação camarária que considerou baldio determinado terreno não se torna necessário, para assegurar a legitimidade do recorrido, chamar ao recurso os eventuais utentes do baldio.

Ac. STA de 16/01/59, Proc. n.º 005390 da 1ª Secção

I – Para que um terreno possa ser considerado baldio é necessário que conste do inventário elaborado nos termos do art. 392.º do Cód. Administrativo.

Ac. STA de 11/03/60, Proc. n.º 005762 da 1ª Secção

I – Os baldios são, na sua essência, bens comuns, estão no logradouro comum dos moradores, só podendo ser negociados após dispensa do logradouro comum.

II – A divisão dos baldios, a sua passagem ao domínio privado e ainda a consequente administração como bens próprios das Juntas de Freguesia entram na órbita funcional destas, nos termos dos n.ºs 4, 5 e 6 do art. 253.º do Cód. Administrativo.

III – A fruição individual, em exclusivo, dos baldios é um acto que está fora da órbita de atribuições das Juntas de Freguesia, em face do disposto no n.º 3 do art. 253.º daquele Cód. e do espírito do sistema sobre a matéria de baldios.

Ac. STA de 20/05/66, Proc. n.º 007184 da 1ª Secção

I – Nos termos do disposto no art. 18.º, n.º 2, do DL n.º 39/76 de 19/01, só as Juntas de Freguesia respectivas tinham competência para efectuar o recenseamento provisório dos compartes dos baldios para os efeitos do mesmo diploma.

Ac. STA de 11/07/89, Proc. n.º 024260 da 2ª Subsecção do CA

I – O Tribunal Administrativo é competente para conhecer da deliberação da Assembleia de Freguesia que autoriza a Junta de Freguesia a dar de arrendamento uma parcela de terreno baldio.

II – Tal autorização não constitui acto administrativo definitivo em relação aos particulares.

242   *Comentário à Nova Lei dos Baldios*

III – Deverá ser rejeitado o recurso de anulação interposto pelo MP da deliberação da Assembleia de Freguesia com aquele conteúdo.

Ac. STA de 11/04/91, Proc. n.º 028810 da 1ª Subsecção do CA

I – Os baldios integram o chamado "sector público comunitário", pertencendo a sua posse útil e a sua gestão às comunidades locais: art. 89.º da Const. Rep. Portuguesa.

II – O DL n.º 39/76 de 19/01 – que institui o regime jurídico dos baldios – delimita e baliza, com precisão, os poderes de intervenção do Governo nessa gestão: cfr. arts. 5.º, n.º 2; 9.º, al. b); 11.º, al. i); 12.º, al. b); 15.º, al. b) e 17.º, n.º 1.

III – Nem este diploma nem qualquer outro confere ao Governo ou às autarquias locais quaisquer poderes para organizarem eleições ou para procederem à homologação dos Conselhos Directivos eleitos pelas Assembleia de Compartes, já que tais Conselhos fundam a sua legitimidade nessas Assembleias, perante as quais respondem pelos seus actos : arts. 6.º, al.s c) e e) e 11.º, al. d).

IV – è nulo, por falta de atribuições, o despacho do Secretário de Estado da Agricultura que procedeu a tal homologação.

Ac. STA de 28/01/92, Proc. n.º 026347 da 2ª Subsecção do CA

I – No regime do DL n.º 39/76 de 19/01.º baldio não é propriedade de determinada freguesia, considerada como autarquia nem compete aos órgãos autárquicos administrá-lo.

II – É nulo, por falta de atribuições a deliberação de um órgão autárquico que procede à alienação de uma parcela de um baldio.

Ac. STA de 21/01/93, Proc. n.º 031334 da 1ª Subsecção do CA

I – Pretendendo-se a anulação de deliberações de órgãos da freguesia que alienaram terrenos que designam de baldios, mas havendo controvérsia sobre tal natureza impõe-se resolver previamente tal questão da natureza jurídica dos terrenos.

II – Não é relevante a menção na acta da sessão de "baldios" quanto aos terrenos alienados, se na petição se não são invocados factos bastantes e concludentes de tal tipo de terrenos.

III – Suscitando-se acesa controvérsia sobre tal problema, o Tribunal Administrativo deverá suspender a instância e remeter as partes para o foro civil a fim de aí ser definido tal problema: art. 4.º, n.º 2 do ETAF.

Ac. STA de 19/10/93, Proc. n.º 031961 da 2ª Subsecção do CA

I – A aprovação por parte de membros de uma Assembleia de Freguesia ou de uma Junta de Freguesia, de deliberações destinadas a operar alienações de terrenos baldios, possui a susceptibilidade abstracta para ser qualificada de "ilega-

Anexos 243

lidade grave", cuja comissão a lei sanciona com a perda do mandato aos autarcas nas mesmas intervenientes com voto favorável: cfr. art. 9.º, n.º 1, al. c) da Lei n.º 87/89 de 09/09.

II – Para que essa ilegalidade possa ser dada como cometida há que previamente apurar aos terrenos em causa cabe ou não a qualificação jurídica de "baldios", com referência à definição legal desses bens integrados no "sector público comunitário" cuja posse útil e gestão pertencem às comunidades locais, tal como define o art. 89.º da Const. Da Rep. Portuguesa, bens esses comunitariamente usados e fruídos por moradores da determinada freguesia ou freguesias, ou parte delas.

III – A questão da qualificação dominial, no caso da controvérsia acerca da natureza dos terrenos alienados apresenta-se como prejudicial relativamente ao fundo da acção da perda de mandato instaurada no pressuposto da integração na dominialidade comunal dos bens que foram objecto de disposição.

IV – A dirimência dessa questão prévia encontra-se excluída do âmbito da jurisdição administrativa, pertencendo, antes, aos Tribunais comuns de jurisdição ordinária: arts. 4.º, n.º 1, al.s e), f) e g) do ETAF e 14.º da LOTJ.

V – Impõe-se, por isso, sobrestar na decisão de fundo até que o Tribunal competente se pronuncie, devendo observar-se, na hipótese da eventual inércia dos interessados, o preceituado no art. 7.º da LPTA.

Ac. STA de 01/03/94, Proc. n.º 033562 da 2ª Subsecção do CA

I – A concessão da autorização a particulares para, em terrenos baldios, construírem casas de habitação e outras edificações, constitui a alienação de tais terrenos.

II – Antes da vigência do DL n.º 39/76 de 19/01 os baldios eram definidos e administrados de acordo com o regulamentado no Cód. Administrativo.

III – Neste regime do Cód. Administrativo as Juntas de Freguesia tinham atribuições para administrar os baldios paroquiais e para a passagem ao domínio privado de certos baldios.

IV – Após a entrada em vigor do DL n.º 39/76 de 19/01 a administração dos baldios passou a caber aos compartes, ou a estes em associação com o Estado, através de um Conselho Directivo, e os baldios deixaram de ser propriedade do estado ou de qualquer outra pessoa colectiva pública.

V – As deliberações da Junta de Freguesia que, neste regime, impliquem a apropriação por particulares de terrenos baldios são nulas e de nenhum efeito por exorbitarem as suas atribuições.

VI – A Assembleia de Compartes não pode conceder às Juntas de Freguesia poderes de administração e alienação de terrenos baldios.

VII – O DL n.º 40/76 de 19/01 fere apenas de anulabilidade os actos ou negócios jurídicos que tenham como objecto a apropriação de terrenos baldios por particulares, praticados antes da vigência do DL n.º 39/76 dc 19/01.

Ac. STA de 03/05/94, Proc. n.º 025937 da 2ª Subsecção do CA

244 Comentário à Nova Lei dos Baldios

I – Os baldios integram o chamado "sector público comunitário", pertencendo a sua posse útil e a sua gestão às comunidades locais: art. 89.° da Constituição da República Portuguesa.

II – O DL n.° 39/76 de 19/01 – que institui o regime jurídico dos baldios – delimita e baliza, com precisão, os poderes de intervenção do Governo nessa gestão: cfr. arts. 5.°, n.° 2; 9.°, al. b); 11.°, al. i); 12.°, al. b); 15.°, al. b) e 17.°, n.° 1.

III – Nem este diploma nem qualquer outro confere ao Governo ou às autarquias locais quaisquer poderes para organizarem eleições ou para procederem à homologação dos Conselhos Directivos eleitos pelas Assembleia de Compartes, já que tais Conselhos fundam a sua legitimidade nessas Assembleias, perante as quais respondem pelos seus actos : arts. 6.°, al.s c) e e) e 11.°, al. d).

IV – è nulo, por falta de atribuições, o despacho do Secretário de Estado da Agricultura que procedeu a tal homologação.

Ac. STA de 28/01/92, Proc. n.° 026347 da 2ª Subsecção do CA

I – O Tribunal Administrativo é competente para conhecer da deliberação da Assembleia de Freguesia que aliena parcela de terreno baldio.

II – Apresenta-se como prejudicial em relação ao recurso contencioso a questão suscitada pelos recorridos da qualificação do terreno alienado como baldio, resultante da controvérsia existente nos autos acerca da natureza desse terreno, o que justifica tão só que se deva suspender a instância e remeter as partes para o foro civil, a fim de aí ser dirimida tal questão prévia (art. 4.°, n.° 2 do ETAF).

Ac. STA de 20/05/98, Proc. n.° 042658 da 3ª Subsecção do CA

ANEXO II
(Alguns formulários mais correntes)

1. Recenseamento provisório dos compartes dos baldios de
(Elaborado pela Comissão "ad hoc" a que se refere o art. 33.º,
n.º 7 da Lei n.º 68/93 de 4/9)

Instruções:

1 – Integram este recenseamento provisório os moradores que, segundo os usos e costumes, têm direito ao uso e fruição dos baldios de (n.º 3 do art. 1.º da Lei n.º 68/93 de 4 de Setembro.

2 – Serve de base à feitura deste recenseamento o recenseamento eleitoral da povoação (n.º 6 do art. 33.º da Lei 68/93.

3 – Se a junta de freguesia não disponibilizar cópia do recenseamento, deverá este ser feito, socorrendo-se a comissão "ad hoc" de todos os elementos disponíveis

4 – Este recenseamento deve ser assinado pelos 10 compartes que formam comissão "ad hoc".

Lugar/ data

A Comissão "ad hoc
(assinam os 10 compartes)

2. Convocatória
(a afixar nos lugares do estilo – e a publicar num dos jornais mais lidos na área dos baldios, se quiserem fazer tal publicação)

Os abaixo assinados, constituídos em comissão "ad hoc" nos termos do n.º 7 do art. 33.º da Lei n.º 68/93 de 4 de Setembro, convocam a primeira Assembleia dos Compartes dos baldios de ....., a realizar-se no, pelas ... h, do dia ... ., com a seguinte

246 *Comentário à Nova Lei dos Baldios*

Ordem de trabalhos:

1 – Informações;
2 – Aprovação do recenseamento definitivo dos compartes,
3 – Constituição da Assembleia de Compartes dos baldios de … , freguesia de … ., concelho de … ..;
4 – Eleição dos órgãos sociais:
a) Mesa da Assembleia;
b) Conselho Directivo e
c) Comissão de Fiscalização.

Se à hora marcada, não estiver presente a maioria dos compartes, a Assembleia funcionará uma hora depois, desde que se verifique a presença de um quinto dos compartes (n.º 2 do art. 19.º da Lei n.º 68/93).

Caso não se verifique a presença de 1/5 dos compartes, o presidente da mesa convocará de imediato uma nova reunião, com a mesma ordem de trabalhos, para um dos 5 a 14 dias seguintes, a qual funcionará com qualquer número de compartes presentes (n.º 3 do art. 19.º).

Lugar, data.

A Comissão "ad hoc"
(assinam 10 compartes)

3. Funcionamento da 1ª assembleia

1.º – A comissão "ad hoc" escolhe a mesa que deverá presidir aos trabalhos, constituída por 1 presidente, um vice-presidente e dois secretários e pó-la-á à votação da AC.

2.º – A mesa verifica se está presente a maioria, segundo o recenseamento provisório.

a) Se estiver presente a maioria, inicia os trabalhos;
b) Se não estiver presente, espera uma hora.
c) Decorrida a hora, verifica se está presente 1/5 dos compartes.
d) Se estiver presente 1/5 dos compartes, inicia os trabalhos; se não estiver, convoca logo outra assembleia, com a mesa ordem de trabalhos, para um dos 5 a 14 dias seguintes, no mesmo local, com a indicação de que esta assembleia funcionará com qualquer número de compartes presentes, nos termos do n.º 3 do art. 19 da Lei n.º 68/93.

Depois de todos estes trâmites,

3.º – Verificando-se que a Assembleia está em condições de funcionar, o presidente da mesa entra na ordem dos trabalhos ele ou alguém que ele convide, explicará a razão porque se pretende institucionalizar a Assembleia de Compartes de, dando assim cumprimento à alínea. *a)* da Ordem de Trabalhos.

Anexos   247

Seguidamente

4.° – Passa à alínea *b)* e lê ou manda ler o recenseamento provisório. Põe-no à apreciação. A Assembleia pode cortar ou acrescentar o nome de qualquer comparte que obedeça aos requisitos do n.° 3 do art. 1.° da Lei n.° 68/93. Procede à aprovação do recenseamento que passa a definitivo. A votação deve ser feita por chamada, com descarga e contagem de votos em *"a favor"*; *"contra"*: *"nulos"* e *"em branco"*. O número de votos tem de corresponder à chamada e ser igual ou superior ao "quorum" necessário para a assembleia poder funcionar. Feito isto,

5.° – O presidentes da mesa passa à alínea *c)* da ordem dos trabalhos e põe à votação a institucionalização da Assembleia de Compartes dos baldios. A votação e contagem deve ser feita como se diz no ponto 4 desta minuta.

Se a maioria presente decidir pela sua institucionalização declara-a instituída; se votar contra, dá os trabalhos por encerradas.

Se for decidido institucionalizar a Assembleia de Compartes, passa a alínea *d)* da Ordem de Trabalhos.

Põe em discussão e à votação o número de compartes que deve compor o Conselho Directivo (3, 5 ou 7). Decidida a composição do Conselho Directivo, pergunta se há listas. Cada lista deve mencionar os nomes dos 4 membros da Mesa da Assembleia de Compartes; os nomes dos compartes que devem compor o Conselho Directivo e os nomes dos 5 membros da Comissão de Fiscalização.

Apresentadas as listas, deve numerá-las segundo a ordem de entrada na mesa.

Procede à votação e contagem, como se diz no ponto 4.

Feita a contagem, o presidente proclama vencedora a lista mais votada.

Por nada mais haver para se discutir ou votar, o Presidente da Mesa dá por encerrada a reunião.

4. **Acta**

*(que será a 1.ª ou a 2.ª, conforme a Assembleia funcione à 1.ª
ou à 2.ª convocação)*

1. Aos … dias do mês de … ., no (local) do lugar de … , freguesia de … .concelho de …., pelas …..horas, hora marcada para a 1ª reunião da Assembleia de Compartes dos Baldios de …, constitui-se a Mesa apresentada pela comissão "ad hoc" e depois eleita pela AC que vai presidir aos trabalhos desta 1ª reunião, formada pelos seguintes compartes: ……(presidente); ……(vice-presidente); …..e …….(vogais).

2. Feita a contagem dos compartes presentes, verificou haver … presenças, o que constitui quorum bastante para que esta assembleia possa funcionar de acordo com o número de compartes inscritos no recenseamento provisório (… compartes) e o n.° 1 do art. 19.° da Lei n.° 68/93 de 4/9.

*(Se se verificar esta hipótese, a acta continua como consta do n.° 4 abaixo,
se se verificar que o n.° de presenças é inferior ao quorum bastante, a acta continua como consta do n.° 3 que funciona como n.° 2).*

248   *Comentário à Nova Lei dos Baldios*

3. Feita a contagem dos compartes, constatou-se estarem presentes ... compartes, número insuficiente para que esta assembleia possa funcionar, imediatamente, de acordo com os compartes inscritos no recenseamento provisório (... compartes) e o disposto no n.° 1 do art. 19.° da Lei n.° 68/93 de 4/9.

Perante isto, o sr. Presidente da mesa, de acordo com a lei citada, suspendeu os trabalhos que recomeçarão, passada uma hora.

Passada uma hora, os sr. Presidente da Mesa recomeçou os trabalhos, tendo verificado que já se encontravam presentes ... compartes número suficiente para que esta assembleia possa funcionar (1/5 + 1) de acordo com o número 2 do art. 19.° da Lei 68/93.

4. Entrou-se, então, no ponto 1 da Ordem dos Trabalhos, tendo o sr. Presidente da mesa (ou outrem a seu convite) feito um resumo da Lei n.° 68/93 de 4 de Setembro (Lei dos Baldios) e prestado aos compartes presentes os esclarecimentos que lhe foram pedidos quer sobre a Lei, quer sobre o funcionamento desta assembleia

Posto isto, passou-se ao ponto 2 da Ordem dos Trabalhos, tendo o sr. Presidente da mesa (ou outrem a seu convite) lido o recenseamento provisório constituído pelo recenseamento eleitoral donde foram eliminados .... eleitores por terem falecido ou mudado de residência e acrescentados ... compartes que, entretanto, atingiram a maioridade ou fixaram residência na povoação.

Após a leitura, procedeu-se à sua discussão e votação, tendo sido aprovado o recenseamento, com as seguintes correcções (*dizer se houve cortes, acrescentos e emendas de dados, etc.*) com .....votos a favor, ...votos contra ....votos em branco e ....votos nulos e ...abstenções, assim se verificando que do recenseamento definitivo passam a constar .....compartes.

Seguidamente, passou-se ao ponto 3 da Ordem de Trabalhos, tendo o sr. Presidente da mesa posto à discussão e votação a institucionalização da Assembleia de Compartes dos Baldios de ... tendo-se verificado que votaram a favor .... comparte; contra ...... compartes; em brancos....compartes; nulos.... compartes e....abstenções.

Face a este votação, o sr. Presidente da mesa declarou constituída a Assembleia de Compartes dos Baldios de... (ou declarou que tal Assembleia se não podia constituir nesta reunião, dando a mesma por finda).

(*Se foi deliberado institucionalizar a Assembleia*)

Passou-se, em seguida, ao ponto n.° 4 da "Ordem de Trabalhos", tendo o sr. Presidente da mesa posto à discussão votação o número de compartes que deveriam constituir o futuro Conselho Directivo (3, 5 ou 7).

Foi a provado com....votos a favor;.....contra;....em branco....nulos e... abstenções, que o futuro Conselho Directivo deveria ser constituído por.... compartes.

Seguidamente, o sr. Presidente da mesa informou que quem quisesse poderia formar e apresentar listas para integrarem os futuros órgãos sociais da Assembleia de Compartes dos Baldios de...

Foi dado um período de… minutos para que se organizassem as listas e fossem apresentadas à mesa (*se for necessário*).

Findo tal prazo foram apresentadas….listas, tendo a lista entregue em primeiro lugar recebido a letra A, a entregue em segundo lugar, a letra B, etc.

Procedeu-se, a seguir, à votação.

No fim procedeu-se à contagem dos votos, tendo-se verificado os seguintes resultados: Lista A:…votos, lista B:….votos, *(outra listas se as houver)*; Votos em branco:…..; votos nulos:… e… abastenções.

Porque nada mais havia para discutir e votar, o sr. Presidente da mesa deu a reunião por finda de que se lavrou a presente acta que vai ser assinada pelos membros da mesa que presidiu aos trabalhos.

A Mesa que presidiu aos trabalhos

1 – Presidente:

2 – Vice-presidente:

3 – 1.º Vogal:

4 – 2.º Vogal:

(Para o caso de não terem comparecido 1/5 dos compartes na 1ª reunião):

Acta

(que passa a ser a 1ª)

1. *(igual aos pontos 1, 2 e 3 da acta n.º 1, até onde se diz: "**tendo-se verificado que se encontravam presentes… compartes**").*

Como este número é inferior a 1/5 dos compartes inscritos no recenseamento provisório de compartes (… compartes), verifica-se que o número de presenças é insuficiente para que a Assembleia possa funcionar, em primeira convocação.

Por isso, o sr. Presidente da Mesa, de acordo com o n.º 3 do art. 19.º da Lei n.º 68/93 de 4/9, procedeu à convocatória de uma Assembleia dos mesmos compartes, para este (ou outro) local) pelas… horas do dia *(um dia entre o 5.º e 14.º dias seguintes)….* com a mesma ordem de trabalhos.

E assim deu por encerrada e presente reunião, indo esta acta assinada pelos membros da mesa.

A mesa da Assembleia de Compartes:

(como atrás, na 1ª)

N.B.: Na próxima reunião, os membros da Mesa que faltarem são substituídos pelos que estiverem presentes, subindo de lugar. Os outros serão substituídos.

Estas alterações devem constar da 2ª Acta.

250   *Comentário à Nova Lei dos Baldios*

5. Projecto de regulamento interno das assembleias de compartes

a) *Convocatória*

1.º – A Assembleia de compartes será convocada pelo Presidente da Mesa, por iniciativa própria, a solicitação do conselho directivo, da comissão de fiscalização ou, ainda, a pedido de 5% do número dos compartes inscritos no recenseamento, nos termos do art.18.º, n.º 2 da Lei n.º 68/93 de 4/9.

2.º – No caso de o Presidente da Mesa, após ter sido solicitado, nos termos legais, para convocar a Assembleia, o não fizer, no prazo de 15 dias, a contar da recepção do respectivo, poderá a Assembleia ser convocada por quem a requereu (art. 18.º, n.º 3).

3.º – O aviso convocatório deverá mencionar o dia, a hora, o local da reunião e a respectiva ordem de trabalhos (art. 18.º, n.º 4).

4.º – O Aviso convocatório será, obrigatoriamente, afixado com, pelos menos, 8 dias de antecedência, nos lugares do estilo e, facultativamente, publicado num dos jornais mais lidos na área da Comunidade a que os Baldios pertencem e/ou anunciado numa das rádios locais, se quem convocar a Assembleia assim o entender (art. 18, n.º 4).

b) *Funcionamento*

5.º – A assembleia só pode reunir validamente nos termos do art. 19.º da Lei n.º 68/93.

6.º – A mesa em exercício toma a direcção dos trabalhos.

7.º – No caso de faltar o presidente da mesa assume a presidência, o vice--presidente; se este também faltar, o 1.º secretário e assim sucessivamente.

8.º – Os faltosos devem ser substituídos por indicação de quem presidir à mesa, devendo tal indicação ser ratificada pela assembleia, através de votação de braço no ar ou secreta, se a maioria da assembleia assim o exigir.

9.º – Composta a mesa, deverá o presidente desta anunciar o início dos trabalhos, pondo à discussão o primeiro ponto da ordem dos trabalhos, ou qualquer ponto prévio, se o houver ou o presidente da mesa por iniciativa própria ou a requerimento, assim o entender.

10.º – Se houver alguém que esteja a perturbar normal funcionamento da assembleia, deverá o presidente da mesa exortá-lo a manter-se dentro das boas regras da convivência cívica.

Se o prevaricador ou prevaricadores não acatarem a exortação, deverá o presidente da mesa expulsá-los da assembleia.

Se necessário, deverá recorrer á intervenção das Autoridades competentes.

11.º – Quer os pontos prévios quer os pontos da ordem de trabalhos devem ser apresentados para discussão e, só após a sua discussão, devem passar à votação.

12.º – A votação tanto poderá ser por voto secreto, como por mão ou braço no ar, de acordo com aquilo que a assembleia decidir.

13.º – Se a assembleia for eleitoral, os candidatos aos órgãos sociais devem apresentar-se em listas completas, para todos os órgãos, até ao início da assembleia.

14.º – A mesa deverá ordenar as listas, segundo a ordem da recepção, verificar a sua validade, quer no que toca à sua tempestividade na apresentação, quer ao número de elementos que as constituem, quer à sua inscrição no recenseamento dos compartes.

15.º – Se alguma lista não obedecer aos requisitos legais, deverá o presidente da mesa convidar os seus apresentantes a corrigir, imediatamente, as faltas detectadas, se ainda o poderem ser atempo; se tais faltas não forem corrigidas, deverá a mesa rejeitar as listas que apresentarem tais faltas.

16.º – Após as listas terem sido aprovadas pela mesa, deverá o seu presidente comunicar à assembleia as respectivas composições e afixá-las à entrada do local onde a assembleia se realizar.

17.º – A mesa dirigirá todas as operações de voto, mas poderá esta promover a constituição de uma mesa de voto constituída por um presidente e dois escrutinadores, podendo cada lista indicar um fiscal.

18.º – No fim a mesa de voto, se existir, fornecerá os resultados ao presidente da mesa da assembleia que os anunciará.

19.º – No fim da assembleia o presidente poderá apresentar uma minuta da acta e pedir à assembleia que aprove essa minuta. Se o não fizer a acta terá de ser aprovada na assembleia seguinte.

c) *Encerramento*

20.º – Cumprida a ordem de trabalhos deverá o presidente da mesa dar a assembleia por encerrada.

Nota: O Regulamento Interno deverá ser aprovado em assembleia de compartes de cuja convocatória conste tal aprovação.

ÍNDICE GERAL

	pág.
Art. 1.º	7
I. Antecedentes Históricos da Lei	7
II. Definições	9
1. Baldios	9
2. Comunidades Locais	10
3. Compartes	11
III. Origens dos Baldios	12
1. Os Baldios até à Idade Média	12
2. Os Baldios na Idade Média	16
2.1. Os Baldios e outra formas de Propriedade Próxima	18
2.1.1. Os Baldios e os Maninhos	18
2.1.2. Os Baldios e os Bens do Concelho	18
2.1.3. Os baldios e o Compáscuo e a Exploração Silvo Pastoril	20
3. Os Baldios nos Séculos XVI a XVIII	21
4. Os Baldios e o Liberalismo	23
5. Os Baldios e a República	28
6. Os Baldios e o Estado Novo	29
7. Os Baldios e o 25 de Abril	32
IV. Os Baldios Paroquiais e Municipais	35
V. Área de Baldio ainda Existente	40
VI. Natureza Jurídica dos Baldios	43
A) Nota Introdutória	43
B) Resenha Histórica	44
C) Definição do conceito de Baldio	50
D) Os Baldios e a Usucapião	54
E) Posse Útil	57
F) Os Baldios Instituem-se por Afectação	59
VII. Titularidade dos Baldios	63
VIII. Destino dos Baldios Quando a Comunidade de Extingue	65
Art. 2.º	67
1. Outros Terrenos Baldios	68
2. Outros bens comunitários	72

	pág.

Art. 3.º 73
IX.   Finalidades dos Baldios 73

Art. 4.º 75
IX.   Nulidade dos Actos e Negócios sobre os Baldios 75
X.   Quem tem legitimidade para "defender" os Baldios 81
XI.   Registo das Acções sobre Baldios 84
XII.   Direitos Adquiridos sobre Baldios 84
     1. Águas Exploradas nos Baldios 84
        1.1. Argumentos a Favor da Tese Dominante 85
        1.2. Crítica.. 86
        1.3. Posição Adoptada 93
     2. Servidões sobre Baldios... 97
     3. Outra Questões sobre Baldios.. 98
        1. Delimitação dos Baldios... 98
        2. Como se faz a Demarcação 99
        3. Aproveitamento Hidráulico nos Baldios 100
        4. Propriedade Privada Encravada nos Baldios..................... 102
        5. Propriedade de Árvores existentes nos Baldios 102
        6. Pedra, saibro, minérios e pedras ornamentais nos Baldios ... 103
        7. Pastoreio nos Baldios... 105
        8. Novas Utilizações dos Baldios 107
        9. Os Baldios e o Regime Florestal....................................... 109

Art. 5.º 111
Comentário.. 111

Art. 6.º 112
Comentário.. 113

Art. 7.º 114
Comentário.. 115
    Decreto-Lei n.º 204/99 116
    Anexo 123
    Decreto-Lei n.º 205/99 124
    Anexo I 129
    Anexo II 130

Art. 8.º 130
Comentário.. 130

Art. 9.º 131
Comentário.. 131

Art. 10.º 132
Comentário.. 132

Índice Geral

	pág.
Art. 11.º	135
Comentário:	135
1. Entrega dos Baldios aos Compartes exige a Organização da Assembleia de Compartes	135
2. Desmembramento da Assembleia de Compartes	137
3. Atraso na eleição de novo Conselho Directivo	138
4. Natureza jurídica das Assembleias de Compartes	139
5. As Assembleias de Compartes e o Fisco	140
a) Abrangência do IRC	140
b) Imposto Autárquico	141
c) Matriz	143
6. Extinção das Assembleias de Compartes	145
Art. 12.º	146
Comentário	147
Art. 13.º	148
Comentário	148
Art. 14.º	150
Comentário	150
Art. 15.º	150
Comentário	150
1. Obrigatoriedade da Constituição das Assembleias de Compartes	152
2. Funções das Assembleias de Compartes:	153
2.1. Funções eleitorais	153
2.2. Funções deliberativas e de aprovação	154
2.3. Funções de regulamentação e fiscalização	155
2.4. Funções de disposição	155
2.5. Funções de recurso	155
2.6. Funções de autorização e ratificação	155
3. Plenitude da representação e gestão	156
4. Falta do Conselho Directivo	157
Art. 16.º	158
Comentário	158
Art. 17.º	158
Comentário	158
Art. 18.º	158
Comentário	159
Art. 19.º	161
Comentário	161

	pág.
Art. 20.º	162
Comentário	162
Art. 21.º	164
Comentário:	
1. Poderes/deveres de administração	165
2. Poderes/deveres de cooperação	166
3. Poderes/deveres de intervenção judicial	166
4. Poderes/deveres de representação	166
5. Poderes/deveres de convocação	167
6. Finalmente	167
Art. 22.º	167
Comentário	168
Art. 23.º	171
Comentário	172
Art. 24.º	172
Comentário	172
Art. 25.º	173
Comentário	173
Art. 26.º	175
Comentário	175
Art. 27.º	176
Comentário	177
Art. 28.º	178
Comentário	179
Art. 29.º	179
Comentário	180
Art. 30.º	183
Comentário	183
Art. 31.º	184
Comentário	185
Art. 32.º	189
Comentário	189

Índice Geral

	pág.
Art. 33.°	190
Comentário:	192
1. Abrangência do recenseamento	192
2 e 3. Recenseamento provisório	192
4. 5. 6. 7. Elaboração do recenseamento definitivo	193
8. Perda de legitimidade das Juntas	194
Art. 34.°	195
Comentário	195
Art. 35.°	196
Comentário	196
Art. 36.°	198
Comentário	198
Art. 37.°	200
Comentário	200
Art. 38.°	204
Comentário	205
Art. 39.°	206
Comentário	208
Art. 40.°	211
Comentário	211
Art. 41.°	212
Comentário	212
Art. 42.°	212
Comentário	213
ANEXO I – (Decisões e Pareceres)	215
ANEXO II – (Formulários)	245

ADENDA

Já depois de impressa a presente obra, foi publicada a Lei n.º 109-B/2001 de 27/12 que alterou o artigo 56.º-A do Estatuto dos Benefícios Fiscais, que no seu n.º 1 isenta do IRC os rendimentos derivados dos baldios.